新版

人的資源管理の力

白木三秀 編著

文眞堂

序文　新版の目的と特徴

　本書は，日本における人的資源管理（Human Resource Management: HRM）の「スタンダードなテキスト」とすべく企図し，書かれたものである。幸い本書の旧版（2018年4月刊）は，版を重ねたが，この度，新版として装い新たに内容の充実を図ることにした。

　ところで，「人的資源管理」（Human *Resource* Management: HRM）の中の「資源」（*Resource*）には，材料という意味が含まれており，材料は消費すればなくなるので，経営資源の中の「ヒト」を大切に考える立場からはその表現は適切でなく，「資本」（Capital）の方がより適切であるという議論も確かに存在する。しかし，"Resource"という単語には，資産や能力という意味合いが強く含まれていることは否定できない。例えば，"Resourceful person"というのはまさに「才能豊かな人材（人財）」という意味である。こうして，本書では，世界中で広く使われる「人的資源管理（Human Resource Management: HRM）という用語をタイトルとしたのである。

　本書のタイトルにはさらに「力：Power」という単語も含まれている。それは，経営活動における「人的資源管理」の役割・機能の「力」をよく理解してもらい，それを実際のビジネス活動の理解「力」や実践「力」として大いに活用していただきたいという願いが込められている。

　本書の主な読者としては学部の上級生を念頭に置いている。同時に，関連分野の大学院生の皆さんには当該分野の基本的知識の整理と獲得に大いに役立ててほしい。さらに，ビジネス環境が激しく変化する中で，HRMに関してしっかりとした視点を確立するための基本書として，第一線のビジネスマンの方々にもぜひとも読んでいただき

たい。

　本書の内容に入る前に図表序-1 をご覧いただきたい。まず社会的
に重要な意味を持つ事実や現象も，そもそもそれに対する関心や問題
意識がないと目に入ってこないし，思いを巡らすこともない。した
がって，本書の読者に期待するのは，労働市場やキャリアや HRM な
どに関して，まずは何か1つでも思いを巡らしてほしい，あるいは何
故そのような事象が生まれるのだろうかということに問題意識を持っ
てほしい，ということである。本書が役に立つためには，そのことが
前提となるからである。

　自分の関心や問題意識を確認した後で，本書を開いてほしい。そこ
では，現在，HRM 分野で生じている諸問題に対し，知識・情報，ま
たそれを理解するための理論・仮説が分かりやすく述べられている。
事実や現象を読み解くには，理論や仮説を当てはめることが必要であ
るが，その前に若干なりともやや幅広い現実的な関連知識・情報が必
要となる。この点が，自然科学と異なるところであり，社会科学にお
いては，関連知識・情報も必須であり，それを得るには，もちろん，
本書だけでなく新聞・雑誌，様々なメディア，政府・民間統計などに
触れることが大いに役に立つ。

　本書が意図しているのは，HRM 分野の事実や現象を読み解くため
の，理論や仮説あるいはロジックを，分かりやすく読者に提供するこ

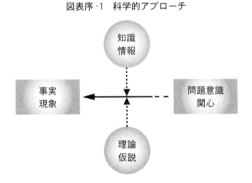

図表序 -1　科学的アプローチ

とである。本書により得た知識を用いて，様々な HRM 分野の事象に自分の視点なりロジックなりを築き，また現実のビジネス環境にも適用し，問題解決の一助にしてほしい。また，それができるようになってもらうことが本書のねらいそのものである。

　本書は以下のような構成となっている。第 1 部「人的資源管理を取り巻く環境」で，HRM を取り巻く環境，とりわけ労働市場についての説明を行っている。この場合のステークホルダーは，差し当たり株主であり，顧客であり，また従業員である。具体的には，第 1 章は，労働市場における需要と供給のロジック，内部労働市場，人的資本（Human capital），人的資源（HR）についての基本的理解に多くのページを割いている。というのも，HRM とは内部労働市場の中で生起する諸問題についての現象とその分析に他ならないからである。第 2 章は，経営戦略と HRM との関係を論じる。経営戦略は企業を取り巻く環境との関連が欠かせないためである。

　第 2 部「企業組織と HRM の基本的理解」は HRM 施策のプロセス別検討に当てられている。つまり第 3 章の採用と導入訓練では，外部労働市場から内部労働市場に入る場合の諸側面を取りあげ，第 4 章では業績管理とコンピテンシー，第 5 章では，評価と動機づけのメカニズム，第 6 章では，人事評価と報酬管理の関係を取りあげている。さらには，第 7 章ではリーダーシップ，第 8 章ではキャリア形成，第 9 章ではグローバル人材開発，第 10 章では，ダイバーシティとインクルージョン，第 11 章では，ワークライフ・バランスについて論じる。第 12 章は，HRM 施策の設計と実施の当事者であるところの人事部の機能と役割を分析する。

　第 3 部「HRM のマクロ的視点」は，HRM のマクロ的視点として，第 13 章では労使関係，第 14 章では社会保障を中心とするセイフティネット，第 15 章ではグローバリゼーション，という各視点から人的資源管理の諸問題を取り上げている文。

　第 4 部「特定テーマの掘り下げ」は最後に，第 16 章で働くことの

意味を歴史的に考察し，第17章では，資源ベース戦略論を取りあげ，第2章の経営戦略の中の特定のテーマを深掘りしている。

　上記のもくろみのもとに書かれた諸章が，読者のHRMのロジカルな理解と実践的な対応に一役買うことができれば，編者としてこれに勝る喜びはない。さらに改善すべき点については読者諸賢のご叱正を賜りたい。

　本書の出版に当たり，文眞堂社長の前野隆氏には最初から最後まで色々な点でご高配をいただき，また前野弘太氏には企画・編集で大変お世話になった。末筆ながら，深甚なる謝意を表したい。

2024年3月吉日　執筆者を代表して

白木　三秀

目　　次

第3部　HRM のマクロ的視点

第4部　特定テーマの掘り下げ

第 *1* 部

人的資源管理を取り巻く環境

第 1 章

労働市場と人的資源管理の関係を考える

1. はじめに

　企業活動を行うのに必要不可欠，かつ本質的なもの，それは経営資源である。その経営資源は，第1にヒト（人的資源），第2にモノ（物的資源），第3にカネ（資金）などから成り立っているが，ヒトがこれら3つの経営資源の中でも一番最初に並べられるには訳がある。それは，「人的資源」（Human resource）が最も重要な経営資源であるからである。

　人的資源は，その担い手が人間そのものであるということから，他の経営資源とは異なり，採用・選抜の仕方，配置・活用の仕方，育成訓練の仕方，評価の仕方，給与や昇進などの処遇の仕方，それに，人間関係やコミュニケーションのあり方などが，従業員のやる気と生産性，ひいては従業員の生活そのものに大きな違いを生むのである。

　このため，人的資源は，各企業の経営理念や経営戦略という長期的な方向性に合致する形で管理，つまり採用，育成，配置，評価，処遇される必要がある。それと同時に，人的資源を活用する立場の企業は，単にスタッフの不満をなくすだけでなく，彼らの持てる能力を伸ばし，またアイデアや創造性が必要とされる仕事であればあるほど，のびのびとその才能，長所を発揮できる環境を準備する必要が出てくる。

　このように，企業がその戦略や経営方針のもとに，どのような論理と手続きでもって人を募集・選抜・採用し，教育訓練・育成し，配置し，活用し，評価し，処遇していくのか，また，彼らのキャリアをどのように設計し運用していくのか，さらには従業員個人または団体（労働組合）とどのような関

係を構築していくのかが本書の重要なテーマとなるが，これらのテーマの内実こそが「人的資源管理」(HRM: Human resource management) そのものである（人的資源管理の枠組みは本章の5.で示しているので見てほしい）。

　本章では，労働市場と人的資源管理との関連について考えよう。企業活動と人的資源との最初の出会いは労働市場にあるので，まずは労働市場の概念を押さえる必要がある。労働市場には外部労働市場と内部労働市場の区別があることを理解しよう。また内部労働市場の論理が，新規学卒採用，長期雇用，賃金の年功的性質，さらには退職金制度などの日本の雇用慣行をかなりの程度まで説明することを知ってほしい。

2. 労働市場とは何か？

(1) 労働市場と生産物市場

　「企業」は，独自の経営理念や経営戦略に基づいて，財やサービスの生産・販売活動を行う経済主体の1つである。企業は生産・販売活動を通じて，与えられた条件の中で利潤の最大化を追求する。企業が生産・販売活動を遂行するに際して，2つの市場に直面する。1つは生産物市場であり，いま1つは生産要素市場である（図表1-1参照）。

図表 1-1　生産物市場と生産要素市場の概念

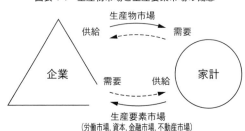

注：実線は財・サービスの流れを，破線は対価（カネ）の流れを示す。

　これら2つの市場を通じて対面する相手は，企業間の取り引きを除けば，「家計」という経済主体である。家計は時には財やサービスの消費者として，また別の時は生計のために労働を提供する勤労者家族として市場に現れる。

家計は，複数の家族で構成されることもあれば，単身の場合もある。「企業」，「家計」以外にも「政府」という経済主体が存在するが，単純化して市場経済を考えるために，ここでは企業と家計という 2 つの経済主体に限定して考察することにしよう。

　図表 1-1 に示されるように，企業は，生産した財・サービスを販売する場である生産物市場においては供給者であるが，生産要素（労働サービス，資本・金融サービス，土地）が売買される生産要素市場においては需要者となる。逆に，家計は，生産物市場においては需要者であるが，生産要素市場においては供給者となる。生産要素市場は，取り扱う生産要素に応じて，そのサブ・マーケットが存在する。すなわち，労働サービスが売買される市場は労働市場，資本・金融サービスが売買される市場は資本・金融市場，さらに土地（サービス）が売買される市場は不動産市場と呼ばれる。われわれが以下で主として議論する労働市場は，生産要素市場の中の一部門ということができる。労働サービスの需要は，企業が生産活動を行うための派生需要（derived demand）である。

　こうして，労働市場とは，企業側の労働サービスへの需要と家計側の労働サービスの供給とにより，労働サービスの価格である賃金と，その取り引き数量である雇用量とが決定される場のことである。経済学ではこれを，需要曲線と供給曲線の交差する点，すなわち均衡点において，賃金と雇用が決定されると説明している。

　均衡点の意味をより噛み砕いて述べれば，労働者に支払われる賃金は，その人の生産活動への貢献度（生産力）に等しいということである。何らかの事情で，賃金が均衡水準より高めに設定されている場合，労働需要よりも労働供給が超過するため失業が発生し，仕事を求める労働者間で競争が発生し，元々の賃金水準を均衡点まで競り下げることになる。逆に，何らかの事情で，賃金が均衡水準より低めに設定されている場合，労働供給に比べて企業側に労働への需要超過が発生し，企業間で賃金を引き上げてでも採用したいという競争が起こり，元々の賃金水準を均衡点まで競り上げることになる。こうして，労働サービスへの需要と供給が等しくなる均衡点まで，賃金調整が行われることになる。

　明らかに，均衡点においては，需要と供給が等しくなり，失業は存在しなくなり，その点において賃金は安定するのである。この均衡点における賃金水準（Wage; W）は，労働の「限界生産力」（Marginal Productivity; MP）に等しく，W＝MP が成り立っている。なお労働の限界生産力とは，労働を1単位増やした場合の産出量の変化のことである。本章では議論を単純にするため，算出物の貨幣価値への換算を無視している。

　なお，W＝MP の関係を図示したのが，図表 1-2 である。MP の高さは限界生産力，W は賃金水準を表しており，W は所与で　定とし，さらに横軸の L は労働投入量を表している。MP は，他の生産要素を一定とした場合に L の増加とともに，最初は増加するが，労働投入量が L_3 に達した後は低下するような形状を持つものとする。この曲線を MP 曲線と呼ぼう。すると，限界的な利益は，限界生産力マイナス賃金，すなわち，MP－W で表されることになる。限界的な利益は，L_2 まではマイナスで，L_2 から L_4 まではプラスで，L_4 を越えた L_5 では再びマイナスとなっている。企業にとっての総利

図表 1-2　W＝MP が成り立つ理由

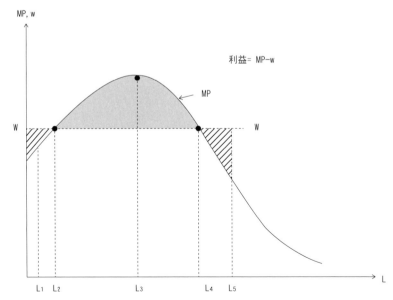

益は，MP 曲線と W 直線との間の上方の網かけ部分の面積（積分部分）から斜線で示した部分の面積を引いた部分であり，L_2 で生産を止めた場合には斜線で示した面積部分だけの赤字となっており，L_4 で生産を止めた場合には総利益は最大となり，さらに L_5 まで生産を増やした場合には，L_4 から L_5 までの間に生じた斜線の赤字部分だけ総利益が減ることになる。

　こうして，L_4 で生産を行う場合，すなわち W＝MP となっている場合に，総利益が最大化している。このため，MP 曲線の右下がり部分を，労働需要曲線ということができる。

(2)　外部労働市場と内部労働市場

　労働市場においては，企業側の可変費用（Variable factor）としての労働サービスへの需要と家計側の労働サービス供給とにより，賃金・給与と雇用量が均衡点において決定されるということはすでに述べたとおりである。しかし，需要曲線，供給曲線双方の変動（シフト）により，賃金と雇用量は常に変動している。理論的には，労働市場における需要と供給がたまたま一致する均衡点において，その都度ごとに取り引きが完結する関係，つまりスポット・マーケット（直物（じきもの）市場；Spot market）が成立しているということができる。スポット・マーケットのイメージは，生産物市場のように需給の変動が直接，雇用と賃金率に連動する世界といって良い。ここでは，雇用と賃金が刻一刻と変化する世界が想定されている。

　しかし，現実の労働市場の状況を思い浮かべてほしい。一般的には，賃金・給与は経済状況により毎日のように変動するわけではないし，今日は仕事があるが明日はどうなるか分からないという状況にはなっていないのが普通であろう。あまりにも不安定な状況下にあっては，労働者は長期的な生活設計もできず，リスクが大きすぎる。企業もそういう状況であれば，長期的な経営計画を策定することは困難となり，また人材育成を行うインセンティブ（誘引；Incentive）も生まれず，企業における戦略に基づき策定される他社との差別化戦略（他社との違いを際立たせる施策；Differentiating policy）も進まなくなる。現実においてはむしろ，企業の戦略に沿って長期的な雇用関係や従業員のキャリアが設計され，また運用されている（第 2 章

では経営戦略の人的資源管理への含意について議論している）。そういう意味で労働サービスは，可変要素というより固定要素（Fixed factor）または準固定要素（Quasi-fixed factor）であろう。労働者側においても，それらの点を念頭において人生設計を立てているであろう。そこで，図表 1-2 を見てほしい。

「賃金＝限界生産力（W＝MP）」が常時成り立つスポット・マーケットは，企業の外部に成立する「外部労働市場」（External labor market）において見られる。需要と供給が　致しない場合，超過供給のために失業が発生して賃金が下落するか，あるいは逆に，超過需要のために賃金が上昇することになろう。

いずれにせよ，外部労働市場において採用が決定され，雇用契約が結ばれると，当該労働者は，よほど特殊な技能・知識を持ち合わせていない限り，入職口を通じて企業内組織の最底辺に位置する仕事に配属され，そこから当該企業内での継続的雇用関係が始まることになろう。この企業組織内における労働市場のことを「内部労働市場」（Internal labor markets）と呼ぶ。内部労働市場には，図表 1-3 のピラミッドの内部に例示されるような階層構造が形成されており，最初は職場の先輩から職場内訓練（On the Job Training; OJT）を通じて仕事に必要な技能・知識を習得し，内部での昇進を伴うキャリアを形成して行くであろう。必要に応じて，企業外部のセミナーなどに派遣され，職場外訓練（Off the Job Training; Off-JT）も受けることになる。

図表 1-3　外部労働市場と内部労働市場

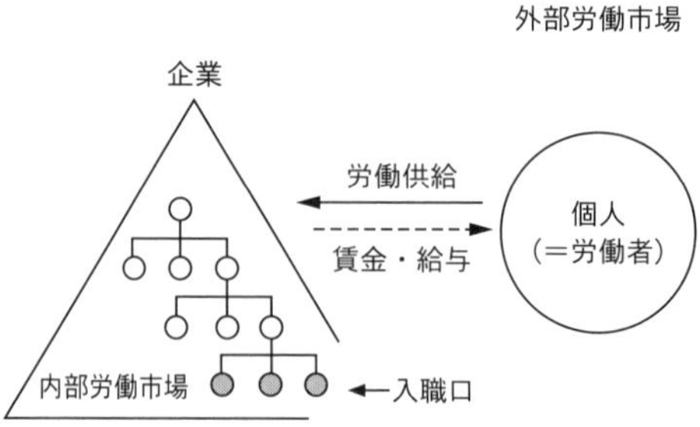

　ここで重要なことは，長期的・継続的雇用関係が形成されると，スポット・マーケットにおけるような「賃金＝限界生産力（W＝MP）」という関係には必ずしも拘束される必要がなくなり（W≠MP），長期的に賃金総額と限界生産力の合計とが等しくなる関係にあればよいということになる（ΣW＝ΣMP）。このような長期的・継続的雇用関係が形成される経済的説明として，ベッカー（Gary S. Becker）の人的資本理論がある。簡略化して述べると次節の通りである。

3. 人的資本理論

　人的資本（Human Capital）とは，労働者の技能や技術や「知的熟練」などといった労働者の身に付いた職業能力全般のことである。これは，学校教育，職業訓練施設，企業内訓練などにより形成されるが，ここでは，それらの中でも中心を形成する企業内訓練を中心に検討する。なお，「知的熟練」とは小池和男教授のオリジナルな概念で，職場で常時発生する変化や異常に対処するには技能者としてのスキルに加えて技術者的な知識・能力が必要とされることをさしている。「知的熟練」の差が生産性の大きな違いをもたらすことになるという点に留意されたい。なお，ここでは技能者やブルー・カラーが議論の中心になっているが，同様の論理は，ホワイト・カラー，研究開発技術者等にも同様に当てはまる。

　さて，既述の通り，企業内訓練には，OJT と Off-JT があるが，OJT は企業の中でいろいろな仕事を経験しながら長期にわたり行われる訓練であり，場合によっては OJT 担当の先輩なりメンター（Mentor）なりを特定して，後輩の指導に当たらせる場合がある。これを，「フォーマル OJT」と呼び，それ以外の非公式に日常的に実施される OJT と区別する場合がある。OJT のメリットは，訓練が即事即座で具体的であり，したがって効率的なことである。

　他方，仕事を離れて実施される Off-JT は，連続する仕事の中で区切りの良い節目ごとに実施される短期的なものが多い。Off-JT を通じて，これまでの職場内での経験・知識を体系化して整理する機会とし，技能・知識レベ

ルをこれまでのレベルに比べて一段と高められれば理想的である。

　ところで訓練にかかる費用をどのように見ればよいのだろうか。仕事を離れて，時には社外のセミナーへの参加という形で実施される Off-JT に費用がかかるということはよく分かるが，重要なことは，OJT の場合にも費用がかかることである。先輩が後輩を指導することにより先輩の仕事の能率が落ちる場合，この落ちた能率部分は費用であるし，仕事に不慣れな訓練中の新人に，仕事能力以上の給与を払っているのは明らかに，企業が給与と仕事能力との差額部分の費用を負担していることになる。

　さらに重要なポイントは，これらの訓練にかかる費用は，支出すればなくなる費用というよりも，将来見返りの期待できる投資という意味を持つということである。つまり，企業内訓練は，人的資本への投資という側面を持つ。

　訓練により形成される熟練・技能には大きく分けて，一般熟練（General skill）と企業特殊熟練（Firm specific skill）の2種類があると考えられる。一般熟練はどの企業にでも通用する技能であり，企業特殊熟練は特定の企業でしか通用しない技能である。訓練投資費用の負担と収益を，企業と労働者とでどのように配分するかは，きわめて重要なポイントである。これは，以下の通り，熟練の種類により異なる。

　訓練に関して3つの時期に分けて考えてみよう。すなわち，図表1-4のように訓練を受ける前の第1期，訓練中の第2期，それに訓練後の第3期から成る三期モデルを考えよう。一般熟練であれ，企業特殊熟練であれ，訓練前の第1期においては，労働者は仕事関連の技能を特に持っていない不熟練労働者であり，その限界生産力は MP_0 で，賃金も W_0 とする。ここでは，W_0 ＝MP_0 である。

　訓練中の第2期には，労働者の限界生産力は訓練前の MP_0 から MP_1 に下がるであろう。それは，訓練中は費用の負担が発生し，同時に生産性も下がるためである。しかし，訓練を受けた後の第3期の労働者の限界生産力は技能が向上し，MP_1 から MP_2 に上がるであろう。この点は，一般熟練であれ，企業特殊熟練であれ，違いはない。違いは，訓練投資費用の負担と収益の分け方にある。

　まず，一般熟練の場合，企業は訓練投資による収益を受けないので，費用

図表 1-4　訓練投資費用，限界生産力，それに賃金の関係

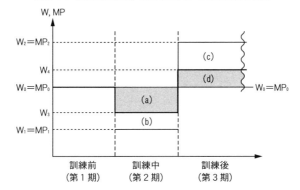

も一切負担しないと考えられる。そこで訓練前，訓練中，訓練後の労働者の
限界生産力は $MP_0 \rightarrow MP_1 \rightarrow MP_2$ と変化し，それに伴って賃金も $W_0 \rightarrow W_1 \rightarrow$
W_2 と変化する。この間，一貫して $W = MP$ が成り立っている。訓練を受け
ることにより労働者の限界生産力が MP_1 から MP_2 に高まると，労働者の賃
金は，訓練中賃金 W_1 から訓練後の W_2 に上昇する。企業はその生産力が高
まった分だけ賃金を引き上げる必要がある。というのも，もし，訓練後の賃
金（W_2）が訓練後の生産力（MP_2）より低い場合には，獲得した技能がどこ
でも通用する労働者は他企業に転職するからである。このため，$W_2 = MP_2$
でなくてはならない。同時にこの場合，企業は訓練投資による収益を受けな
いので，費用も負担しない。そこで，$W_1 = MP_1$ となるが，W_1 は，訓練中は
費用の負担が発生し，同時に生産性も下がるため，不熟練労働者の賃金
（W_0 とする）よりも低くなるのである。つまり，一般熟練の場合，訓練投
資費用は全額労働者が負担し，訓練投資の収益もすべて労働者が受け取る。
重要なポイントは，労働者の訓練投資も賃金も労働者個人の意志によるもの
であり，特定の企業とはまったく関係がないということである。

　他方，企業特殊熟練においては事情がまったく異なる。というのも，企業
特殊訓練は特定企業内でしか，獲得した技能が通用しないためである。労働
者は入社して初めて，特定企業でしか通用しない企業特殊熟練のための訓練
を受ける。その場合にまず，(a) 一般熟練のように労働者が全額，訓練投資

費用を負担したとすると，どうであろうか。訓練後の賃金は一般熟練の場合と同じように，W_2 となるだろうか。おそらくそうはならず，企業は W_2 を MP_2 より低く，できるだけ W_0 に近いところ（例えば W_4）まで下げようとすることにより，収益を独り占めしようとするインセンティブがはたらくであろう。というのも，労働者の熟練はこの企業内でしか通用せず，他企業に転職すれば，賃金は不熟練労働者の賃金（W_0）となってしまうため，W_4 が W_0 を若干なりとも上回る限り当該労働者は転職しないであろうからである。この場合の賃金は，$W_0 \to W_1 \to W_4$ と変化する。しかし，労働者は，訓練投資費用を負担した上に，つらい訓練を受けた割には賃金も W_0 と余り変わらず，実質的に実入りが少ないので，結局このような訓練を受けようとはしないであろう。

　逆に，(b) 企業が訓練投資費用を全額負担したとすると，どうであろうか。企業が訓練投資費用を全額負担したのだから，収益は企業が独り占めし，賃金は，$W_0 \to W_0 \to W_0$ と変化しないのだろうか。そうは行かないだろう。なぜなら，もし労働者が第3期目に他企業に移った場合は，企業は訓練投資の費用をまったく回収できなくなるからである。したがって，労働者が転職しないように賃金を W_0 より一定程度高めに，例えば W_4 に設定する。この場合の賃金は，$W_0 \to W_0 \to W_4$ と変化する。しかし，もしそのようなことを予見できるならば，労働者も一定の訓練投資費用を負担してもよいと考えるかもしれない。

　以上から，(c) 企業特殊熟練の場合，訓練投資費用は労使双方が負担し，訓練投資の収益を両者で分け合うことになる。この場合の賃金は，$W_0 \to W_3 \to W_4$ と変化する。W_3 と W_4 の高さで示されるその配分割合のあり方は，労使の力関係や環境諸条件により異なる。この場合，労働者が負担する訓練費用の部分はグレーで示された面積(a)であり，企業の負担する訓練費用の部分は白抜きで示された面積(b)である。また，収益についてはグレーで示された面積(d)が労働者に帰属し，白抜きで示された面積(c)が企業に帰属する。

　重要なポイントは，ここにおいて，訓練後の賃金（W_4）と訓練後の生産力（MP_2）とがスポット・マーケット的に一致する必要がなく，また同様に，訓練中の賃金（W_3）も訓練中の生産力（MP_1）とは一致しないということ

図表 1-5　訓練の種類別に見た費用負担・収益配分のあり方

	訓練投資費用の負担者	収益の受領者
一般熟練（訓練）	労働者のみ	労働者のみ
企業特殊熟練（訓練）	企業・労働者双方	企業・労働者双方

である。つまり，ここでは，外部労働市場に見られたようなスポット・マーケット的な W ＝ MP は成り立たない（W ≠ MP）のである。以上の議論を，訓練投資費用と収益について整理すると図表 1-5 のようになる。

　こうして，上記の議論からのインプリケーションは，企業特殊熟練が存在する場合には，それに応じた訓練投資が必要となり，その程度に応じて雇用の長期化が経済合理的に生まれてくるということである。図表 1-4 では，このことは右上方の波線で表されており，勤続が長期化すればするほど，企業の収益受領面積(c)と労働者の収益受領面積(d)がともに増大することが示されている。換言すると，ここにおいて，同じ企業内にいながら，訓練を受けることにより賃金は W_3 から W_4 へと生産力とは 1 対 1 で対応することなく右上がりで上昇していることに注目する必要がある。つまり，賃金・給与が勤続の長期化に伴い上がっていくということは経済合理的に説明できるのである。

　労働者の勤続年数の長期化が企業利潤の増大に資するものであるとするならば，企業は労働者の勤続の長期化のためにさまざまな施策を工夫するであろう。勤続年数の長い労働者に有利となるような退職金制度の設計，勤続年数の長期化に伴って上昇する賃金制度の設計（いわゆる年功賃金制度），同じ企業内で昇進を求める方が有利な昇進制度の設計（いわゆる内部昇進制度）などは，企業特殊熟練が存在する場合に，企業が設計すべき合理的な制度と見ることができよう（これら企業内諸制度のより詳しい議論は第 3 章，第 6 章，第 8 章，第 11 章，第 14 章を参照のこと）。

　他方で，労働者にとっても同じ企業内に長くとどまることは，これまで企業特殊熟練のための訓練投資を回収する期間を長くすることを意味している。回収がなされないうちに企業を退職することは，これまでの投資が無駄になることになる。訓練投資は企業から退出すればもはや処分・回収できな

くなる。この意味で，企業特殊熟練への訓練投資は文字通り，サンク・コスト（Sunk cost; 埋没費用）となるリスクをはらんでいる。さらに，入社後，長期雇用が期待できる場合には，労働者は安定的雇用と引き替えに若干低めの初任給（W_3 は W_0 よりも低いことに注意！）を受け入れるのは，それが長期的に割に合うからであるということも，企業特殊熟練への投資という観点から理解できる。

　重要なポイントは，企業特殊熟練への投資訓練により，企業も労働者もともに，その企業での勤務に強くコミットすることになるということである。企業が労使の運命共同体的性格を有するのは，企業特殊熟練の存在が大きく影響している。他方で，企業特殊熟練への投資訓練と無関係な労働者は，安定的雇用関係とは無関係な雇用関係となることも想定されるのである。（人材の多様化については第10章に詳しい。）

　さて，これまでの議論から，企業特殊熟練の存在する内部労働市場においては，賃金設定において「賃金＝限界生産力（$W = MP$）」という外部労働市場における制約から解放され，また同時に長期勤続が，労使双方のコスト・ベネフィット（Cost-benefit; 費用対便益）の観点から生じうるということが明らかになった。これは経済的なコスト・ベネフィット的観点から引き出される論理であるが，他方で，組織内の努力・仕事ぶりやその生産性というものは直接監視が困難であり，MP を正確に測定することも困難であるという理由からも，$W \neq MP$ にならざるを得ないという視点もある（第4章，第5章参照）。

　このような場合に，どのような賃金やキャリアを設計するのが理にかなっていると考えられるだろうか。図表1-6を見てほしい。

　図表1-6は，定年制の必然性を説明するための図である。同時に図表1-6には，労働者の献身（Commitment）や士気（モラール；Morale）を引き出すためのメカニズムと，怠業（Shirking）を抑制するための制裁（Sanction）のメカニズムとが表されている（組織内の動機付けについての詳しい議論は第5章を参照されたい）。ただし，同図では，単純化のため，労働者の限界生産力（MP）は年齢に関係なく一定であるとしている（このため MP の高さを表す直線は横軸に平行に表されている）が，これまで見てきたように訓

図表 1-6　生産力と賃金の関係

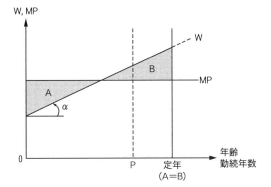

練投資により労働者の限界生産力が右上がりとなっている場合にも同様に妥当する。

　さて，外部労働市場におけるように，W＝MP が常に成り立っていれば，企業は労働者に対しその生産力の高さに応じて賃金を払うだけであり，図表1-6 の場合には生産力は一定と想定されており，賃金は常に同じ高さとなる。この場合には，企業は生産性の高い労働者にはそれに応じて高い賃金を，逆の場合には逆の賃金を支払うだけであり，労働者が希望するのであれば同じ労働者をいつまでも雇ってもよく，定年制も必要でない。

　しかし，内部労働市場においては勤続が長期化しており，企業にとっては勤務期間を通じて全体的に賃金総額と限界生産力の合計とがイコールの関係（ΣW＝ΣMP）にあればよいとすれば，その都度 W＝MP という形で賃金を設計することも可能であるが，組織内で 1 人ずつの MP を測定するのが困難であるとすれば，一時期あるいは一定期間 W≠MP であったとしても，勤務期間を通じてΣW＝ΣMP という形で帳尻を合わせようとすることはより合理的であろう。図表1-6 においてグレーの三角形で示される面積 A と面積 B が等しいということは，定年まで勤務した場合，ΣW＝ΣMP が成り立っていることを示している。

　換言すれば，ここで，賃金を傾き α の右上がり直線で設計する，つまり若いうちは生産力よりも低く賃金を支払い，中高年期には逆に生産力を上回る

ようにすることにより，定年到達以前の例えば図表1-6のP点での離職は生産力を超える賃金（面積BのPより右の部分）を失うことになるため，労働者の献身と長期勤続を引き出すことができる。同様に，労働者が怠けたり，不正を行ったりした場合には，厳しい場合には定年前に解雇という制裁を科すことにより，同様の効果が期待される。労働者は怠けたり，不正を働いたりすることの犠牲・損失（コスト）が大きければ大きいほど，そういう行為を自粛するものと想定される。

ところで，賃金を傾き α の右上がりに設計すると，労働者が定年を超えて勤続することはメリットが大きいことは明らかである。しかし，いつまでもこの状態が続くと，面積Bが面積Aを大きく上回り，企業にとっては大きな損失が発生するので，面積Aと面積Bが等しく，ちょうど企業への貢献の合計（ΣMP）と賃金総額（ΣW）とが等しくなる点で雇用関係が終了するような雇用契約が締結されることとなる。これが，定年制導入の論理と解釈できる（第6章，第8章を参照のこと）。

ここで面積Aと面積Bが等しく設計される場合の具体的制度について検討してみよう。面積Aイコール面積Bというこれまでの議論は，労働者の労働努力や献身を引き出すインセンティブとして，後払いの賃金制度にすることが企業にとって経済合理的であることを示している。定期昇給制度を含む年功的賃金制度，退職金・企業年金もこうした後払い賃金制度の1つと考えられる。

4. 内部労働市場の成立と持続

外部労働市場のような新古典派的な労働市場理解に対する批判は，カー（C. Kerr）が1954年に発表した "The Balkanization of labor markets" に見られる。本論文のタイトルは，労働市場が，ちょうどバルカン半島が小国に分裂しているように，労働市場も数多くの異質の労働市場から成り立っているということを含意している。

現実の労働市場には，外部労働市場的な「賃金市場」（Wage market）とそれ以外の「ジョブ市場」（Job market）が存在し，「ジョブ市場」では，

労働市場は地域別，産業別，職業別に分断されており，各市場は，労働市場
という需給バランスにより調整される抽象的な場であるというよりは，各職
務を配分する具体的な場であるととらえた。カーは，「ジョブ市場」の現実
的概念として「制度的市場」を提示し，それは「企業別市場」と「職業別市
場」（職業別労働組合が支配する市場）とに分かれるとした。「企業別市場」
においては，企業間の移動は不利となるため，移動が少なくなり，内部昇進
による企業内移動が多くなる。このため，内部労働市場における労働者は，
中世の荘園（Manor）における農奴（Serf）のようにも見えると論じたので
ある。

　さらに，ダンロップ（J. T. Dunlop）は，1957 年の企業内賃金構造に関す
る論文の中で，それぞれの仕事を個別に分析するよりは関連する仕事の連な
りである「職務群」（Job cluster）という視点で分析した方が良いと論じ，
また職務の中の主要なものは企業間でその賃金が比較され，均等化していく
意味での「賃金等高線」（Wage contour）という興味深い概念を提示すると
ともに，内部労働市場とは「被用者の移動を律する一連の管理上の諸規則で
ある」と最初に定式化した。

　それらの一連の議論と，既述のような人的資本理論とを総合化して内部労
働市場を体系的に論じたのは，ドーリンジャー＆ピオレ（P. B. Doeringer
and M. Piore）である。彼らは 1971 年に『内部労働市場とマンパワー分析』
（1985 年に 1 章を加えて再版されたが，邦訳は 1985 年版に基づいている）
を出版し，内部労働市場について詳細に論じた。その本の中で彼らは，内部
労働市場とは「企業などの組織内部で，企業の外部とは異なる各種の取決め
（Arrangements）の下に長期雇用労働力の価格付け（賃金）と配分が決ま
る場」であると，改めて定義した。ドーリンジャー＆ピオレに依拠して，内
部労働市場の成立を概観すると以下の通りである。

　まず，内部労働市場の成立の必要条件は，次の 3 つである。

① 技能の企業特殊性（Firm specificity）

② 職場内訓練（OJT）の存在

③ 慣習（Custom）の成立，の 3 つである。

　つまり，企業特殊熟練が存在する企業においては，勤続が長期化し，その

間に OJT を通じた訓練が行われ，それに伴い職場に労働者の職場集団
（Work group）が形成され，さまざまな慣習が企業内に生まれ，それが企業
内のルールや規定（Regulation）を形成していくというものである。

　こうして内部労働市場が形成されるが，その内部労働市場がさらに継続・
発展していくには以下の条件が必要となる。上の3条件が必要条件であると
すれば以下の3条件は十分条件であるといえる。すなわち，内部労働市場が
継続・発展するには以下の3つの十分条件が成り立つ必要がある。

　① 労働者が内部労働市場を高く評価していること

　雇用の安定，内部昇進の機会，さらには労働者間の公平性が企業内に保証
されることである。その場合には，労働者は，賃金給与が外部労働市場と比
べて若干低い場合でさえも内部労働市場にとどまることの方を選ぶかもしれ
ない。

　② 経営者が内部労働市場を高く評価していること

　内部労働市場の成立により離職率が低下すれば，要員代替に伴う費用が少
なくてすむので，経済的観点から経営者は内部労働市場を支持する。なお要
員代替に伴う費用とは，ベテランの従業員に代わり新人が採用されることに
伴う費用のことであり，例えば募集費用，選抜費用，それに教育訓練費用な
どがこれに当たる。また，内部労働市場において，解雇や一時解雇（レイオ
フ（Lay-off）のことで，業績不振時に企業（あるいは工場）での勤続年数
（先任権；Seniority）の短い順で解雇し，業績回復時には逆に勤続年数の長
いものから雇い入れる制度）は，労働者に求職活動や職種転換に伴うコスト
を強いるため，労働組合がそれを規制し，また苦情処理活動を行うことによ
り，解雇が抑制される（企業内の労使関係についての議論は第13章に含ま
れている）。他方で，長期雇用の中で解雇や一時解雇が厳しく規制されるが
ゆえに，入職口での採用はより慎重となることになりがちである。

　③ 内部労働市場の技術的効率性が高いこと

　仕事の空席が発生した場合に行われる企業内部での募集・選抜は，経営者
や管理職がその技能と行動特性を良く知る従業員の中から行われるため，人
選に関する間違いが少なくなるであろう。これを別言すれば，労働者の能力
は労働者自身には分かるが採用者側には分からないという情報の偏在による

誤判断により発生するコストが下げられるという意味で,「情報の非対称性」
(Asymmetry of information) が軽減されることになる。必要な訓練が OJT
を通じて効率よく行われる内部訓練のメリットも,内部労働市場の技術的効
率性に含まれる。

　以上のような論理で,内部労働市場は論理的に成立・継続することにな
る。日本の実情に照らして,新規学卒者を採用してから企業内部で育成を
していくという人材マネジメントのあり方は,典型的な内部労働市場の1つで
あるといえよう。採用は基本的に新規学卒者を中心に行われており,外部労
働市場の影響を受けやすいのはその雇い入れ口のみである。学生は自らの適
性,キャリア計画から複数の業界・多数の企業を比較検討し,そのうちの複
数の企業に応募をし,企業も自社の経営理念,経営戦略,人事戦略などに則
り学生を一般に募集し,そこから選抜する。その外部労働市場でのプロセス
を経て採用された後は,内部での訓練が OJT を中心に実施される。

　企業内での労働力の配分は,企業の事業計画,従業員の適性を見極めなが
らも,そのプロセスには企業内の各種のこれまでのやり方や慣行が関係す
る。賃金決定も企業内の制度や慣行によるところが大きく,定期昇給があ
り,年齢や勤続がものをいう年功賃金部分もある。外部労働市場の影響から
遮断されている面が強く,安定的賃金構造 (Stable wage structure) が存在
する (第6章参照)。

　このように,日本企業では,大企業の正社員が典型的な内部労働市場の従
業員であり,雇い入れ口は新規学卒採用者のみに開放されており,企業内訓
練,国内・海外における複数の仕事経験を経て,業績と能力を長く観察され
た結果,定年退職に至るまで内部昇進をしていく。このため,内部労働市場
の入口における採用は,長期にわたり一群の職務をこなしていくキャリアに
最適な人材を見つけることである。訓練費用 (企業特殊的訓練) は,企業が
その多くを負担するので,労働者の期待訓練費用が最少になるように「訓練
能力」(Trainability) の高いものを優先的に採用しようとする。その潜在能
力を見極めることに重点が置かれ,結果の妥当性はともかくとして,少なく
とも採用には慎重にならざるを得ないのである (第8章,第9章,第12章,
第15章参照)。

5. 人的資源管理の重要性

　内部労働市場に採用された人材は，企業にとっては文字通り，経営資源で最重要の「人的資源」である。本章の冒頭で述べたように，人的資源は，各企業の経営理念や経営戦略に合致させ，かつ長期的な視点から，採用，育成，配置，評価，処遇される必要がある。人的資源管理の枠組みについて次の図表1‐7を参照してほしい。

　図表1‐7は，本書で取り上げる HRM（人的資源管理）は具体的にはどういうものかということを示すために作成した枠組みである。本書で議論する HRM は，① 地政学的問題，経済・為替変動，外部労働市場の状況などを含む「外部環境」，② 従業員，株主，取引先，顧客など「ステークホルダー」（利害関係者）の影響を受けて，③「経営戦略と事業戦略」が決定され，その経営・事業戦略に基づき ④「HR 戦略」が策定され，「HR 施策」が組織内で実施されていくプロセスを示している。さらに，それら HR 施策が実施されることに対して従業員がどのように感じるかが ⑤「従業員の認知・認識」である。その従業員の感情を含む反応と結果が ⑥「従業員成果」（Outcome）となる。従業員成果の具体的指標には，労働生産性，モチベーション，組織コミットメント，「エンゲージメント」などが含まれる。これ

図表 1-7　HRM（人的資源管理）の枠組み

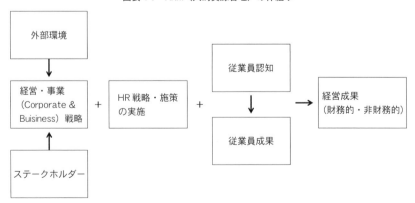

らのプロセスを経て最終的には ⑦「経営成果」としての財務的成果ならび
に非財務的成果（将来財務的成果につながるという意味で未財務的成果と表
現する企業もある）に結びついていく。財務的成果は売上高や利益率などを
表しており，非財務的成果には金額的に評価できない人材，ガバナンス，信
用，ブランドなどに関する成果が一般的に含まれている。

　これらのことを示したのが，図表 1-7 であり，本書の HRM に関する枠組
みである。もちろん，HR 戦略・施策，従業員の認知・認識とその後のアウ
トカム（個人成果）という内実が，経営成果に直接結び付くわけではなく，
その間には多くの変数が関連することは明らかである。

　人的資源は，持てる能力以下でしか育成・活用されない場合は，企業に
とっても，労働者にとっても不幸であり，結果的には経営にとってマイナス
になり，負債（Liabilities）となる。逆に，人的資源は，環境が整い，上司・
同僚に恵まれ，興味深くやりがいのある仕事に就けた場合には，持てる能力
をそうでない場合には考えられない程度にまで伸ばし，自発的創意工夫を行
いながら，企業活動に長期間にわたり貢献することとなる。この場合の人的
資源は，明らかに資産（Assets）そのものである。

　このように，人的資源をどのように育成・活用するかということは，企業
経営の根幹にかかわる課題なのである。この問題を集中的に取り扱うのが，
本書のテーマである「人的資源管理」（HRM）なのである。

　「人的資源」が議論されだしたのは 1960 年代に遡るが，「HRM」として一
般化したのは 1980 年代のことで，比較的最近のことである。1980 年代に人
的資源管理がとりわけアメリカにおいて盛んに議論されるようになったの
は，日本の産業や企業の隆盛があった頃であり，その日米の違い，原因を企
業の人的資源管理に求めようとしたことがその背景にあった。

　現在，ならびに将来の企業経営を考える上で，人的資源管理は最重要課題
であることは古今東西，未来永劫不変である。しかも，人的資源管理はその
環境条件を構成する労働市場や労働者の価値観の変化と密接不可分の関係に
ある（例えば，白木（2023）を参照されたい）。本書で最初に，労働市場と
人的資源管理との論理的関連を検討したのはそのためである。以下の諸章で
は人的資源管理のそれぞれの側面をより詳細に論じることになる。

補論：労働統計に見る労働力

　労働市場というのは抽象的な概念であるが，経済政策を策定したりする場合に，体温や血圧のように労働市場の状態を数量的に把握することが前提となる。そこで，労働力人口，失業率，有効求人倍率などの概念を十分理解した上で，それら各指標を利用して，労働市場を考えていくことが重要である。

⑴　労働力人口と失業率

　15歳以上という大人の人口を経済活動状態で分けるのが，毎月実施される「労働力調査」（総務省統計局）である。この統計による労働力人口の把握は，基本的に個人の就業への意志と能力を基準としている。具体的には以下の図表1-8の通りである。

　まず「就業者」（The employed）とは，調査週間中，収入を伴う仕事に1時間以上従事した者のことである。1週間に1時間でも仕事をした人は，就業者となる。このため，主に仕事をしていた人だけでなく，通学の傍らに仕事をした「学生」，家事などの傍らに仕事をした「主婦」も，統計上は就業者となる。仕事を持ちながら調査週間中，少しも仕事をしなかった「休業者」も就業者に区分される。

　「失業者」（The unemployed）（統計上は「完全失業者」と呼ばれる）と

図表 1-8　就業状態の区分

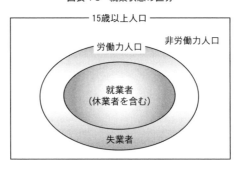

は，調査週間中，就業が可能でこれを希望し，求職活動をしたが，少しも仕事をできなかった者のことである。収入を伴う仕事に 1 時間未満しか従事できなかった者も失業者に含まれることになる。日常生活で，週に 5 時間くらいしか働いていないため「私は失業中だ」といっている人は，統計上は失業者には含まれず，就業者に分類されることに留意する必要がある。日常用語の「失業者」と統計上の「失業者」は大きく異なるのである。

　15 歳以上人口のうち，就業者（休業者も含む）と失業者とを加えた人口が，就業の意志ならびに能力を備えた人口という意味で「労働力人口」と呼ばれる。逆に，就業の意志または能力の無い残りの人口は「非労働力人口」と呼ばれる。

　「失業率」（Unemployment rate）は，労働力人口の中で何パーセントが失業者となっているかを示す指標である。したがって，以下の通り定式化される。

　　　失業率（%）＝失業者÷労働力人口×100
　　　　　　　　　＝失業者÷（就業者＋失業者）×100

　日本やアメリカでは「労働力調査」により同様の方法で失業率が算出されており，相互に比較可能であるが，国により定義が異なる場合が多いので，国際比較をする場合にはそれぞれの定義に注意する必要がある。

　2008 年，2009 年の日本の年平均失業率（失業者数）は，リーマン・ショックによる景気後退を受けて 4.0%（265 万人）から 5.1%（336 万人）へと急上昇したが，2018 年には 2.4%（166 万人）へと低下した。2020 年から 2023 年のコロナ禍の時期は，失業率は 2.5%→3.5%→2.5% という推移であり，他国と比べて比較的安定的であった。なお失業率は年齢により大きく異なり，若年者，続いて高年者で高い。

(2)　労働力率（Labor force participation rate）

　「労働力率」（%）は，労働力人口を 15 歳以上人口で割った比率である。それの意味するところは，大人の人口のうちどれだけが労働市場に参加しているかということである。2017 年平均の日本の労働力率は男性 70.5%，女性 51.1%，男女合計で 60.5% であった。

労働力率は，定義がきわめて簡単で，これを性別，年齢別に分析するとさまざまなことが分かる。例えば，日本の女性の年齢別労働力率は，その社会的背景，ライフサイクルを反映して，30歳台で低くなるM字型を示していることがよく知られている。ただし，女性の継続就業意識が強くなるに伴い，M字型が解消されつつあることは注目される。

(3)　有効求人倍率（Active opening rate）

雇用状況を総合的に判断する場合に，「求人倍率」という指標が用いられることがある。これは「労働力調査」から算出されるものではなくて，厚生労働省所管の公共職業安定所（ハローワーク）の業務統計の集計結果によるものである。有効求人倍率の定義は，「有効求人数÷有効求職者数」である。理論的には，有効求人数（Active openings）と有効求職者数（Active applications）が同数であれば1.0倍となり，公共職業安定所が取り扱う労働の需要と供給は数量的には一致する水準といえる。

なお，「有効」というのは，実際に求人が行われている，または実際に求職を行っているという意味である。例えば先月求人を行っていたが，採用できた企業の求人は，今月の求人数から除外され，同様に，先月求職活動をしていたが，仕事が見つかり，求職申し込みを取り消した求職者は除外される。

有効求人倍率は景気の変動に応じて大きく変動する指標であり，景気が良くなると上昇し，景気が悪くなると下降する。ちなみに，有効求人倍率（新規学卒を除きパートタイムを含む）は，2008年秋からのリーマン・ショックによる急激な景気後退を反映し，2008年の0.88倍から2009年の0.47倍へと急速に落ち込んだが，その後，2017年1.50倍，2018年1.61倍と高度成長期の1970年と同等の高水準となっている。新型コロナの前後を見ると，2019年（1～3月）1.63倍から2020年（同）1.44倍，2021年（同）1.09倍と低下したが，2022年（同）1.21倍，2023年（同）1.34倍と回復してきている。なお，有効求人倍率は若い人ほど高くなっている。

［さらに学びたい人のために］

・G. S. ベッカー，佐野陽子訳（1976）『人的資本：教育を中心とした理論的・経験的分析』東洋経済新報社。

・P. B. ドーリンジャー & M. J. ピオレ，白木三秀監訳（2007）『内部労働市場とマンパワー分析』早稲田大学出版部。

・小池和男・猪木武徳編（1987）『人材形成の国際比較：東南アジアと日本』東洋経済新報社。

・伊藤建市（2008）『資源ベースのヒューマン・リソース・マネジメント』中央経済社。

・白木三秀＆ブライアン・シャーマン（2020）『英語 de 人事―日英対訳による実践的人事―』文眞堂。

・白木三秀（2023）『変革せよ！企業人事部―テレワークがもたらした仕事革命―』早稲田大学出版部（早稲田新書）。

・日本生産性本部『活用労働統計』（各年版）。

第 *2* 章

戦略と人的資源管理

1. はじめに

　本章では，戦略と人的資源管理の関係について考える。企業の競争力，業績向上には，戦略が欠かせない。企業は，中長期的にどのような領域で競争優位を発揮していくかの方向性を持たずして，利益は追求できない。そこで，まずは戦略とはどのようなものか，みていくことにする。

　つぎに戦略の遂行，達成には，どのような人的資源管理方式が必要なのかを考えたい。戦略を実際に動かすのは，企業におけるヒト（人的資源）であり，人的資源の管理と戦略の結びつきが欠かせない。人的資源管理には，採用，配置・異動，キャリア形成，昇格・昇進・選抜，評価，報酬などがあるが，戦略により，それぞれどのような方式を用いるのが効率的なのかを考察することにしたい。

2. 戦略

(1) 企業戦略・事業戦略

　戦略はレベル別に策定されることがある。まず，企業のトップレベルで策定される企業全体にかかわる戦略を「企業戦略」（corporate strategy）という（図表 2-1）。

　そして，企業のなかには，複数の事業分野を持つ場合や，事業部として独立的な組織を社内にいくつか置く企業もある。事業分野は，顧客，市場，競合，製造方式などがそれぞれ異なる。そのため，各事業部等で戦略を策定

図表 2-1　企業戦略と事業戦略

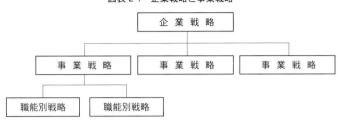

し，その達成に向けて事業を遂行することが効率的となる。こうした事業分野ごとの戦略を「事業戦略」（business strategy）という。

　また，財務，マーケティング，研究開発，人事など職能ごとに戦略を策定する場合もあり，それは「職能別戦略」（functional strategy）とされる。

　総合電機メーカーを例にとると，家電製品，産業用製品（工場向けの電機設備，産業用ロボットなど），重電製品（火力，水力などの電力設備など），半導体製品，航空宇宙機器など，事業部という組織形態を採る企業が多い。それぞれの事業部では「事業戦略」を策定し，事業部内で製品開発，調達，製造，販売などを一貫して行っている。

　しかしながら，事業戦略のみでは，企業全体の業績向上，発展をもたらすことにつながらない。新規事業の立ち上げや，事業間での新たな事業の創出などが企業の中長期的な発展には欠かせない。また，財務的資源（資金）や人的資源を，ある事業分野に集中的に投入していくことも時には必要となる。こうした取り組みは，企業全体の中長期的な方向性を示す「企業戦略」がなくては，進めることができないのである。

⑵　ポジショニングベースの競争戦略

　戦略には，どのようなものがあるのか。代表的な企業の競争戦略を紹介しておこう。まずは，Porter（1980，1985）に代表されるポジショニングベースの競争戦略がある。これらの研究は，長年にわたって平均以上の業績を上げる企業には，土台となる持続力のある「競争戦略」があることを明らかにし，それを「コスト・リーダーシップ戦略」「差別化戦略」「集中戦略」にわける[1]。「コスト・リーダーシップ戦略」は，広範囲のターゲットを持ち，

他社より低いコストにより競争優位を図る戦略である。「差別化戦略」は，広範囲のターゲットを持ち，ライバル企業とは異なる特性を選ぶ戦略である。そして「集中戦略」は，狭いターゲットで，他社の排除を狙う戦略である。これらのなかで，自社にとって最適なポジションニングを選択することが，競争力を発揮することにつながるという考え方である。

(3)　リソース・ベース・ビューの競争戦略

　ポジショニングベースの競争戦略は，企業の競争力を外的な環境に求める戦略である。それに対して，企業の競争力の源泉を，内部の経営資源に求める競争戦略がある。これはリソース・ベース・ビューの競争戦略とされる。資源ベース・ビュー，資源ベース理論，資源バース・アプローチなどとも呼ばれる[2]。企業にはさまざまな経営資源があり，たとえば，物的資源，財務的資源，そして人的資源がある。企業の競争優位は，経営資源を有効活用することにより，もたらされるという考え方である。人的資源についていえば，内部労働市場において，他社に真似のできない人的資源をいかに育成するか，つまり，企業特殊的技能をいかに発揮させるかが，企業の競争力の源泉になるということができる。

3.　戦略と人的資源管理の関係

(1)　戦略的人的資源管理

　企業戦略，事業戦略がいかに実行，達成されるかにより，企業業績が異なり，さらには，企業の中長期的な競争力も左右される。戦略をさまざまな面で実際に動かすのは，企業におけるヒト（人的資源）であり，戦略と人的資源管理の連動，連携が求められる。こうした企業戦略と人的資源管理の適合を図る考え方は，「戦略的人的資源管理」（Strategic Human Resource Management：SHRM）と呼ばれ，1980年代から現在まで続いている。

(2)　ベストプラクティス・アプローチ

　「戦略的人的資源管理」には，大きくわけて2つの考え方がある。1つは，

どの企業にも共通して，最も効率的な人的資源管理施策が存在するという考え方である。つまり，戦略が異なれど最善の人的資源管理の方式があるというものである。これを「ベストプラクティス・アプローチ」という。人的資源管理の研究では，高業績企業を調べ，共通した人的資源管理施策が行われていることを明らかにしている。それでは，どのような人的資源管理施策が企業に共通して高業績をもたらすのか，以下でみていこう。

　Huselid（1995）は，米国企業 986 社を対象に，人的資源管理施策と企業業績の関係について探った[3]。その結果として，「高業績を上げる労働慣行」（high performance work practices）を明らかにした[4]。それは以下の13 施策・慣行で，「情報共有」「職務分析」「内部昇進」「態度調査」「QWL（Quality of Working Life: 労働者の労働生活の質）」「インセンティブ・プラン」「教育訓練時間」「苦情処理」「採用前の試験」「業績評価による報酬」「業績評価」「昇進に関するルール」「応募者数（多くの応募者が集まっているか）」である。分析の結果，これらの取り組みが高まると，業績（① 離職率，② 従業員一人当たりの売上高，③ 従業員一人当たりの利益）が向上することを導き出した。

　その他に Pfeffer（1998）は，企業利益を生み出す条件として，「高いコミットメントをもたらす労働慣行」（high commitment work practices）があるとし，それには「雇用保障」「入念な選別採用」「自己管理チームと権限の委譲」「高い成功報酬」「幅広い教育訓練」「格差の縮小」「業績情報の共有」という，7 つの人的資源管理施策が行われていることを明らかにしている[5]。

⑶　コンティンジェンシー・アプローチ

　もう 1 つの考え方は，企業の戦略にはさまざまなタイプがあるが，それぞれの戦略に適した効率的な人的資源管理の方式があるというものである。こうした考え方は「コンティンジェンシー・アプローチ」（またはベストフィット・アプローチ）と呼ばれている。人的資源管理の研究では，戦略をいくつかタイプわけし，それぞれの戦略により，最適な人的資源管理施策があることを明らかにしている。そこで戦略の類型と人的資源管理の適合（フィット）を明らかにした代表的な研究を以下の⑷〜⑺でみていこう。

(4)　製品・市場戦略と人的資源管理

　Miles and Snow（1984）は，企業の製品・市場に関する戦略を，「防衛型」（defenders），「探求型」（prospectors），「分析型」（analyzers）の3つに分類する[6]。「防衛型」の特徴は，安定的な狭い製品市場分野で，既存の業務の効率性を改善することに焦点を当てる戦略である。そして「探求型」は，継続的に製品や市場の機会を探すタイプで，さまざまな製品，技術，さらには地理的に分散した組織構造を採る。「分析型」は，1つの企業が2つの製品市場を持ち，1つは安定的な市場，もう1つは変化のある市場を持つ戦略のタイプである。前者では，ルーティンで効率的に業務が遂行されるが，後者では，競合他社の動きをみながら新しいアイデアを探し，成功のチャンスがあればすぐに適応させる特徴を持つ。

　図表2-2のように，これら3つの戦略のタイプには，それぞれ効率的な人的資源管理があり，具体的には，「採用」「選抜」「配置」「教育訓練」「評価」「報酬」の6つの施策が，それぞれの戦略に適合したものとなっている。

　たとえば「評価」についてみると，「防衛型」は「プロセス重視の評価」を，「探求型」では「結果重視の評価」を用いるのが適しているとする。また，人材の「採用」は，「防衛型」の場合，内部労働市場において人材を「育成」（make）することに重点を置いている。それに対して，「探求型」で

図表 2-2　製品・市場戦略と人的資源管理

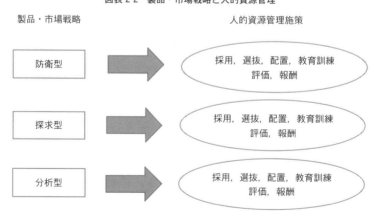

は，外部労働市場から人材を「買う」（buy）ことに重点を置く。「分析型」
では，内部労働市場での「育成」（make）と，外部労働市場から人材を「買
う」（buy）の双方に重点を置く違いがある。

⑸　多角化戦略と人的資源管理

　つぎに，企業の多角化戦略と人的資源管理の結びつきをみた研究を紹介し
よう。Fombrun et al.（1984）は，多角化戦略を分類し，それらと人的資源
管理施策の関係を示している[7]。多角化戦略については，その展開の度合い
により，「単一製品」「単一製品（垂直統合）」「非関連部門買収による成長」
「関連部門の内部成長と買収」「多様な国々における多様な製品」の5つにわ
けている。そして人的資源管理施策については，「採用・選抜」「評価」「報
酬」「人材開発」の4領域を取り上げている（図表2-3）。

　それぞれの戦略と人的資源管理施策の結びつきが異なり，たとえば「人材
開発」をみると，「単一製品」戦略を採るタイプでは，単一職能内で仕事経
験が行われるのに対して，「多様な国々における多様な製品」戦略を採るタ
イプでは，事業部門を超えて仕事経験が行われる違いがあるとし，戦略によ
り異なる人材開発のあり方が示されている。

図表2-3　多角化戦略と人的資源管理

多角化戦略	人的資源管理施策
単一製品	採用・選抜，評価，報酬，人材開発
単一製品（垂直統合）	採用・選抜，評価，報酬，人材開発
非関連部門買収	採用・選抜，評価，報酬，人材開発
関連部門の内部成長・買収	採用・選抜，評価，報酬，人材開発
多様な国々における多様な製品	採用・選抜，評価，報酬，人材開発

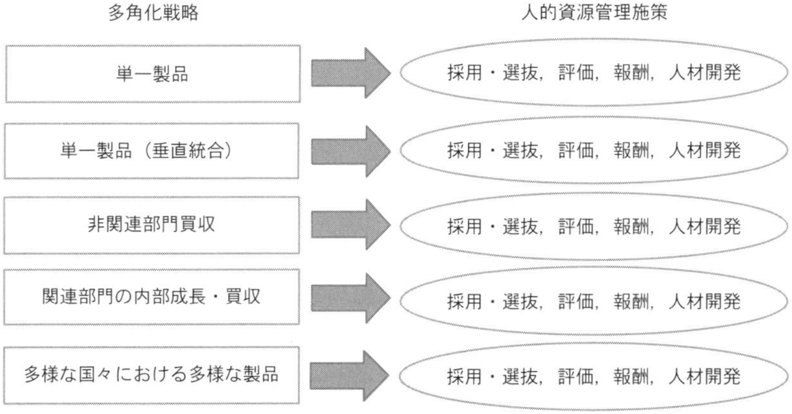

(6)　競争戦略と人的資源管理

Schuler and Jackson（1987）は，先にみた Porter の競争戦略をベースに，企業が競争優位を獲得するためには，「イノベーション戦略」（innovation strategy），「品質向上戦略」（quality-enhancement strategy），「コスト削減戦略」（cost-reduction strategy）という3つの戦略のタイプのうち，いずれかを用いる必要があり，それぞれの戦略には効率的な人的資源管理施策が存在するとしている[8]。

　この研究が戦略と人的資源管理の関係を探っている他の研究と異なる点は，戦略を達成するためには，従業員に求められる「役割行動」（role behaviors）があり，これを実現するには，それぞれに合った人的資源管理施策が必要とされるということである。人的資源管理施策については，「計画」「採用・要員」「評価」「報酬」「教育訓練」の5領域を取り上げる（図表2-4）。それでは，それぞれの戦略とそれに求められる従業員の役割行動と人的資源管理施策を紹介しよう。

　まず，「イノベーション戦略」に求められる従業員の役割行動は，高い次元の創造的行動，長期の視点，従業員間の協同，相互依存，リスクを取る行動などである。こうした行動を促す人的資源管理施策は，たとえば「評価」は長期で，集団の達成度合いを測る評価方式を用い，「報酬」は，外部労働市場ベースの報酬ではなく，内部労働市場の公平性を重視する報酬を用いる

図表2-4　競争戦略と人的資源管理

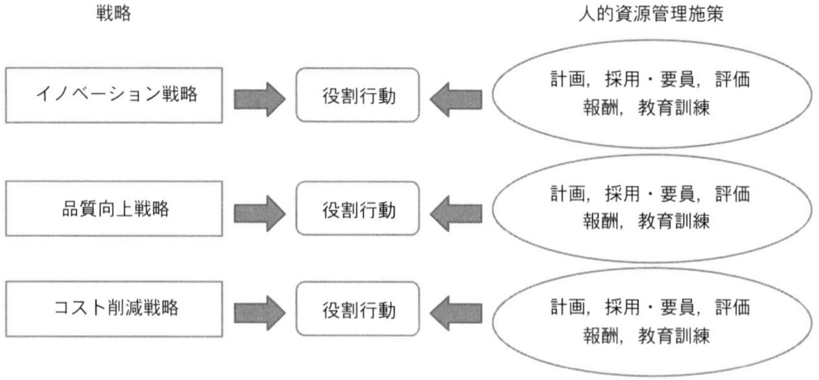

特徴がある。また「教育訓練」としては，内部労働市場において，幅広い
キャリアを積ませ，開発を強化する技能を身につけさせる方式を用いるとし
ている。

　つぎに，「品質向上戦略」には，中長期の視点，リスクを回避する行動が
求められ，それには短期の業績評価，比較的高い雇用保障という人的資源管
理が必要となる。そして「コスト削減戦略」には，短期の視点，量的な成果
に対する高い関心，結果重視，リスクを回避する行動が求められ，それに
は，明確な職務記述書が定められ，狭い範囲のキャリア，短期の業績評価，
市場ベースの賃金，最低限の教育訓練という人的資源管理が必要となる。

⑺　製造戦略と人的資源管理

　つぎに，企業の製造戦略と人的資源管理の関係をみた研究を紹介しよう。
Youndt et al.（1996）は，金属機械の製造を行う 97 の工場を対象に，「コス
ト戦略」「品質戦略」「納期・生産量柔軟性戦略」（納期厳守，生産量の増減
対応），「品種柔軟性戦略」（多品種の製造，小ロット生産などの対応）の 4
つの製造戦略と，人的資源管理施策との関係が，製造パフォーマンスにどの
ように影響を与えるのかを調べている[9]。

　人的資源管理施策については，「選抜」「教育訓練」「評価」「報酬」の 4 領
域の実施の度合いにより，「管理的人的資源管理」「人的資本促進的管理」の
2 つにタイプわけする。そして，製造パフォーマンスについては，品質，
リードタイム，在庫管理，従業員の士気などの生産に関する業績を分類し，
「機械設備の効率性」（機械設備活用度，スクラップ削減率など），「顧客への
取り組み」（品質，納期の対応など），「従業員の生産性」（士気，生産性な
ど）という 3 つの指標を作っている（図表 2-5）。

　その結果，「品質戦略」を採る場合，「人的資本促進的管理」が行われる
と，これら 3 つの製造パフォーマンスが向上する。そして「コスト戦略」の
場合，「管理的人的資源管理」が採られると，「機械設備の効率性」のパ
フォーマンス向上に繋がる。また，「納期・生産量柔軟性戦略」の場合，「管
理的人的資源管理」が採られると，「顧客への取り組み」が高まる。

　たとえば，「コスト戦略」を採る場合，「管理的人的資源管理」の具体的な

図表 2-5　製造戦略と人的資源管理

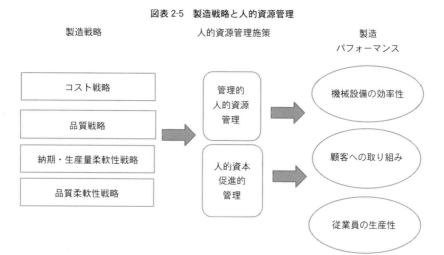

取り組みとしては，「結果重視の評価」，「個人ベースの報酬」などがフィットする。そして「品質戦略」では，「人的資本促進的管理」の取り組みとして，「行動重視の評価」「グループに対する報酬」などがフィットするという違いがある。このように，戦略にそれぞれに適した人的資源管理施策を用いられると，業績にプラスの効果をもたらすことが探り出されている。

(8)　コンフィギュレーション・アプローチ

「コンティンジェンシー・アプローチ」から，新たに「コンフィギュレーション・アプローチ」という考えが出てきた。これは，垂直的適合（vertical fit）と水平的適合（horizontal fit）を図ることが企業業績の向上につながるとする捉え方である。垂直的適合とは，戦略と人的資源管理施策がフィットしていることを意味する。そして水平的適合は，人的資源管理施策間がそれぞれ適合していることを示す。以下では，コンフィギュレーション・アプローチの研究を紹介することにしたい。

　Delery and Doty（1996）は，「ベストプラクティス・アプローチ」「コンティンジェンシー・アプローチ」とともに，「コンフィギュレーション・アプローチ」を検証している[10]。この研究は，216 の銀行の融資業務を対象に，

戦略と人的資源管理施策，企業業績（総資本利益率：ROA，株主資本利益率：ROE）の関係を調べている（図表 2-6）。

　戦略については，先の Miles and Snow の戦略類型から，「防衛型」（defender）と「探求型」（prospector）を用い，人的資源管理施策では，「企業内部のキャリアの機会」「教育訓練」「業績評価」「雇用保障」「従業員の意思決定への参加」「職務定義」「利潤分配制度」の 7 領域を対象に，それぞれ

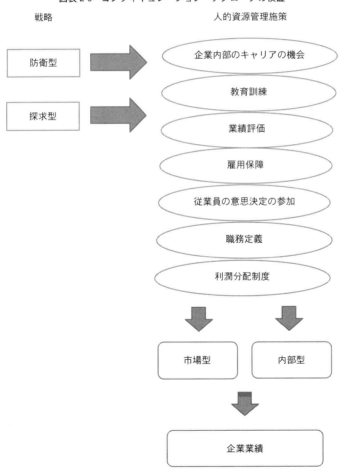

図表 2-6　コンフィギュレーション・アプローチの検証

の実施度合いにより，水平的適合したパターンを「市場型」（market-type system）と「内部型」（internal system）の２つにわけている。「市場型」の特徴は，外部からの採用，低い雇用保障，低い教育訓練，業績評価，利潤分配などを共通して持つタイプで，「内部型」は，内部昇進，高い雇用保障，広範な教育訓練，行動評価，利潤分配など，競争的な報酬を用いない施策を共通して持つタイプとしている。

　まず，「ベストプラクティス・アプローチ」の検証では，7つの人的資源管理施策のうち，「利潤分配制度」「業績評価」「雇用保障」の3つが企業業績にプラスの効果をもたらしている。つぎに，「コンティンジェンシー・アプローチ」の検証においては，「従業員の意思決定への参加」「業績評価」「企業内部のキャリアの機会」の3つがそれぞれの戦略に関係することが明らかとなった。まず「業績評価」については，「探求型」で用いられると業績が高くなり，それに対して，「防衛型」では，用いられない方が業績は高まる。つぎに，融資担当者の意思決定への参加については，「防衛型」では，参加すると業績が高まるが，「探求型」では参加しない方が業績は高まる。さらに，「企業内部のキャリアの機会」については，「探求型」で融資担当者にそうした機会が与えられると業績が高まり，「防衛型」では業績は高まらない結果となった。

　そして，「コンフィギュレーション・アプローチ」の検証では，「市場型」「内部型」人的資源管理施策と，「防衛型」「探求型」戦略との結びつきに，企業業績への有意な関係は示されず，どちらの戦略においても，「市場型」人的資源管理施策が業績にプラスの効果をもたらすことが明らかとされた。

　これまでみてきた戦略的人的資源管理に関する研究では，戦略，人的資源管理施策，企業業績について，それぞれの対象が異なっている。たとえば戦略では，多角化戦略，製造戦略などが取り上げられ，人的資源管理施策については，「採用」「選抜」「評価」「報酬」「配置」「教育訓練」「人材開発」などのなかから，扱う施策の領域が研究により異なっている。また，企業業績は，離職率，ROA，ROE，製造パフォーマンスなど，さまざまな測り方が用いられていた。そして，調査対象についても，工場や融資業務など，さまざまな職場が対象とされていた。

　以上のことから，戦略と人的資源管理施策が結びつくことにより，業績の向上が認められるが，統一的なパターンというものは，現在までのところ明らかとはなっていないのが実態といえる。

4.　戦略と個別人的資源管理施策

⑴　戦略と採用

　ここまで戦略と人的資源管理施策の関係について理解を深めてきた。しかしながら，取り上げた研究からは，たとえば，ある戦略には「結果重視の評価」や「グループに対する報酬」「企業内部キャリアの機会」という人的資源管理施策が適合するとわかっても，なぜ，それらが結びつくと効果をもたらすのかについては詳しく説明されていない。

　そこで，戦略に合わせた人的資源管理施策を実際に導入するための，つぎのステップとして，それぞれの人的資源管理施策には，具体的にどのような方式があるのか，さらには，他にどのような取り組みが必要となるのかを考えていくことにしたい。なお，それぞれの制度などについての詳細は，本書の各章を参照していただきたい。

　まず，戦略と採用の関係について考察しよう。戦略を達成するのは人材である。戦略が異なれば必要となる人材も変わってくる。そこで，企業は必要となる人材像を明確にしなくてはならない。その上で，そうした人材をどの労働市場で調達するのかを決定する必要がある。内部労働市場で人材を育成（make）するのか，それとも必要な時に外部労働市場から人材を調達（buy）するのか，どちらで調達するのが効率的なのかを考えなくてはならない。

　また，雇用形態の組み合わせも戦略により異なる。正社員と非正社員をどのような割合にするのか，さらに，非正社員は，パート，アルバイト，契約社員，派遣社員などさまざまなグループがあり，どのグループを活用するのかは企業の戦略により異なってくる。たとえば，スーパーなどの小売業において，戦略的に非正社員層を活用する場合，単に採用するだけではなく，それらのグループに対する教育訓練，報酬などが連動していなくては，人材育成，従業員のモチベーションの向上を図ることができない。

　このように，戦略により求める人材を明確化し，人材をどの市場で調達するのか，さらには，どのような雇用形態を活用するのか，についての検討が必要となる。

(2)　戦略と育成・選抜

　人材を育成するには，社内でどのように仕事経験，キャリアを積ませるのかが重要となる。それには，異動の組み方をプランする必要があり，どのような技能を習得させるかにより，異動の範囲は異なる。たとえば，先にみたDelery and Doty（1996）の調査では，融資業務は，企業内部でキャリア形成を行うことにより，企業業績にプラスの影響をもたらしていた。その理由は，融資の提案力，企画力，サービスを高める戦略には，さまざまな顧客層を担当し，顧客のさまざまなニーズを知ることにより，融資の対応力が高まるからであろう。それには，異動によりさまざまなタイプの顧客を経験する育成方式が必要となる。それに対して，簡単な業務には狭いキャリアでも対応が可能となる。

　そして，戦略そのものが見直されることがある。しかしながら戦略の変更により，人材を入れ替えることは難しい。そこで，現在の戦略を実行できる人材を育てると同時に，将来の戦略の見直しという変化にも対応できる人材をあわせて育てなくてはならない。小池（2005）は，さまざまな聞き取り調査から，職場では不確実性をこなす技能，変化に対応する技能が求められ，それには，長期の実務経験を要し，なかでも「専門のなかで幅広いキャリア」の形成が必要であるとしている[11]。

　さらには，将来において経営戦略を策定できる人材を育成することも，企業には重要な課題である。そうした人材を育てる場合，すべての従業員に将来のリーダーに必要な教育訓練，配置・異動を積ませることは，育成のコストが高くなる。そこで，どれだけの人材を将来のリーダーの候補者とするか，どのように選抜を行うのかの仕組みを設計し，そして，どのような教育訓練，配置・異動を行うかプランし，実行しなくてはならない。これらから，戦略の達成，戦略の見直しに対応するため，企業の中で従業員のキャリアをいかに形成するかが，人材の育成，ひいては企業の競争力を左右すると

いえる。

(3)　戦略と評価

　これまでみてきた研究によると，戦略に合わせた評価制度を用いることにより，企業業績にプラスの効果がみられた。従業員の働きぶりを評価するには，具体的には，何を測り，いつ評価するのか，そして，誰が評価を行うのかなどを考えなくてはならない。たとえば，何を測るのかでは「業績」「行動」があり，誰を評価するか，という点では「個人ベース」「グループ（チーム）・ベース」があった。

　評価の内容，評価期間には，いくつかの組み合わせがある。たとえば，短期的な業績向上よりも，中長期的な成長を目指す戦略の場合には，従業員に対して，さまざまな能力やスキルの獲得，向上が求められ，それらがどれくらい習得できたかを測るには，「能力評価」や「行動評価」を用いるのが適している。

　それに対して，短期の業績向上を目指す戦略においては，「業績評価」を用いる方が達成を促しやすい。こうした「業績評価」には，「目標管理制度」（Management By Objectives : MBO）という制度を用いる企業が多い。

　「目標管理制度」を簡単に説明しておこう。企業は，戦略を策定し，それを達成するため毎年の企業目標を定める。つぎに，企業目標から，各部門の目標が決まる。そして，部門目標をもとに，個人目標がそれぞれ設定される。従業員は，与えられた目標をどれだけ達成できたのかによって評価され，さらには，それが処遇に反映されるのである。このように「目標管理制度」は，企業戦略と評価を直接結びつけた制度であるともいえる。

　以上から，企業は戦略に合わせ，何を測るのか，さらに，どれくらいの期間で評価するのかなどをプランする必要がある。

(4)　戦略と賃金

　戦略に合わせた賃金（報酬）を用いることにより，企業業績にプラスの効果がもたらされることが，先の研究から明らかとなった。たとえば，「業績評価による報酬」「高い成功報酬」「市場ベースの報酬」を用いる企業もあれ

ば，反対に，「内部の公平性を重視する報酬」「競争的でない報酬」を用いる企業もあった。

　企業が導入する賃金には，「年齢給・勤続給」「職務給（仕事給）」「職能給（能力給）」「業績給（成果給・実績給）」「役割給」などがある。これらの賃金から，どの賃金を用いるか，あるいは，どのように組み合わせるかは，企業ごとに異なっている。それは，どのような賃金を用いるかによって，従業員の行動が異なったり，モチベーションに影響を与えたりするからである。たとえば，「年齢給・勤続給」の場合，年齢や勤続に伴い賃金が上昇するので，従業員の定着を高めることに繋がる。また，「職能給（能力給）」「業績給（成果給・実績給)」は，従業員の能力の向上，業績の達成度合いが賃金に反映されるので，従業員が能力形成や業績向上に対して積極的に行動することを促す。

　戦略に対応するため，これらの賃金のなかから，どれがフィットするのか判断が必要となる。たとえば，中長期的に成長を目指す戦略には，従業員に対して，さまざまな能力やスキルの獲得，向上が求められるので，能力にリンクした賃金がフィットしよう。それに対して，短期の業績向上やコスト削減を目指す戦略においては，個人の業績に連動した賃金がフィットするであろう。また，それぞれの賃金にはメリットばかりでなく，デメリットもあり，これらを考慮に入れ，戦略に合った賃金制度を設計する必要がある。

5. おわりに

　本章では，戦略と人的資源管理の関係についてみてきた。それぞれの戦略に適した人的資源管理が必要で，より具体的には，採用，配置・異動，キャリア形成，昇格・昇進・選抜，評価などの各人的資源管理施策が，戦略に合わせ構築される必要があることがわかった。そして，戦略と人的資源管理施策が適合した場合には，企業業績にプラスの効果をもたらすことがあることも明らかとなった。人的資源管理は，戦略に連動するようデザインされることが必要となるのである。

注

1　Porter, M. E. (1980) *Competitive strategy: Techniques for analyzing industries and competitors*, Free Press.（邦訳『新訂・競争の戦略』土岐坤・中辻萬冶・服部照夫訳，ダイヤモンド社，1995），同 (1985) Competitive advantage: Creating and sustaining superior performance, Free Press.（邦訳『競争優位の戦略』土岐坤訳，ダイヤモンド社，1985）。

2　リソース・ベース・ビューの代表的な研究としては，Barney, J. B. (1991) "Firm Resources and Sustained Competitive Advantage", *Journal of Management*, Vol.17 No.1. pp.99-120 がある。

3　Huselid, M. A. (1995) "The impact of human resource management practices on turnover, productivity, and corporate financial performance", *Academy of Management Journal*, Vol.38 No.3. pp.635-672.

4　もとは，戦略などにより効果的な人的資源管理施策があるのではないか，という問題意識から調査を始めたが，結果的には，ベストプラクティスを支持する結果となった。

5　この研究は，さまざまな研究調査，文献，筆者の経験をもとに，企業利益を生み出す条件を挙げており，それら対象企業では，企業業績がどれだけ高いかは，具体的には示されていない（Pfeffer, J. (1998) *The human equation: Building profits by putting people first*, Harvard University Press. 邦訳：ジェフリー・フェファー (2010)『人材を活かす企業』守島基博監修，翔泳社）。

6　Miles, R. E. and Snow, C. C. (1984) "Designing strategic human resources systems", *Organizational Dynamics*, Summer, pp.36-52.

7　Fombrun, C. J., Tichy, N. M. and Devanna, M. A. (1984) *Strategic human resource management*, John Wiley & Sons.

8　Schuler, R. S. and Jackson, S. E. (1987) "Linking Competitive advantage strategies with human resource management practices", *Academy of Management Executive*, Vol.1. No.3. pp.207-219.

9　Youndt, M. A., Snell, S. A., Dean, J. W. Jr., and Lepak, D. P. (1996) "Human resource management, manufacturing strategy, and firm performance", *Academy of Management Journal*, Vol.39 No.4. pp.836-866.

10　Delery, J. E. and Doty, D. H. (1996) "Modes of theorizing in strategic human resource management: Tests of universalistic, contingency, and configurational performance predictions", *Academy of Management Journal*, Vol.39 No.4. pp.802-835.

11　小池和男 (2005)『仕事の経済学（第 3 版）』東洋経済新報社。

［さらに学びたい人のために］

・小池和男 (2005)『仕事の経済学（第 3 版）』東洋経済新報社。

・ジェフリー・フェファー (2010)『人材を活かす企業』守島基博監修，翔泳社。

第2部

企業組織と HRM の基本的理解

第3章

採用と導入訓練

1. はじめに

　企業は，社会に対して経済価値を創出することで存在している。その経済価値を創出するために，企業が有する経営資源を活用する。一般的に，経営資源とは，「ヒト・モノ・カネ・情報」といったものが挙げられるが，経済価値創出の担い手は，厳密に言えば，ヒトという人的資源になる。ヒトが機械を選定，購入し，操作する主体となるし，お金や情報を管理するのもヒトだからである。それらの活動が企業の経済価値の創出に影響を与える。実際には，経営資源としてのヒトが，他の経営資源をコントロールしながら，経済活動をおこなっているのである。ヒトが他の経営資源を動かし，企業の存続にとって重要な経済価値の創出をおこなう主体と考えると，人的資源は企業が経済活動をおこなう上で，極めて重要な経営資源と言えるであろう。

　近年，グローバル競争が加速化し，企業の競争力を担うために，優秀な人材を企業が保有することは重要となり，労働市場から自社が求める人材を的確に企業内部に取り込むことが，企業のグローバル市場での競争に打ち勝つための重要な要因となる。労働市場から人的資源を企業が調達する活動は，総称して「採用」と呼ばれるが，本章では企業の採用活動とその後の「導入訓練」について，その大枠を解説していく。

2. 企業内部の「ヒトの流れ」と採用・導入訓練

　企業のなかでは，ヒトの流れが起きている。個人が担う職務とヒトを適合

図表 3-1

3つの段階でヒトの流れを管理することで，ヒトと職務のマッチングを図る
出所：筆者作成。

されるためにヒトの流れが発生している。これを「ヒトと職務のマッチング」と呼ぶが，ヒトと職務をマッチングさせることで，人的資源の企業内部での効果的な活用をおこなうことが可能となり，そうすることで，経済価値創出の最大化を実現させることにつながる。

　企業内部では，三つの段階でヒトの流れが存在する。一つは，企業の入り口でのヒトの流れで，二つ目が企業内部でのヒトの流れ，三つ目が企業の出口でのヒトの流れとなる。それぞれ，「採用」，「異動・昇進」，「退職」と対応関係になっている。採用活動で労働市場から企業内部に人材を引き込んだら，次に，その人材を育成する段階に入る。それが導入訓練と人材育成になる。導入訓練とその後の人材育成により，企業の経済価値創出の担い手となる人的資源に育てていくことになる。具体的には，企業内部でのヒトの流れを起こすことで，他の企業が容易に模倣することが難しい人材に育て上げることになる[1]。企業内部のヒトの流れの種類には，他に外部関係企業への「出向・転籍」があるが，本章では企業内部でのヒトの流れに焦点を当てるため，異動・昇進に絞って議論をおこなう。

　本章では，とくに企業の入り口でのヒトの流れである「採用」と，採用した人材の企業内部での導入訓練として企業内部でのヒトの流れである「異動・昇進」を扱うことにする。三つ目のヒトの流れとなる「退職」については，本章では取り扱わない。

3. 採用

(1)　採用計画の立案と採用プロセス

　企業が労働市場から人材を調達するために採用をおこなう場合，まず採用計画を立てることから始まる。自社に適合した優秀な人材を採用するために，「① だれを（求める人材要件），② どのような形態で何人（条件と人数），③ いつ（採用時期），④ どのように（採用方法）」について具体的な採用計画を立てることになる。

①　誰を採用するかの決定

　企業はどのような人材を採用したいと考えるだろうか。多くの企業は「自社に適合した優秀な人材」と回答するだろう。しかし，そういった人材は具体的には，どのような人材なのか。採用の第一段階として，企業にとっての「優秀な人材」を具体的に決定する必要がある。これが，「求める人材要件の導出」という採用の第一段階となる。

　企業が求める人材要件はどのように決まるのか。それは，企業の経営理念をスタートに導出されることになる。そもそも多くの企業にとって「優秀な人材とは何か」という問いに対する答えは，「企業への貢献」ということになるだろう。企業へ貢献する人材とは，企業の戦略を立案・実行するのに適合した働きをしてくれる従業員ということになる。そうすると，企業は採用に際して，経営戦略に適合した人材を求めることになる。経営戦略は，企業の置かれている市場の状況や競合他社の事業活動から決められるが，経営戦略自体は企業の経営理念から策定される。

　企業は，社会のなかの経済アクターとして存在している。いかなる企業であっても，社会のなかで「我々はどう在りたいか」という組織のアイデンティティが経営理念のなかに規定されている。明確な経営理念をもたない企業であったとしても，「我々の企業は社会の中でどう在りたいか」といった想いがあるであろう。そういった経営理念から経営戦略は立案されており，採用活動の第一段階は，それらの経営理念を始まりとして，企業の経営戦略

図表3-2

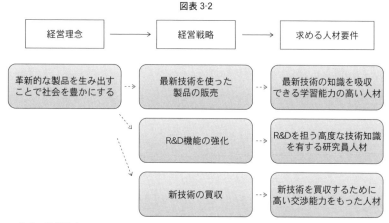

出所：筆者作成。

から求める人材要件を導出することである。たとえば，ある企業が経営理念として「革新的な製品を生み出すことで社会を豊かにする」といった経営理念をもつ企業があったとする。そうすると，この企業の経営戦略は，市場の状況や競合他社の事業活動の現況と照らし合わせて，「最新技術を使った商品の販売」や「R&D機能の強化」，「他社から新しい技術の買収」といったことが経営戦略として策定されるかもしれない。そうすると，求める人材要件は，「最新技術の知識を吸収できる学習能力の高い人材」や「R&Dを担う高度な技術知識を有する研究員人材」，さらには「他社の新技術を買収するために高い交渉能力をもった人材」といった要件が導出されることになる。

② 対象者の条件と人数の決定

　求める人材要件が決まったら，次に採用対象者の条件と人数を決める必要がある。採用の条件としては，大きく二つの選択が重要となる。一つが雇用形態（「正規雇用か非正規雇用か」の選択）であり，もう一つが仕事経験の有無（「新規学卒者か中途採用者か」の選択）である。先進国である日本では，一般的にコスト構造に占める人件費の割合は高くなっているため，正規雇用として採用するか，非正規雇用として採用するのかの選択は企業の利益に大きな影響を与えることになる。さらに，正規雇用と非正規雇用の違い

は，単にコスト面の違いだけでなく，仕事に対する責任の範囲が異なってくるために，企業内部の職務と照らし合わせて，雇用形態の適切な選択が求められる。

　さらに，仕事経験を有する人材を採用するかどうかの選択も採用の際には重要となる。仕事経験を有する人材を採用する場合には，「中途採用者」の採用となるし，仕事経験を有さない人材の採用となると，「新規学卒者」の採用となる。これらの決定も基本的には経営戦略に照らして決定されることになる。当然，新規学卒者の採用となれば，これまでの仕事経験が無いために，企業が一から育成をおこなうことが必要となり，人材育成のためのコストがかかる。他方，育成するだけの十分なコスト・時間を持たない企業の場合には（中小企業に多い），即戦力として活用可能な仕事経験を有する中途採用がメインとなる傾向になる。

　雇用形態が決まったら，次に，採用人数を決める必要がある。採用人数は，企業が生み出す経済価値（付加価値）と照らし合わせて適正な人数が算出されることになる。戦後の高度経済成長の中で，日本経済が右肩上がりに成長をし，企業が付加価値を大きく高めていた時期には，毎年一定数の採用をおこなう企業が多数あったが，今日のような低成長で熾烈なグローバル競争に晒されている状況下では，もはや毎年一定数の採用をおこなうことが困難となり，企業の生み出す付加価値に応じて適正な人数が算出されなければならなくなってきている。

③　採用時期の決定

　対象者の条件と人数と同時に，採用時期を決める必要がある。この採用時期の決定は，対象者の条件，とりわけ仕事経験の有無と密接にリンクする。たとえば，仕事経験の無い，新規学卒者の採用を考える場合には，主として4月に学校を卒業見込みの者を採用する「新規学卒者の一括採用」という形態をとることになるし，明確な採用時期を固定せずに優秀な人材を採用する場合には「通年採用」となる。他にも，新規学卒者として就職した者が，2,3年の後に労働市場に戻ってきたり，海外へ留学して帰国した者を対象とした「第2新卒採用」をおこなう企業もある。これらの人材は，既に社会の中

では，学校を卒業した既卒として扱われるが，採用においては新卒とほとんど変わらない人材として採用をおこなうという意味から，「第2新卒」と呼ばれる。

④　募集・採用方法の決定

「求める人材要件」，「採用対象者の条件と人数」，「採用時期」がそれぞれ決まったら，最後に採用方法を決める必要がある。具体的には，募集と選考方法の決定である。

企業は，募集方法として，① 自社HPへの求人広告の掲載，② 就職情報サイトへの登録，③ 会社説明会の実施，④ 合同説明会への参加，⑤ 職業安定所（ハローワーク）への求人情報の登録，などをおこなう。これらを通じて，求人の募集をおこなうことになるが，どのような人材を求めるかによって，これらの中でどのような方法をとるかを具体的に決める必要がある。たとえば，⑤ 職業安定所への求人情報の登録は，とりわけ転職者をターゲットとした場合には有効であるが，新規学卒者の採用の場合には，通常 ① ～ ④ までのすべてあるいはいずれかまたはその組み合わせが選択される。

募集方法が決まれば，次に選考方法を決める必要がある。求める人材要件に適合した人材を採用するために，① エントリーシート，② 適性試験，③ 筆記試験，④ 面接試験を計画・実施することで，選考方法を具体的に決めることになる。一般的には，エントリーシートで，学歴から志望動機，これまでの経験・体験に至るまでの個人的な属性要因をチェックすることになる。適性試験では，仕事（働くこと）に対して，どれほど適した素質や考え方を持っているかを判定し，筆記試験では基本的な学力を測定する。これらの ① ～ ③ までの試験で面接が可能な人数までに応募者を絞り込む。その後，面接試験では，個人がどのような人物で，どのような職務に向いているか，その人の人柄から適した職務に至るまでの総合的な要因が判定される。面接は，応募者と面接官の「1対多（個人面接）」から，「多対1（グループ面接）」や「多対多（グループ面接）」といったように様々な形式がある。また，内容も対面的な面談形式の「一問一答式」から，応募者にグループワークを課しながら，その様子を面接官がチェックする「グループワーク形式」

までいろいろな形式が存在する。

　面接は，適性試験や筆記試験と異なり，面接官との相性に左右されたり，同席した他の応募者の発言や態度などの偶発的な要因に影響を受けやすいため，企業側は可能な限り複数名で，複数回面接を実施する場合が多い。その場合，1次面接は若手の社員（多くの場合，若手人事担当者など）が担当し，2次面接で部課長などの中間管理職が担当し，3次面接で配属部門の部課長が担当する。そして，その後，最終面接となり，役員や社長などの企業の上層部が面接を担当するのが一般的である。

(2)　日本的「採用方式」の特徴

　日本的採用方式の特徴として，新規学卒者の一括採用を挙げることができる。職業経験のない学卒者を4月に一括して採用する特徴が日本企業，とりわけ日本の大企業では長い間みることができた。日本型の採用方式では，入社後に担当する業務が入社前に明確化されていない場合が多く，入社後の新人研修を経て配属先が決定し，どの部署でどのような仕事をするのか，新人研修後にその具体的な業務が決定するという特徴をもつ。

　それでは，採用時に企業は応募者の何をみているのだろうか。実は，日本型の採用方式は，日本企業の従業員の評価の仕組みと密接にリンクしている。日本企業では，従来，従業員の評価を「職能資格制度（職能給）」という仕組みのなかでおこなってきた。職能資格制度では，従業員をその人の職務遂行能力で評価することになり，職務遂行能力には，担当職務で用いる知識や技能に加え，それらの発揮の仕方に関連する態度的な能力や経験によって習熟すると言われている企画力や判断力も含まれる。これらの能力は，学習や経験によって修得することができ，また発展させていくことが可能だと考えられているため，日本型の採用では，採用時に企業の価値観や方針を受け入れる人材を重視し，新規学卒者の採用という傾向が強くなるのである。そのため，採用時の選考基準としては，個人の性格や資質を重視する割合が強くなる。仕事に就いてからの職場での協調性や学習意欲といった個人的な属性要因を重視し，企業に入社してからの学習や経験の蓄積の可能性を見込んだ形で採用がおこなわれることになる。

　これは，日本型の長期勤続雇用とも関係する。企業が従業員を長期にわたり雇用するため，長期的な視点でヒトと職務のマッチングが図られる。そのため，日本の場合には，「就職（職務に就く）」ではなく「就社（会社に就く）」であると言われたりするが，それは，まさに日本企業の評価の仕組みと関連し，特定の仕事をこなすスキルや能力よりも，特定の企業のなかで，長期的なスパンのなかで幅広い経験を積みながら，学習をしていくことに重きがおかれているためである。

4. 導入訓練

⑴　人材育成の手法

　日本企業の多くが，その評価の仕組み（職能資格制度／職能給）に対応する形で，長期的なスパンのなかで幅広い経験を積みながら学習を促す仕組みをもつが，具体的にどのような方法で労働市場から採用した人材を育成し，学習を促していくのであろうか。

　企業のなかでの導入訓練としては，主として2つの人材育成の柱がある。一つがOJT（On the Job Training）と呼ばれる職場でおこなわれるトレーニングである。二つ目が，Off-JT（Off the Job Training）と呼ばれる職場から離れておこなわれるトレーニングである。Off-JTには，会社主導の「研修」と個人主導の「自己啓発活動」と呼ばれるものがある。自己啓発活動とは，企業という物理的な場所から離れておこなわれる従業員の個人的なトレーニングである。労働市場から新たに採用した人材の導入訓練の主流となるのは，OJTとOff-JTであり，これらを上手に組み合わせながら人材育成がなされていく。

　OJTとは具体的な配属先で，職務に就きながら実際に仕事をおこない仕事を覚えていく導入訓練である（"Learning by Doing"）。OJTの特徴は，実際に職務に就きながら訓練をおこなうことから，学習のプレッシャーが高く，フィードバック効果が高いという特徴をもつ。実際に仕事をおこなっているため，緊張感を高めた訓練をおこなうことになり，訓練の成果は実際に仕事の成果として目に見える形で表れる。そのため，自分の仕事の結果を可

視化しやすく，フィードバック効果が高くなる。そのため，企業の教育訓練では，OJT が中心的な柱となる。他方で，OJT は職場で働きながらの訓練になるため，体系だった教え方が存在しないという欠点もある。OJT をおこなう際には，教育訓練を受けている者とのしっかりとしたコミュニケーションが必要となり，何を理解し，何を理解していないかをその都度，明確にしながら進めていくことが大切となる。

　OJT を補助する形で Off-JT がおこなわれる。Off-JT は，字のごとく職務から離れた訓練である。たとえば，労働市場から採用された新規の従業員は，最初に「新人研修」という集合研修を受ける場合が多いが，この「新人研修」と呼ばれるものが Off-JT の典型である。この「新人研修」では，新たに採用された新人が，職場から離れた会議室などに一同に会して，企業の基礎的な情報やビジネスマナーなど，企業でこれから働いていくための基本的な訓練を受けることになる。新人研修のような Off-JT は，入社後も様々な形で実施される。たとえば，新人研修のようにある特定の階層を集めておこなう「階層別研修」や製造部門，開発部門，販売部門といった機能ごとにおこなう「職能別研修」さらには，企業から選ばれた従業員に特定の課題をこなしてもらう「課題別研修」など，職務外での研修を受けることで，職務をこなしながらの OJT に加えて，個人の能力開発を促すことになる。

　個人主導の Off-JT である自己啓発活動は，従業員が自らの能力開発のためにおこなう学習を企業が間接的にサポートすることで，企業に貢献する能

図表 3-3

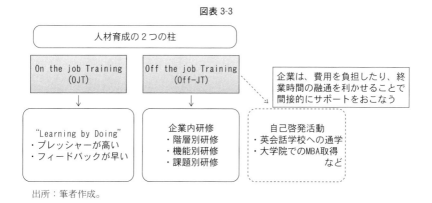

出所：筆者作成。

力を個人に伸ばしてもらう一つの研修スタイルである。たとえば，従業員が就業時間後に英語の能力を伸ばすために英会話学校に通ったり，MBA（経営学修士号）を取得するために大学院に通ったりする活動である。就業時間後の従業員の個人的な自己啓発的な活動であったとしても，企業がそれらの活動を通じて従業員が企業に何らかのメリットをもたらすと判断した場合に，就業時間の融通を利かせたり，かかる費用の一部または全額を負担することで，それらの就業外活動をサポートし，従業員の能力開発を支援する場合もある。

⑵　導入訓練と企業内部のヒトの流れ

　これらの導入訓練は，企業内部のヒトの流れとも関係する。採用活動が「入口でのヒトの流れの管理」だとすると，導入訓練は，「企業内部でのヒトの流れの管理」ということになる。導入訓練では，企業内部で新たに採用した人材を動かすことで（流れを起こすことで），人材育成をおこなっていく。

　日本企業の特徴は，雇用構造に集中している。James Abegglen は 1958 年に *The Japanese factory: aspects of its social organization* を出版し，戦後の日本企業の成長の源泉を「終身雇用」，「年功序列」，「企業内組合」の 3 点にあるとし，これらがその後，日本的経営の 3 種の神器としてもてはやされることになった。日本的な経営の特徴は，Abbeglen が指摘した 3 点からも分かるように，雇用構造に集中しており，とりわけ，長期勤続という雇用慣行での「人の扱い方」にその特徴があると言われてきた。

　それでは，導入訓練，企業内人材育成という観点からは，「人の扱い方」の特徴として，具体的にどのような点に日本的な特徴が見られてきたのだろうか。それは，とりわけヒトの配置にともなうローテーション（配置転換）に日本的な特徴が見られると言われる。企業は，外部の労働市場から人材を採用し，人材をある職務に配置し，育成→評価→配置のサイクルを繰り返しながら，ヒトと職務のマッチングを図っていく。ある程度の長期的なスパンの中で，ヒトの育成が考えられ，部門や職種を越えた幅広い人事異動がおこなわれながら，ヒトの育成がなされる。そのため，日本的な特徴は，「複数職能型」を採用し，様々な部門を経験しながら昇進をしていくことであると

言える。ローテーションがヒトの「横の流れ」だとすると，昇進はヒトの「縦の流れ」となる。従来の日本の大企業の特徴は，ヒトの横の流れ（ローテーション）を機能させながら，ヒトの縦の流れ（昇進）が起きてきた。複数職能型がとられてきたため，製造業の現場では，一人で複数の職務を担当可能な「多能工（化）」が推奨されてきたし，ホワイトカラーの現場では，様々な部門や職種を経験する「ジェネラリスト」が養成されてきた。

　このようなローテーション（配置転換・異動）は，仕事の専門性が身につきづらいという欠点をもっている。さらに，ローテーションをおこなうことで，ある程度慣れた仕事を離れて，不慣れな職務に就くことになり，職場での生産性は一時的に悪化してしまい，短期的にはローテーションのコストは高くつくというデメリットをもつ。それでもローテーションが実施されてきた理由は，大きく二つの要因から説明することができる。一つ目が，長期的な視点でのヒトと職務のマッチングで，二つ目が評価制度としての職能資格制度（職能給）との関係である。

　様々な職種や部門を経験することを促すローテーションでは，基本的に短期的な視点でヒトと職務のマッチングを考えていない。働く人々の将来時点での貢献を考えて，ヒトと職務のマッチングがおこなわれる。そのため，働く人々には，時間をかけて自分の能力蓄積をおこなってもらい，短期的な競争が排除される。様々な上司のもとで，様々な仕事をこなすことになり，昇進などの決定的な差がつくまでには，時間を要することになる。さらに，ローテーションは，日本企業の評価制度とも関連している。既に述べたように，日本の企業の多くが，従来，職能資格制度（職能給）を採用してきた。職能資格制度では，従業員は，職務遂行能力によって格付けられ，評価される。職務遂行能力は，特定の職務に求められるような特別な能力ではなく，組織内のあらゆる部門に共通する組織横断的な緩やかな括りで定義されるため，働く個人は，職務遂行能力を高めれば，より上位の資格に格付けられることになるため（昇格），ローテーションによる能力開発を積極的に受け入れることにつながるのである。

5. 「人的資源」に対する考え方

　ここまで，採用，導入訓練・人材育成に関して，日本企業の特徴を中心に
その概略を解説してきた。いずれの項目であっても，その根底には，人的資
源に対する考え方が重要となる。ここでは，日本企業の人的資源に対する従
来の考え方と昨今のグローバル競争のなかで，その日本的な人的資源に対す
る考え方に変化の兆しがみえてきたことを解説する。

(1)　二つの考え方

　企業が，労働市場から人材（人的資源）を採用する際に，いったい何を雇
用していると考えるのであろうか。

　伊丹・加護野（1989）によれば，二つの考え方があり得るという。一つの
考え方は，企業が雇用するのは，人々がもつスキルであるという「スキル
ベース」の考え方であり，もう一つが，企業が雇用するのはヒトであるとい
う「ヒトトータル」の考え方である。

　ヒトトータルの考え方は，ヒトがもつスキルは学習の機会や企業側の教育
投資によって変化するという考え方である。そして，人々のスキルは多様に
企業内で蓄積可能であるとする。たとえ一つのスキルの価値が無くなったと
しても，企業内訓練と本人の努力でスキルの転換を図り，雇用は継続しよう
とする。

　他方，スキルベースの考え方は，スキルだけを物的資源のように人から分
離させることはできないため，人材として労働力を雇用しているという考え
方である。スキルの価値に応じて企業は，働く人に賃金を支払い，その価値
が無くなったと判断したときに，雇用契約が解消される。スキルベースの雇
用では，スキルは企業間を移動していこうとする。個人は，自らのスキルの
所有者として自分のスキルを高めるような努力をし，自分のスキルを高く評
価してくれる企業へと移っていく。企業側も，様々なスキルの集合体とし
て企業を運営しようとすることで，企業内部の仕事についての職務記述書
（Job Description）を明確な形で準備し，どのような仕事をすればその職務

が務まるのかを明記するのである。

　企業が雇用する人的資源に対する考え方として，このような大きな二つの考え方を指摘することができるが，日本企業の多くが，人的資源を「ヒトトータル」な考え方のもとで取り扱ってきた。そのため，職務遂行能力という個人が過去から現在にわたって蓄積してきた潜在能力が評価され，長期的な経験によって広げられた知識やスキルが重視されてきた。採用時には，個人の性格や資質が重視され，入社後には，企業内部でローテーションによって横に広がる経験や知識の蓄積がおこなわれるようになってきたのである。

　他方，「スキルベース」の考え方は主として米国でとられてきた考え方で，採用の際にも職務記述書と呼ばれる特定の仕事に求められるスキルがそれぞれの仕事に対して明示され，そのスキルに適合する人材が採用される。採用後も，明示された職務記述書の職務内容をこなすことができるかどうかで評価がおこなわれ，このような評価システムを「職務等級制度」と呼ぶ。日本的なヒトトータルな考え方に基づく採用は，「ヒト中心の採用システム」と呼ぶことができ，他方で米国的なスキルベースの採用は，「仕事中心の採用システム」と呼ぶこともできる。

(2)　変化する考え方

　従来，日本的な人的資源の見方は，企業が雇用するのはヒトであるという「ヒトトータル」の考え方であった。しかし，昨今，そういった考え方に変化の兆しが現われるようになってきた。従来，日本的な「ヒトトータル」な考え方に根ざしたヒト中心の採用システムや導入訓練・人材育成は，個人と企業との長期的な関係を前提に考えられてきた。しかし，1990年代のバブル経済崩壊から低成長が続き，2000年代頃からは新興国企業の台頭による熾烈なグローバル競争に晒されることで，日本企業は経済価値を高めることが難しい状況下に置かれるようになってきた。同時に，これまでの長期勤続雇用のなかで，組織が高齢化して来ており，コストに占める人件費の割合が高くなるにつれ，従来型の「ヒトトータル」な考え方に根ざしたヒト中心の採用システムや人材育成には限界が見え始め，変化の兆しが現われるようになってきている。

　採用に関しては，従来は，大企業を中心に4月の新規学卒一括採用が主流であったが，昨今では，転職市場が活況を帯びるようになってきている。従来，日本の労働市場は，硬直化していることが指摘され，新卒採用あるいは，新卒に限りなく近い第2新卒扱いや若年層の労働市場が機能し，年齢を重ねれば重ねるほど転職が難しくなることが言われてきた。それを総称して，「35歳転職限界説」なるものが言われてきた。これは，日本企業の長期勤続雇用の慣行のなか，35歳を超えて転職をしようとすることの難しさを指摘したフレーズであるが，昨今は，従来までの転職市場とは異なり，とりわけ，ある程度年齢層が高く，とりわけ技術や経験を有する人材の転職市場が拡大をみせており，中途採用を積極的におこなう企業が増えてきている。

　導入訓練や人材育成に関して言えば，従来の個人と企業の長期的な関係の下では，企業主導の教育訓練が通常であった。企業は，他社が模倣困難な人的資源を自前でつくり出すことで，それを競争優位の源泉としてきた。しかし，昨今の経済環境の悪化と国際競争が激化するなかで，企業が経済価値を上げることが難しくなり，従業員との長期的な関係を維持することが困難な環境に置かれるようになってきた。事実，ここ数年にわたって，多くの大企業が，多数の早期退職者を募り，企業規模の縮小をおこなってきている。そういった状況のなかで，企業の人材育成の考え方にも変化が現われている。それは，従来までの特定の企業のなかで他社の模倣困難な人材の育成という考え方から，働く個人の労働移動をみこした教育訓練をおこなう形式へとシフトしている。個人が会社に依存した関係から，個人が自らのキャリアを形成するために，企業側も選択的な研修を個人に与えることで，働く個人自らが，自分のキャリアを形成する手助けをおこない，同時に企業にとっての競争優位の源泉となる人材を育成していくという考え方に根ざした人材育成をおこなうようになってきた。会社主導の教育訓練に個人主導の教育訓練を合わせこみ，個人が企業を離れる際に，労働移動を可能にする能力を身に付けることが意図されるようになってきたのである。それは，裏を返せば，個人と企業との長期的な関係に限界が見え始めていることを意味するとともに，労働市場での移動が徐々に増えてきていることをも意味している。

　また，日本企業の評価のありかたも，従来の職能資格制度というヒト中心

の評価制度から，個人のスキルを評価する米国型の職務等級制度を取り入れた新たな評価システムも模索されるようになってきた。たとえば，その代表として役割等級制度が挙げられる。役割等級制度とは，それぞれの仕事や職務に求められる役割の大きさに応じて等級を設定してその役割を担当する従業員の格付けをおこなう制度のことである。役割等級制度の最大の特徴は，年齢や勤続年数という従来の職能資格制度で重視された要素でヒトの格付けをおこなうのではなく，個々人の担う役割を明確にし，その役割にどの程度応えられるかで評価しようとする評価システムである。

6. おわりに

　これまで，日本企業の採用と導入訓練・人材育成について，その概要をみてきた。入口でのヒトの流れである採用では，そのプロセスについて解説し，採用が日本企業の組織内部での人材育成や評価の在り方とリンクしていることを指摘した。また，企業内部のヒトの流れでは，導入訓練・人材育成の手法として，OJT，Off-JT を解説し，日本的な企業内部のヒトの扱い方の特徴の一つとして，ローテーション（配置転換・異動）を挙げ，その概略を解説しながら，人材育成の手段としてローテーションが用いられることを説明した。そして，最後に人的資源に対する二つの考え方を挙げて，日本的な人的資源に対する考え方を紹介した。今日の日本企業を取り巻く経済環境の変化により，その考え方に変化の兆しが現われていることを指摘した。その変化により，採用や導入訓練・人材育成さらには日本企業の評価システムも変化している点を述べた。

　今日では，本章でみてきた採用と導入訓練・人材育成を実施するにあたり，これらの管理業務の生産性を改善する目的で多くの企業で AI（人工知能）やクラウドなどの HR テクノロジーが導入されるようになってきた。HR テクノロジーの導入により，外部の労働市場からの人材採用や社内での人材育成の業務を効率化し，膨大なデータを一元化させて「見える化」することが可能となってきた。他方で，従業員の採用や育成情報などの秘匿情報を適切に管理することが必要となり，HR テクノロジーを有効に且つ適切に

使いこなせるIT人材を社内に保有する必要性も出てくるようになってきている。そのため，HRテクノロジーの導入にあたっては，その功罪を慎重に考慮し，従業員が納得でき，信頼できるシステムの導入が求められる。

　本章では「採用と導入訓練」をテーマにその概要を解説してきたが，採用と導入訓練は単に単独で存在するものではなく，日本企業の評価システムと密接にリンクしている。その評価システムは人的資源に対する見方から大きな影響を受けていると考えられるのではないだろうか。社会・経済の変化やテクノロジーの進展にともない，採用や導入訓練の在り方も変化してくるが，今後の日本企業での採用・導入訓練がどのようなものに変化するのか／あるいはしないのかは，その時代の社会・経済状況との関係から見えてくることになるのであろう。

注

1　企業内部のヒトの流れの種類には，他に外部関係企業への「出向・転籍」があるが，本章では企業内部でのヒトの流れに焦点を当てるため，異動・昇進に絞って議論をおこなう。ちなみに，「出向」とは，企業が従業員との雇用契約を維持したまま，業務命令によって従業員を子会社や関連会社に異動させることを言う。業務上の指揮命令権は出向先企業にあり，対象となる従業員の籍と給与の支払い義務は出向元企業にある。他方で，「転籍」とはこれまでの雇用元企業との雇用契約を打ち切り，対象となる企業と新たな雇用契約を結び，籍を移すことを言う。そのため，指揮命令権，給与の支払い義務は転籍先企業にある。

［さらに学びたい人のために］

・服部泰宏（2016）『採用学』新潮社

・海老原嗣生（2016）『お祈りメール来た，日本死ね─「日本型新卒一括採用」を考える』文藝春秋

・上林憲雄・厨子直之・森田雅也（2010）『経験から学ぶ人的資源管理』有斐閣

・伊丹敬之・加護野忠男（1989）『ゼミナール経営学入門（第3版）』日本経済新聞社

第 *4* 章

業績管理とコンピテンシー

1. はじめに

　企業が社会に存在する最大の意義は，第1章で学んだ内部労働市場や外部労働市場で確保した人的資源を有効かつ戦略的に活用しながら，それぞれの企業固有の活動を通じて社会に貢献することである。企業経営とは，企業活動が永続すること（going concern）を前提に行われるものであるから，特定の短期的な活動目的を遂行するために設立され，その目的が全うされたらすぐに解散するような会社組織（specific purpose company: SPC と略される）でない限り，その事業運営は持続的かつ発展的なものであることが期待される。

　健全な企業経営においては，事業運営の永続性と成長性を担保するために必要な利潤を確保することが求められる。しかし，利潤の極大化それ自体は企業の究極の目的ではない。本来の社会的存在意義を安定的に持続させ，将来予想される経営環境の変化や個々の企業に対する社会や市場の要請に即応し，新たな事業展開に向けた投資を可能にするために，ヒト（人的資源），モノ（物的資源），カネ（資金）などの経営資源を維持・増強することが必須条件あり，利潤の適正さや業績目標の妥当性についてはその脈絡で議論されるべきものである。

　永続的な企業活動を安定的に支え業績を上げ続ける人的資源は，それ以外の経営資源と異なり，その構成員である役職員1人ひとりの価値観，就労動機，意欲，自己実現の目標などが多岐にわたるうえに，社会環境や経済環境の変化によって大きな影響を受け，それ自体が絶えず変化する可能性をもっ

ている。企業活動の成果は，人的資源を構成する個々人が身につけている技能・専門知識の競争優位性と仕事に対するモチベーションの大きさによって左右されるものであるから，企業が業績目標を効果的・効率的に達成するためには，個々の職務を確実に遂行できる客観的にみて最適の人材をタイミングよく配置するとともに，彼らが期待通りの職務行動を起こすことができる組織体制を整備することが大切である。本章では，企業の業績管理の本質について説明し，それを踏まえながら，優れた企業業績をもたらす蓋然性や予見性の高い人的資源の行動特性（コンピテンシー）とは何か，そして，それらをどのように評価すべきかについて考えてみる。

2. 業績管理システムと成果主義

　業績管理の本質は，1人ひとりの社員について，概略以下のようなプロセスを経て，確実に仕事の成果をあげられるよう，ライン現場の責任者である上司とその部下が一体となって，双方が会社にコミットすることを意味する。

① あらかじめ定義された各社員の仕事（役割）の範囲内で，毎期首に，仕事を通じて達成すべき具体的な目標を，上司と部下が話し合って設定する。何をもって目標を達成したと判断するかも明確に設定する。

② 目標に向けた仕事の進捗状況をタイムリーに行い，上司と部下が目標達成のために新たにすべきことを確認しあい，タイムリーなフォローアップを行う。経営環境の変化が著しい場合は，期中であっても事業戦略が見直されることもあるので，修正された事業戦略に即して目標達成に必要な機動的なアクションについて関係者で確認しあう。

③ 期末（中間期末・年度末）に，目標の達成度，仕事の進め方，リスク管理・危機対応，関係部署との協力関係など，定性・定量両面での成果を総括する。

④ 上記①から③に基づき，年度末に来期以降の仕事（役割）を再定義し，会社の事業戦略に即して目標設定，成果の判定方法などにつき，上司と部下が話しあう。

　上記のうち，特に大切なプロセスは ② である。① は業績管理の基本ではあるが出発点に過ぎず，目標を設定しただけで自然発生的に成果が生まれる訳ではない。③ はあくまで「結果」の評定作業であって，そこに至るまでのさまざまな外的・内的要因の変化や，特定個人としての社員の業務行動を具体的かつリアルタイムで把握・分析し，必要な対策（投入する経営資源の中味や時期の見直しなどを含む）を果断に実行しなければ，成果の自然発生を座視しているのと同じである。

　第 6 章では，人事考課の手続や方法の基本について学ぶが，多くの企業の人事考課において，過去の出来事や社員の過去の行動について多くの社員の間でどれだけ公平かつ公正に評価するかの技術論（相対評価の分布率の設定など）に関心が集まりがちである点は特に注意しなければならない。人事考課の本質的な意義は，組織全体で厖大な時間と労力を費やす見返りに，評価者と被評価者とが叡智を結集して企業業績を確かなものにする努力を重ねることにあるという認識が大切である。したがって，人事評価を半期毎あるいは年 1 回の単なる季節行事に終わらせることなく，個人と組織両方の生産性を恒常的に改善する学習プロセスと位置付けるべきである。

　「成果主義」の人事制度を導入した企業が，期待通りに人事制度が根付かないことに苦悩しているとすれば，その原因は，上記 ③ の結果の評価に基づいて給与格差をつけることに終始しているからであって，「結果への報酬対応」という事務処理に偏重することなく，② の途中経過に焦点を絞った「成果の必達努力」という本質的な経営命題に真摯に向き合うことが必要なのである。

　「成果主義」とは，上司と部下が「めざす成果から，片時も目を離さない＋離させない」組織行動に他ならない。したがって ② では，会社（上司）が期待する「成果」と社員（部下）の期中業績の距離をモニターし，与えられた期間（半年または 1 年）のうちに成果を確実なものにするため，必要に応じて何度でも上司と部下が話し合うことが求められる。

　その過程で，各人が実際の仕事を通じて会社の経営理念，経営計画，事業戦略などについて地に足の着いた理解をすることも可能になる。その意味では，業績管理は，人的資源管理の中でも際立って重要な人事施策なので

ある。

3. 管理制度の中でのコンピテンシー・モデルの役割

　人事制度とは，どのようなスキームであっても，人間の行動やその背景にある価値観に影響を与える性格をもっているので，制度の導入から運用段階に至るまで，組織を構成している幹部社員から一般社員までのすべての社員から，十分な理解と納得と協力が得られるようなプロセスを重ねることが大切である。人間の価値観や生活習慣，行動特性などは急には変えられないものであるから，会社の経営戦略上の都合だけで新しい制度を導入しようと思っても，導入の趣旨や目標に合致した成果を挙げるまでには，それなりの時間が必要である。中長期的な視点でスキームの定着を図り，安定性と実効性のある運営体制を確立させなければならない。

　人事制度の中でも，職務・職責や能力・資質要件に関係するスキームの変更や改訂は，長年にわたって実施してきた現行の評価基準と新たに導入しようとする評価基準との関係性に配慮することが極めて重要である。「知識や技能」という静的（static）な人事評価ツールと，コンピテンシー・モデルのような動的（dynamic）な人事評価ツールは，どちらが絶対的に良い・悪いという"二項対立的"なものではない。両者の優れた点を，会社の業種や業態，事業戦略に照らして好業績を実現する蓋然性の高い人材育成のために，"ハイブリッド"で積極的に活用することが，経営の腕の見せ所なのである。

　このような考えに基づいてコンピテンシー・モデルを導入する場合，下記の3つのアプローチが特に重要である。

① 　コンピテンシー・モデルの作成のプロセスに，日々ビジネスの現場で実務に携わる社員を参画させ，現場を経験した社員の意見・提言を奨励し，それを踏まえて組織としてのコンピテンシー定義を行う。

　　 社員にコンピテンシー・モデル導入の意義を確信させ，意識を高めさせ，積極的に自身の行動特性を改善させるためには，経営幹部や人事担当管理職から一方的に提示されたという印象を社員に与えないことが大

切である。コンピテンシー・モデルを日々の仕事で体現する主役は，幹
部社員より一般社員であるから，新しいスキーム導入に関して大勢の一
般社員の当事者意識（sense of ownership）を高め，スキーム運用に積
極的に参画（employee engagement）させることが必須条件である。
社員を参画させるプロセスで，経営幹部や人事担当管理職自身が，定義
されたコンピテンシーの有効性や妥当性により強い確信を持つことがで
きる。

② 　社員関与型で作成されるコンピテンシー・モデルは，該当する職務・
職責を担う社員の間で常に共有できる体制を整備し，必要に応じて変
更・改善する会社方針を明示する。

　　従来の静的（static）な知識・技能モデルと比べて，コンピテンシー・
モデルは，社員の職務・職責の変化，ビジネス環境の変化などに応じ
て，一定の頻度で動的（dynamic）に見直すことが必要になる。その見
直しのプロセスを経ることで，コンピテンシー・モデルは日々の仕事に
密接に関係するものであり，経営側の期待も大きいということを社員に
納得させる効果が期待できる。さらに，管理職と一般社員が深く関与し
たスキームであるため，全社的な納得性が高くなり評価ツールとしても
使い勝手（usability）をよくすることが容易になる。

③ 　期末の定期人事評価・業績評価に限らず，適時必要なコーチングやメ
ンタリング（mentoring）を実施し，期待される行動特性を確認しその
醸成を図る。

　　コンピテンシーの開発・醸成は，対象となる具体的な行動がさまざま
な要因で変動するため，期初に決めた「職務行動の変革や習慣化の目
標」が予定通りに進展するとは限らない。むしろ，日々の業績に追われ
るあまり，社員にしてみれば冷静に自分の行動特性を振り返って変革や
改善の方法を考える余裕がない場合が多いものである。したがって，上
司と部下が，①と②で共有するコンピテンシー・モデルの意義や実効
性に基づいて，「職務行動の変革や習慣化の目標」の進捗状況を確認し，
必要な改善策を話し合うことが，社員に期待される行動特性の醸成には
効果的である。

　これら3つのアプローチにおいて，人事担当管理職や各ライン現場の管理職が実行すべき内容は，それ自体が，部下の業績管理やコンピテンシー醸成を目的とした「部下の管理・指導」という上司としてのコンピテンシーの好例と言うことができる。コンピテンシー・モデル導入に際しては，その適用対象は一般社員のみという認識は適切ではない。組織全体が，このスキームの意義と，それを定着させるまでに必要となる中長期的な時間軸についての認識を共有し，各役職員がそれぞれの社内外での職務・職責を果たす際に，日頃から当事者意識と責任感をもって，自分の行動特性を客観的に観察し測定する努力を惜しまない企業風土を築くことが大切なのである。

4. 成果主義を担保するコンピテンシー・マネジメント

(1)　高業績を挙げ続ける人的属性

　高業績（好業績）を挙げ続ける人的資源（人材）集団を構築することは，すべての企業の経営者やライン管理職にとって最大の経営命題である。それは，新規の採用に限らず，在籍するすべての人材について，業績への貢献度を担保するために必要なことである。

　もちろん，市場での競争環境のもとでは，企業活動の目標や経営のプライオリティは不変ではないので，業績を挙げるために必要な人的属性（知識，技能，適性など）を一概に定義することはできない。しかし，事業年度を重ねながら数多くの事業戦略を経験する過程で，さまざまな職務についての業績管理を徹底させていくことによって，多種多様な職務について，どのような知識や技能をもった人材がその職務を全うするに相応しいか，また，高業績を挙げる確率が高いと認められる人材に共通の人的属性や行動特性は何かということに関して，経験則によって理解を深めることは十分可能である。

　特に，その職務が機会的な定型業務の反復にとどまらず，絶えず変化する市場や顧客の複雑なニーズに機敏に対応することが求められる難度の高い非定型業務であればなおさら，高業績に結びつく蓋然性や予見性の高い人的属性の特定は極めて重要な意味をもつ。

　コンピテンシーとは，高業績を挙げる人（high performer）が仕事上の

役割や責任を巧みに成し遂げる際に発揮する，測定・観察可能な知識，技能，能力その他の特性（knowledge, skill, ability and other characteristics: KSAO と略す）のことである。コンピテンシーの厳密な定義はなく，測定・観察される KSA のレベルについても，上級管理職のリーダーシップや専門分野の固有の知識まで広範な要素を包含する。

　端的な例を挙げれば，優れた営業担当者に期待されるコンピテンシーとして，次のような行動特性が考えられる。

　・顧客の話を遮らずに興味を示しながら注意深く聴く（ただ普通に聞くだけでなく）
　・話を聞きながらメモを取りつつ視線を顧客から逸らさない（メモを取らなかったり，メモを取る間ずっと視線をノートに向けることなく）
　・顧客のニーズを確認するため必要に応じて丁寧に質問をする（合槌程度の質問ではなく）
　・顧客の発言を自分自身の言葉で表現し自分の理解を確認する（単なる復唱にとどまらず）
　・問題に直面した場合は，完璧な情報や解決策を漏らさず提供する（憶測などの未確認情報や断片的な対応ではなく）

これらの行動の背景には，個人の立ち居振る舞いの洗練度だけでなく，商品やサービスに関する専門知識や顧客や業界に関する深い洞察力などの潜在能力がベースになっているのは当然である。それらの潜在能力が顕在能力として，実際に必要な時に好ましい形で表現されなければ，顧客の積極的な評価が期待できず，したがって業績にも積極的な影響は及ぼさないことになる。

　このような具体的な行動をイメージしながら，それぞれの職務について高業績を担保するのに相応しい行動を管理職が特定し，それらをその職務の現在の担当者が進んで実践するよう指導することによって，その担当者についての業績管理の実効性を高めると同時に，将来その職務や類似の職務を希望する人材が必要なコンピテンシーを身につける際の指針にもなるのである。

(2)　コンピテンシーへの関心の高まり

　企業活動におけるコンピテンシーが社会の関心を集めるに至ったのは，米国のハーバード大学の心理学者であるマクレランド（David McClelland）が，1973年1月にAmerican Psychologist誌に発表した *Testing for Competence Rather Than for Intelligence* と題する論文で，人の能力を測定する方法としてそれまで学生や社会人の間で広く認知されていた知能テスト（intelligence test）や適性テスト（aptitude test）は，社会人としての仕事や活動（real life outcomes）での成功確率を占う手段としては信憑性が乏しいと指摘したことがその発端である。この論文を契機として，マクレランドは，米国務省の委託を受けて，若手外交官の選抜方法の有効性の実証研究を行った。この研究では，「トップクラスの大学を卒業し，知能テストや適性テストの成績も優れた外交官について，海外在勤期間中の業績に格差が生じるのはなぜか？」という米国務省の問題意識に対する答えを出す目的で，優れた業績を挙げている外交官を対象に，過去の成功体験や事象への取り組み姿勢に焦点を絞った質問（behavioral event interview: BEIと略す）を通じて，high performerの間で認められる共通の行動特性を明らかにした。この調査結果によると，学業成績や知能指数は外交官の業績の高低との間には顕著な相関関係は認められず，外交官の職務について成功確率の高い人物に特徴的なコンピテンシーとして下記を挙げた。

a）異なる生活文化に対する豊かな感受性を発揮し対人関係を巧みに行う（cross-cultural interpersonal sensitivity to people from foreign cultures）。

b）どれだけ困難な相手に対しても自制心をもって接し建設的な人間関係を維持できる（the ability to maintain positive expectations of others despite provocation）。

c）政治的な人脈を素早く形成できる（speed in learning political networks）。

　この研究を通してマクレランドが強調したのは，従来の心理学的分析手法によって個人の行動原理に繋がる性格や適性を包括的に抽象化して，その人の性格や適性が顕著に発揮される場面を多くの可能性の中から予測すること

よりも，特定の仕事やミッションを現実に立派に成し遂げている個人が，具体的な仕事の環境や事象に即して，実際にどのような行動を起こしたり，どのような工夫を凝らし，どのような態度で問題解決に臨んだかを詳しく描写することの重要性であった。その背景にある考え方は，人の行動を予測する最も有効な方法は，現在および近い将来の同一もしくは類似の環境下で，その人が現に行動していること，もしくは行動しようとする意志をもっていることを確かめることであるというものである。

　さらに言えば，内面的な性格，人柄，動機のような属人的な潜在能力よりも，特定の状況下で高業績を挙げた個人が実際に体現した観察可能な手本になるような行動（顕在能力）を明らかにすることによって，別の個人が同様の状況下でそれらの行動を反復模倣することで，間接的にせよその行動を誘発する潜在能力をも習得することが可能になり，それによって，個人のコンピテンシーをグループや組織全体のコンピテンシーを質的に高めることができるのである。

　マクレランド理論の流れを受け継いだボヤティズ（Richard Boyatizis）は，1982 年に The Competent Manager: A Model for Effective Performance と題する書籍を著し，そのなかで，コンピテンシーを「特定の職務において効果的な高業績または結果として優れた行動に結びつけられる個人の特性」として，調査対象を 12 の組織，41 種類の管理職責を担う約 2,000 人に拡大し，彼らの業績とコンピテンシーの関係を精査し，コンピテンシーの測定方法と能力開発のモデルを紹介している。

　1990 年代になると，従来の職務を定義する職務記述書の補完ツールないしは代替ツールとして，多くのアメリカ企業や組織で独自のコンピテンシー・モデルの構築を模索する動きが盛んになった。それに呼応して，人事専門のコンサルティング会社も活発にクライアント企業内でのコンピテンシー・モデルの構築や評価方法の紹介を行うようになった。各企業や組織に導入されるコンピテンシーには厳密な定義はなく，細部では意見が分かれるが，概ね共通している定義は，観察・測定可能な知識・技能であることと，それらの知識・技能が高業績者と並みの社員との間で明確に区別できることの 2 つである。いずれにしても，コンピテンシー・モデルを導入する企業や組織

の狙いは，経済成長が鈍化する成熟社会において，労働の質を高め，その結果として収益の質に拘り，低成長であっても持続性・発展性のある業績の挙げ方を大切にする経営理念を組織内に浸透させることにあると考えられる。

⑶　政府機関でのコンピテンシー活用の実際

　コンピテンシーの概念を組織の業績向上のために活用する動きは，民間の営利団体だけに止まらない。マクレランドに若手外交官の選考基準の検証作業を委嘱した米国務省は，その後も外交官（foreign service officer）や外交専門職（foreign service specialist）の選考基準を戦略的に開発し，選考方法の概要とその趣旨を60ページ余りの受験準備資料（US Department of State Study Guide for Foreign Service Oral Assessment）として公開している。

　この資料には，国内とは著しく異なる外国での任務に就く公務員に求められるコンピテンシーを，以下の13の特性に纏めている。

　国務省の公開資料の中では，上記の人的特性を判断する目的で，グループ演習（group exercise），面接試験（structured interview），ケーススタディ筆記試験（case management writing exercise）の3種類の選考の場を設定する旨が説明されている。選考の狙いは，外交官・外交専門職に必要な知識・技能のようなハードスキルはもちろん，民間企業のグローバル・ビジネスを展開する組織活動の現場でも，大筋において高業績が期待できるコンピテンシーのようなソフトスキルを判定することにある。

　グループ演習を通じて観察・測定できる人的特性は，図表4-1の13の特性のうち，1，4~9，12の8つの特性である。大切なことは，評価者は，受験者が実際に発言した言葉と，演習の場で発揮した行動に基づいて判断するのであって，発言しなかった言葉や発揮しなかった行動を想像するのではないということである。これは，マクレランドやボヤティズが重視したbehavioral event interviewによるコンピテンシーの測定手法を踏襲するものである。

　面接試験を例に挙げれば，受験者に対して「過去の経験と外交の仕事に対する志望動機（experience and motivation）を説明させる」「具体的な場面設定による仮想シナリオ（hypothetical scenario）を与えて，どのような行

図表 4-1　米国の外交官に求められる人的特性

1．沈着・平静（Composure）＝ストレスの多い困難な状況下に置かれても，冷静沈着で効果的な行動をとることができる。自分自身で即答・即断し，状況の変化に素早く適応できる。自制心を保つことができる。
2．環境適応力（Cultural adaptability）＝相手の習慣，価値観，政治信条，経済状況などを尊重し協調しながらホスト国の環境に適応する力。異なる文化的背景，価値観，政治的信条，経済的事情を持つ人々と効果的かつ調和的に働き，コミュニケーションを図る。新しい文化的環境における違いを認識し尊重する。
3．経験・モチベーション（Experience and motivation＝外交任務に活かせると思われる過去に培った知識・技能・人的特性を明確に説明し，外交任務を志望する動機を説得力をもって説明できる。
4．情報統合分析力（Information integration and analysis＝多岐にわたる情報源から複雑な情報を収集し保持し，入手した情報を分析し統合することによって理路整然とした納得性の高い結論を導き出す。情報の重要性，信憑性，有用性を評価する。メモを取らずに会議や各種行事の詳細を記憶する。
5．積極性・指導力（Initiative and leadership）＝職責を深く認識し任務完遂のために主体的に取り組む。グループの活動，方向性，関係者の意見に影響を与えることができる。自分が主導的に果たしている職責に関係者の参加を動機付する力がある。
6．判断力（Judgment）＝遭遇する個々の状況下で，何が妥当で，実質的で，現実的であるかを見極め，優劣の判断ができる。
7．客観性・高潔さ（Objectivity and integrity）＝公正で誠実であること。欺瞞，えこひいき，差別を回避する。主観や偏見を排し，率直で客観的な意見陳述により公正かつ誠実に職責を果たす。
8．口頭表現力（Oral communication）＝簡潔で，文法的に正しく，理路整然とし，正確で説得力のある表現で流暢に話せる。発言の趣旨が示唆する微妙なニュアンスを適切に相手に理解させる。外交任務の遂行に相応しい聴き手や目的に適したコミュニケーション・スタイルを用いる。
9　企画力（Planning and organizing）＝仕事に優先順位をつけ，効果的な手順を決め，目標達成のために限られた人的リソースやその他のリソースを適切に活用して，体系的なアプローチで任務の遂行を企画する。
10．計数判断力（Quantitative analysis）＝適切なデータを特定し，集計し，分析し，そこから正しい結論を導き出すこと。数値データのパターンや傾向を認識すること。簡単な数学的演算を行う
11．臨機応変の対応力（Resourcefulness）＝想定外の状況変化に直面しても機敏かつ柔軟に問題解決の代案を考案する
12．対人関係能力（Working with others）＝建設的，協調的，調和的な態度で接すること。チームワークを重視し，関係者との建設的な信頼関係のもとに任務を遂行する。適宜ユーモアを大切にする
13．文書表現能力（Written communication）＝簡潔で，理路整然とし，文法的に正確で適確な表現を用いて効果的で説得力ある文章を，限られた時間内に素早く書くことができる。

出典：US Department of State Study Guide for Foreign Service Oral Assessment.

動を取るかを即答させる」「過去に実際に取った行動についての状況説明を
させる（past behavior interview）」という手法が用いられている。

　筆記試験の例題として挙げられているケースは，在外公館で日常的に実際
に起こり得る実務の場面を数種類の業務文書とともに提示し，その与えられ
た状況下で受験者の取るアクション行動と必要な文書作成をさせることに
よって，ハードとソフト両方のスキルを観察・測定することを意図してい
る。国家公務員としての職責の性格上，受験者の選考基準のなかに，卓抜し
た口頭表現力と文書表現力の両方が重視されている点は注目に値する。

　因みに，米国政府機関のなかで，海外で公務を行うことが想定されている
商務省（Department of Commerce）と国際開発庁（United States Agency
for International Development）でも，国外での高業績を担保するコンピテ
ンシーの選考に注力している。

　日本の伝統的な民間企業では，グローバル・ビジネス交渉術の代表格とし
ていわゆる「プレゼンテーション技術」を偏重するあまり，英語による高度
な文章表現力を身に付ける努力を疎かにしすぎた例が多く見受けられる。異
なる国や地域はもちろん，同じ国であっても存在する（単なる“異文化”で
はなく）多種多様の商慣習や各業界固有の慣行との軋轢に起因する誤解や不
信感を払拭して事業目的を達成するためには，口頭表現力のみに頼るコミュ
ニケーション手法は，グローバルなビジネスの現場ではもはや非現実的なア
プローチになった。

　その意味からも，図表4-1で紹介する「米国の外交官に求められる人的特
性」および図表4-2「英国のFast Streamに求められる代表的な人的特性」，
図表4-3「課長級（Level 5: Deputy Director）のコンピテンシーの抜粋例」
の記述について，日本の民間企業のグローバル・オペレーションに求められ
るコンピテンシー・モデルを英語で策定する際の参考のために，対応する英
語の記述についても，節の末尾で紹介したURLによって，是非活用するこ
とを奨励する。

(4)　英国国家公務員採用試験の実際

　国家公務員の仕事の守備範囲が多岐にわたり，国の内外を問わず行政サービスに対する国民の質的要求度や期待値が高まることに呼応して，公務員の選考過程にコンピテンシーの概念を採用する動きは，英国においても認められる。英国のファーストストリーム（Fast Stream: 課長補佐級に達するまで必要な研修を付与し，最終的には本省課長級以上に達することができる潜在能力を持たせることを目的とした幹部候補生の採用・育成制度）で用いられる選考方法がその好例であるが，基本的なコンセプトは，米国務省の外交官選考と共通しており，政府機関の優秀な公務員とのチームワークで効果的な行政サービス任務の遂行ができるコンピテンシーに注目している。

　英国 Civil Service Competency Framework 2012-2017 によれば，Fast Stream に求められる 10 種類の代表的な人的特性が 3 つの視点（図表 4-2）に大別されている。

　幹部公務員の行政サービスにおける業績評価のパラメーターと，民間企業の業績目標とは，ここでも本質的には変わらないことが認められる。

図表 4-2　英国の Fast Stream に求められる代表的な人的特性

評定項目	着眼点
1．戦略の視点 （Strategic Cluster） 目標設定（Setting Direction）	1．全体像の把握（Seeing the big picture） 　全体像を把握するとは，自分の役割が所属組織の目標以外にも，より広範な公共ニーズや国益にどのように適合し，それらを支援しているかについての深い理解と知識を持つことである。すべての階層について，それは公務員としての目標を達成し，公共サービスの価値を最大限に提供することに貢献することである。管理職階層については，政治的背景を見極め，より広範な影響を考慮して，市民に公共サービスの価値を提供し，経済的で持続可能な成長を支援する機会を最大化する長期的な実施戦略を策定することである。 2．変化と改善（Changing and Improving） 　この分野で効果的な人は，イニシアチブをとり，革新的で，効果的な変化を生み出す機会を探し求める。すべての階層について，成功からも失敗からも学び，変化や改善を寛容に受け入れ，より戦略的で集中的に仕事をすることである。管理職階層については，変革の風土を職場に根付かせ奨励し，職員に十分な情報に基づいた決断をさせることである。これを適切に実行することによって，政策の実施方法を改善し，よりスリムで柔軟性があり，即応性のある公共サービスを実現することである。また，可能な限りデジタル技術の活用や間接業務の集約化を含む代替的な公共サービスの提供モデルを活用することも意味する。

	３．実効性のある意思決定（Making Effective Decisions） 　この分野における実効性とは，的確な判断，確証，知見に基づき，正確で専門的な意思決定や助言を行うことである。すべての階層について，政府および公的機関の情報の使用と保護について慎重に考慮し，安全かつ注意深く取り扱うことである。管理職階層については，確証に基づいた戦略を立て，選択肢，影響，リスク，解決策を評価し，情報の取り扱いにセキュリティ意識を確立することである。リスクを最小限に抑え，持続可能な結果をもたらすためにさまざまな考慮事項のバランスをとりながら，最大限の利益を得ることを目指す。
II．人材の視点： 　人と協働する （People Cluster： Engaging People）	４．リーダーシップとコミュニケーション（Leading and Communicating） 　すべての階層について，この分野における有効性とは，公共サービスに対する誇りと情熱を体現し，明確さ，誠実さ，熱意をもって目的と方向性を伝えることである。さまざまな属性や外部経験を容認し，すべての人に公平な機会を提供するという原則を支持することである。管理職階層については，部下に対する目に見えるロールモデルとして，強固な方向性と説得力のある将来像を確立し，率直で正直な方法で部下を管理し，業務に関与させることである。
	５．協働とパートナーシップ（Collaborating and Partnering） 　この分野に長けた人材はチームプレーヤーである。すべての階層について，協働し，情報を適切に共有し，同僚や公務員同士および公務員以外の幅広い人々と協力的で信頼できるプロフェッショナルな関係を築く一方で，憶測や仮説に対して勇気を持って説明を求めたり異議を唱えることが求められる。上席管理職層については，親しみやすい人柄と，包容力のある環境を築くことで事業目標を達成し，どんなに不快な挑戦でも排除せず受け容れる姿勢を示す。
	６．組織全体の能力開発（Building Capability for All） 　この分野における効果的な能力開発とは，自分自身，他者，そして組織のために継続的に学習することに重点を置くことである。すべての階層について，それは学習に対して積極的であることであり，自分自身の知識とスキルを更新し常に最新の状態に保ち進化させることである。管理職層にとっては，部下に明確で率直なフィードバックを与え，チームが成功するようサポートするだけでなく，現在と将来において効果的に働くことができるよう，職員の能力に投資することである。また，組織全体で学習と知識向上の風土を醸成し，将来の計画や変革に役立てることでもある
III．業績の視点： 　人と協働する （Performance Cluster） 目標達成 （Delivering Results）	７．商業的成果の達成（Achieving Commercial Outcomes） 　この分野で実効性とは，すべての活動において，経済的かつ長期的な視点を維持することである。すべての階層について，それはすべての活動や公共サービスが付加価値を提供し経済成長を刺激するよう，商業的，財政的かつ持続可能なマインドを維持することである。管理職層については，経済，市場，顧客の問題を特定し，それを利用して革新的なビジネスモデル，商業的パートナーシップ，最大限の価値を提供する契約を推進し，戦略的優先事項を実現するために財務，資源，契約を厳格に管理することである。

8．バリュー・フォー・マネーの実現（Delivering Value for Money）
　バリュー・フォー・マネー（金額相応の適正価値）の実現とは，公共サービスの提供において，納税者の税金を効率的，効果的，経済的に使用することである。すべての階層について，それは，最小の支出で，質と効果のベストミックスを達成する解決策を摸索し実行することを意味する。この任務遂行に長けた職員は，確証に裏付けられた情報に基づき，合意されたプロセスや方針に従って意思決定を行う。管理職層については，自身の担当地域や役割にバリュー・フォー・マネーの風土を根付かせることである。彼らは，行政機関として利用可能なリソースの範囲内で戦略的成果を最大化できるよう，省庁の境界を越えて協働する。

9．質の高いサービスの管理（Managing a Quality Service）
　この分野における実効性とは，公共サービスの受益者の多様なニーズや要求を考慮しながら，サービス目標を達成するために，専門家としての卓越性と専門的知見を評価し，それを模範とすることである。この任務遂行に長けた職員は，質の高い，安全で，信頼できる，効率的なサービスを提供するために，自身の執務時間や行政活動を計画し，体系化し，管理し，さらにプログラム管理，プロジェクト管理，リスク管理のアプローチを適用して，各種公共サービスの提供をサポートする。管理職層については，業務改善プロセスを現場に定着させるための環境を整え，公共サービスにとって最も適切で費用対効果の高い提供モデルを構築することである

10．迅速なサービスの提供（Delivering at Pace）
　この分野における実効性とは，精力的にタイムリーなパフォーマンスを提供することに集中し，その結果の質の高さに対して職務遂行責任と説明責任を負うことを意味する。すべての階層について，それは合意された目標や活動に取り組み，課題に迅速かつ建設的に対処することである。
　管理職層については，部下が成果を挙げるためのスペース，権限，支援体制が与えられるようなパフォーマンス重視の職場風土を構築することである。また，優先事項にしっかりと焦点を合わせ，業績上の問題に毅然として公正かつ迅速に対処することでもある

出所：英国 Civil Service Competency Framework 2012-2017.

　上記10種類のコンピテンシーは，さらに6つのレベルに分けられ，それぞれのレベルについて，職務遂行のために「効果的な行動例」と「効果的でない行動例」とがそれぞれ数点ずつ対比され，延べ670種類のコンピテンシーが列挙されている。
　例えば，上記1. Seeing the big picture のコンピテンシーのうち課長級（Level 5: Deputy Director）のポジションについては，図表4-3のような行動例が記載されている。

図表4-3　課長級（Level 5: Deputy Director）のコンピテンシーの抜粋例

効果的な行動例	効果的でない行動例
課長級（Level 5: Deputy Director）	
経済，政治，環境，社会，技術等の問題を含む国内外のさまざまな情勢・動向が，自身の担当行政領域に与える長期的な影響を予測する。	自身の担当業務を取り巻く環境変化や情勢・動向についての洞察力が乏しい。
公務員としての自らの担当行政領域が，外務省全体の業務と国益，公共性，経済的利益の優先事項にどのように適合し支援することができるかを認識する	戦略の策定に当たって，行政部局間および政府機関以外の組織との交流やより重要な課題に対する問題意識が希薄である。
顧客，巾民，行政サービス，地域社会，市場など，自身の担当領域やそれ以外の広範な公共部門の活動によって影響を受ける人々に対する深い洞察力を養う。	自身の担当業務領域を超えたさまざまな背景事情に対する洞察に欠ける－利害関係者の問題や懸念を単純化した視点でしか把握できていない。
利害関係者，市民，地域社会にとってプラスの影響と付加価値をもたらす統合戦略や計画を策定する。	戦略や計画の策定に際して，主要な利害関係者や市民に対して，現在および将来的にどのような影響や価値をもたらすかについて，十分な情報開示を行わない。
他省庁と共有するものも含め，外務省のビジョンと長期的な方向性の実践と支援に役立つ戦略と計画を策定する。	物事の全体を把握する力量が不足している。そのため，自身の担当業務領域が外務省全体の目標から逸脱したり逆行したりする傾向がある。

出所：英国 Civil Service Competency Framework 2012-2017.

(5)　日本の人事院の国家公務員選考試験の実際

　米国と英国と同様，日本の行政組織においても，多様化する日本社会と国民の行政サービスに対する期待の変化を踏まえて，確かな将来ビジョンに基づく効果的な施策を提案し推進できる行政人材が求められている。そのような社会の要請を受けて，各分野での確かな専門性と独創性をベースにした課題認識力と代案提案力，さらには高い志と広い視野をもった卓越した対人関係能力に優れた人材を選考する必要性が格段に増してきている。国家総合職の採用試験における人事院の選考方針のポイントは，そのような新しい時代の行政課題に適応できる人材を適確に選ぶ実効性の高い人物試験の実施である。中核となる選考方針は，米国，英国と同じく，職務において高業績を挙げる可能性の高い候補者の特定であるが，潜在能力の有無に止まらず，現実の場面において現わされた行動をもとに，顕在化し得る能力かどうかを，

behavioral event interview によるコンピテンシーの測定手法によって評価するものである。評定項目は6つあり，それぞれの項目について，インタビューを通じて評価する際の着眼点が設定されている。

図表 4-4　日本の国家公務員（国家総合職）に求められる人的特性

評定項目		着　眼　点
積極性	意欲 行動力	○自らの考えを積極的に伝えようとしているか ○考え方が前向きで向上心があるか ○目標を高く設定し，率先してことに当たろうとしているか ○困難なことにもチャレンジしようとする姿勢が見られるか
社会性	他者理解 関係構築力	○相手の考えや感情に理解を示しているか ○異なる価値観にも理解を示しているか ○組織や集団のメンバーと信頼関係が築けるか ○組織の目的達成と活性化に貢献しているか
信頼感	責任感 構成力	○相手や課題を選ばずに誠実に対応しようとしているか ○公務に対する気構え，使命感はあるか ○自らの行動，決定に責任を持とうとしているか ○困難な課題にも最後まで取り組んで結果を出しているか
経験学習力	課題の認識 試験の適用	○自己の経験から学んだものを現在に適用しているか ○自己の組織や状況と課題を的確に認識しているか ○優先度や重要度を明確にして目標や活動計画を立てているか ○他者から学んだものを自己の行動や経験に適用しているか
自己統制	情緒安定性 統制力	○落ち着いており，安定感があるか ○ストレスに前向きに対応しているか ○環境や状況の変化に柔軟に対応できるか ○自己を客観視し，場に応じて統制することができる
コミュニケーション能力	表現力 説得力	○相手の話の趣旨を理解し，的確に応答しているか ○話の内容に一貫性があり，論理的か ○話し方に熱意，説得力があるか ○話が分かりやすく，説明に工夫，根拠があるか

出所：人物試験技法研究会資料。

　米国，英国，日本の上級国家公務員の選考過程で評価される人的特性を概観してみると，国家の成り立ち，歴史，文化の違いはあっても，国民に対するサービスを使命とする行政組織が共有する価値観に大差はないことがわかる。さらに言えば，公的サービスと民間の商業サービスの違いはあっても，それぞれのサービスの担い手が国民や顧客（広義のステークホルダー）によって究極的に評価される人的行動特性は本質的に変わらないのである。

5. コンピテンシー・モデルのステレオタイプ回避

　人事制度にコンピテンシー・モデルを導入する主な理由は，高業績を挙げた社員の行動特性を，他の社員が「模範」として同様の行動を起こすことによって，その社員にも高業績を挙げさせることを経営側が期待するからである。「模範」的な行動特性が具体的であればあるほど，普通の人にとって模倣（emulate）しやすい内容であればあるほど，管理職にとっても一般社員にとっても一定の説得力がある。また，高業績を挙げようという社員自身のモチベーションを高める効果がある。ただ，注意しなければならないことは，高業績が誰にとっても常にその行動特性と100％リンクしている訳でもなく，模範的行動を模倣した社員が常に高業績を確約される訳でもないということである。

⑴　コンピテンシー・モデルの特長と限界

　コンピテンシー・モデルは，観察対象となった職務・職責に関して，高業績を挙げた現職社員（incumbent）に対するインタビューやアンケート調査などを通じて，高業績の実現に寄与したと思われる職務上の行動特性を抽出し類型化したものである。その意味においては，過去と直近の成功体験に基づいた帰納的推論（inductive reasoning）によって導き出された結論に過ぎない。したがって，過去の成功体験だけに基づいたコンピテンシー・モデルが，将来の成功を確約する要因であることは疑う余地がないという短絡的というステレオタイプの認識に陥らないことが大切である。

　さらに，ビジネス活動の成功・不成功は，現職社員個人に帰属した業務行動の特性だけでなく，その社員の取引相手との様々な関係性（プロとしての専門性や業界における認知度・影響力と共に，ひとりの人間としての器の大きさ，高潔さ，謙虚さ，対手の立場を尊重したempathyに基づく相互の敬意・信頼感などの有無）によっても，また刻々変化する市場動向や経営環境全般によっても大きな影響を受けるものである。

　したがって，現実の市場経済のもとで，コンピテンシー・モデルが業績達

成の成功確率を高めるためのツールとして有効に機能するためには，経営環境の変化に機敏に対応する企業の経営戦略の変化を踏まえた，未来志向の高業績達成の条件を検証し，“定数”としての経験則（＝必要条件）と，その理論的な帰結として想定される“変数”である将来の与件（＝十分条件）に基づく演繹的なモデル設計がどうしても必要である。

　コンピテンシー・モデルは，元来，事業戦略の変化による個別具体的な職務の改廃や業界規範の動向などによって，モデル自体の“賞味期限”は比較的短い（short-lived）という宿命がある。高業績達成の蓋然性の高い行動特性を，帰納的推論（inductive reasoning）と演繹的推論（deductive reasoning）の両方の側面から検証し，毎年の業績管理制度や業績評価制度の運用プロセスを通じてその実効性を見極めることによって，コンピテンシー・モデルの企業の人事管理戦略のなかでの存在価値を高め，持続的な適用範囲を拡大させる努力が必要となる。

(2)　適用対象と目的に沿った定期的な効果検証

　上述の英国の Competency Framework を例にとっても，公共サービス向上に対する国民の期待に応えるため，官民協働体制を改善し実効性を高めるなど社会の新しいニーズを把握し，柔軟性をもって多様な人材を確保する取組みが行われている。2012-2017 版の Competency Framework は，定義されたコンピテンシーの総数や職員レベルに呼応した精緻な網羅性と妥当性という観点からは，極めて完成度の高い人材評価基準ではある。

　その反面，精緻さと完成度の高さ故の硬直性のために，国内外の政治・経済・社会・自然環境等のニーズの急激な変化に即応して，当初は想定していなかった斬新な公共サービスを臨機応変に提供できる人材を，遅滞なく確保するという柔軟性には限界がある。

　そのような問題意識から，2020 年までに，従来の純粋なコンピテンシーを選考基準とする評価システムである Competency Framework を基盤としながらも，より包括的で汎用性に富んだ記述に改め，様々な活動領域やあらゆる階層から才能と経験を持った人材を惹きつけ確保する目的で，Success Profiles という評価基準を開発している。これにより，それぞれの職務遂行

に適した人材を迅速に確保し定着させ，業績を向上させる可能性を最大限に高めることを期待している。

　紙面の都合で詳細はURLの紹介に止めざるを得ないが，上記Competency Framework の See the Big Picture の課長級（Level 5: Deputy Director）に呼応する Success Profile を参考までに記述しておく。

　「国内外の経済，政治，環境，社会，技術の発展が当該部署に与える長期的な影響を予測する。政府の将来ビジョンを実践・支援する統合戦略を策定する。自分の職務領域がどのように組織の優先事項に適合し，それを支援するかを認識する。担当業務領域や，より広い公共部門の状況によって影響を受ける顧客，サービス，コミュニティ，市場に関する深い洞察力を養う。すべてのエンドユーザーの多様なニーズを満たしながら，国益にかなう仕事をする」。

6. 結びにかえて

　本章で学んだことを，別の視点で振り返ってみると，組織の中では複数の職務が有機的に統合されてはじめて一定の組織行動として認識されるものである以上，どれだけ「優秀」な人材であっても，自分一人の孤立した活動によって職務行動を完結させることはできないということが明らかになった。ビジネス活動の究極の目標は，社内でも社外でも，自分が相手に起こして欲しいと思う行動を相手が高いモチベーションのもとに積極的にその行動を起こすような影響力を及ぼすことであるから，仕事で高業績成果を挙げるためには，社内外の人が喜んで協力したくなるような言動が極めて重要になる。

　人的資源管理の本来的な意義は，毎年の人事考課による賃金改訂や社員の再格付けを行うだけでなく，考課者が人事考課の過程で，さまざまな職務に携わる社員の日々の仕事を取り巻く環境条件にも目配りをして，「より難度の高い仕事に就いてその仕事で成果を挙げるためにはどのような技能や仕事への取り組み姿勢が必要か」「同僚や顧客の共感や協力を得やすくするための望ましい対人スキルや態度などの人的属性や行動特性は何か」ということについて，業績評価をツールとして，被考課者と現実の仕事に即して真剣な

話し合い，職務において高業績を挙げる可能性の高い人材を発掘し育成することにある。

[さらに学びたい人のために]

・David C. McClelland（1973）Testing for Competence Rather Than for "Intelligence", *American Psychologist*, Vol. 28.
・US Department of State: Foreign Service Officer Qualifications – 13 Dimernsions（https://afsa.org/fso-selection-changing-path-oral-assessment）
・Civil Service Competency Framework 2012-2017（https://assets.publishing. service.gov.uk/government/uploads/system/uploads/attachment_data/file/ 500767/Civil_Service_Competency_Framework.pdf）
・Success Profiles: Civil Service Behaviours（https://assets.publishing.service. gov.uk/media/5b27cf2240f0b634b469fb1a/CS_Behaviours_2018.pdf）
・井村直恵（2005）「日本におけるコンピテンシー──モデリングと運用──」『京都マネジメント・レビュー』第 7 巻　京都産業大学。
・定森幸生（2005）「海外拠点採用者の戦略的活用の条件」『労政時報』第 3667 号　労務行政研究所。
・西村聡（2004）『役割等級人事制度 導入・構築マニュアル』日本法令。
・人物試験技法研究会（2005）「人物試験におけるコンピテンシーと構造化の導入」。

第 *5* 章

評価と動機づけ

1. はじめに

　企業などの組織においては，目的に向けて計画や目標を掲げ，取り組んだ結果としてそれらがどの程度達成されたのか，そこから何を学びそれらを今後の活動にどのように活かすべきか，といったことが評価・検討される場面が多くある。人事管理（Human Resource Management: HRM）も例外ではなく，個人の成果目標を期初に設定しその進捗や結果を評価する目標管理制度（Management By Objectives: MBO），求められる行動や態度の実践度合いを上司や同僚が評価するコンピテンシー評価制度など，評価の仕組みが多くの組織で取り入れられ，実践されている。それらによる評価の結果は，個人の給与・賞与に反映されることもあれば，昇進・昇格の判断材料として用いられることもあるし，能力開発の参考情報として本人へフィードバックされる場合もある。

　このように HRM 施策としての評価の目的は幅広いが，共通して重要なことは，個人の動機づけにつながるように行われる必要があるということである。目標管理制度（MBO）において期初に目標を立てたらそれを達成しようというエネルギーがわいた方がよいし，期末に達成度の評価を確認したあとには次の半年や一年も頑張ろうと思えている方がよい。能力開発目的であれば，フィードバックが自身の強みや成長した点，まだ不足している点を理解した上で，能力開発への前向きな気持ちにつながることが必要である。本章では，HRM 施策のプロセスの一つである評価の仕組みが，個人の動機づけに与える影響の理解を目的とする。

　本章の多くのページは，個人の動機づけの基本的な理論の紹介に割かれることになる。心理学や経営学の領域では，組織の活動の文脈において生じる個人の心理とそのメカニズムを理解することが重視されてきた。個人の心の動きを知ることで，よりよい HRM が可能になるという考えが背景にある。動機づけは，それらのうちもっとも古くから取り組まれてきたテーマの一つである。動機づけの基本的なメカニズムを踏まえた上で，評価の仕組みが個人の動機づけにつながるために必要なことを考えていく。

　残りのページでは，紹介した動機づけ理論と評価との関係を整理した上で，評価と動機づけとの関係に影響をおよぼす可能性のある近年の社会的変化について触れる。

　読者は，人が仕事や課題に向き合うエネルギーがどのような時に高まるのか，さまざまな評価の仕組みが人を動機づけたり，反対に動機を失くさせたりするのはどのような場合か，ということに関心をもちながら本章を読み進めていただきたい。

2. 動機づけの基本的理論

　動機づけは，心理学や経営学においてもっとも古くから研究されてきたテーマの一つである。動機づけというのはモチベーション（motivation）の一般的な和訳語で，仕事における動機づけはワーク・モチベーションと呼ばれる。「目標に向けて行動を ① 方向づけ，② 活性化し，そして ③ 維持する心理的プロセス」[1]と定義される（図表 5-1 参照）。

図表 5-1　動機づけの内容理論と過程理論

内容理論＝何が	過程理論＝どのように
・人を動機づける欲求とは何か	・どのように動機づけが形成され，人の行動が促されるのか

動機づけとは，目標に向けて行動を① 方向づけ，② 活性化し，そして③ 維持する心理的プロセス
　　　① 方向づけ（方向）　：行動が目標に向かう程度
　　　② 活性化し（強度）　：熱心に行動する程度
　　　③ 維持する（持続性）：行動が持続する程度

出所：Mitchell（1997）を参照して筆者作成。

　その研究関心は，「何が」人を動機づけるのかの理解と，「どのように」動機づけが進むのかの理解の 2 つに分けることができる。前者は「内容理論」，後者は「過程理論」と呼ばれる。それぞれの代表的な理論を紹介していく。

(1)　人を動機づける欲求とは何か：内容理論

　「何が」人を動機づけるのかを説明する内容理論は，欲求理論とも呼ばれる。特に初期の研究では，人にどのような欲求があり，それらを満たしたいという思いがあるのかということの理論化に力が注がれたためである。必ずしも実証的に検証されている理論ばかりではないが，人の動機づけの多様な側面に意識を向ける基盤として，実務や研究の上で参照されてきた。

①　欲求階層理論，E.R.G. 理論

　動機づけのもっとも有名な理論は？と問われたら，マズローの欲求階層理論と答える人が多いかもしれない。欲求階層仮説と呼ばれることもあり，必ずしも科学的・学術的な手法によって検証されていないことに注意が必要であるが，人を動機づける欲求の多様さや複雑さに意識を向けさせる点で多くの研究や実務上の取り組みに影響を与えてきた。

　マズローは，人の欲求は階層構造をしており，下位の欲求が満たされることでより上位の欲求が喚起されるとした[2]。マズローの理論についての説明には図表 5-2 の左側のようなピラミッド構造の図が良く用いられる。最下層には，生存のための衣食住といった生理的な欲求がある。これらが満たされると，より高次の社会的欲求を満たす行動が動機づけられる。

　社会的欲求のなかにも，安全と安定の欲求，所属と愛の欲求，尊敬の欲求という階層構造がある。職場に例えると，まずは安全な作業場で十分な休憩が取れること，次に職場の一員として受け入れられていると感じられること，さらには能力や成果が認められ尊敬されること，と動機づけが変化して行くことになる。

　生存欲求から社会的欲求までの階層は，人の欠乏動機を説明しており，欠乏による緊張を解消することが人を動機づけるメカニズムとされる。欠乏動機が満たされると，成長動機が生まれ自己実現欲求が現れる。

図表 5-2　マズローの欲求階層理論とアルダファーの E.R.G. 理論

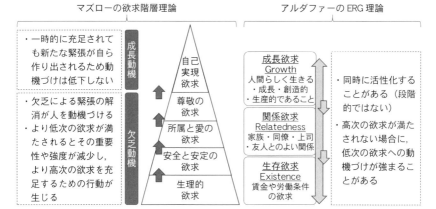

出所：Maslow（1954）および Alderfer（1969）を参照して筆者作成。

　マズローは，より低次の欲求が満たされるとその重要性や強度が減少し，より高次の欲求が活性化するとした。各段階の欲求の質的な違いを弁別的に測定し，それらが併存することなく段階的に活性化するという強い仮定を科学的・学術的に検証することは困難と思われるが，人の欲求の複雑さや仕事や職場において人権が保障される重要性を感じさせ，説得力や洞察に富んでいるために多く参照され続けてきたと考えられる。

　関連する理論として E.R.G. 理論がある。アルダファーは，マズローの理論を発展させ，生存欲求（Existence）・関係欲求（Relatedness）・成長欲求（Growth）という 3 つの欲求階層を示しており，それぞれの頭文字を取って E.R.G. 理論と呼ばれる[3]。アルダファーの欲求の分類はマズローの分類と緩やかに対応している。しかし，高次の欲求が活性化する前提条件として低次の欲求の満足を想定せず，同時にも活性化することや，高次欲求の不満足が低次欲求の動機づけを強める場合があるとする点で異なっている。

②　動機づけ－衛生要因理論（二要因理論）

　マズローやアルダファーは質的に異なる欲求の種類とその階層性を論じたが，ハーツバーグは，それらが満たされることによる仕事や職場における動

機づけへの効果が異なることを示した。

　ハーツバーグは，仕事や職場において従業員の不満を減らす要因と，満足度を高める要因はそれぞれ異なるのではないかという仮説を立てた。「職場への不満が減れば，満足は高まるか？」「労働条件が良い職場は，常に仕事へのやる気に満ちているか？」といった疑問について読者も考えてみてほしい。ハーツバーグはこのような点を検証し，不満を減らす要因を「衛生要因」，満足をもたらし仕事への貢献を動機づける要因を「動機づけ要因」と呼び，それぞれの内容が異なることを示した（図表5-3参照）[4]。

　衛生要因が満たすのはマズローやアルダファーの分類における生存や安全の欲求であり，動機づけ要因が満たすのは所属や尊敬や自己実現の欲求といえる。ハーツバーグのリストによれば，衛生要因は，経営方針と管理の慣行，管理監督の技術，対人関係（特に上司との関係），物理的な労働条件，給与，雇用保障，福利厚生などである。動機づけ要因には，達成感，達成に対する承認，仕事そのもののやりがい，責任，昇進，成長などが含まれる。

図表5-3　ハーツバーグの2要因理論

衛生要因	会社の方針と管理，監督，対人関係，労働条件，給与，身分，福利厚生など	➡	不満を減らす
動機づけ要因	達成，承認，仕事そのもの，責任，昇進，成長など	➡	満足を高める

出所：Herzberg（1966）を参照して筆者作成。

③　達成動機理論

　欲求の種類や，その強さの個人差，文化，環境による違いに着目し，多様な仕事において成果を上げるための要件との適合を重視したのがマクレランドである[5]。マクレランドは，達成欲求，権力欲求，親和欲求の3種類の欲求の，仕事における動機づけの違いについて論じた。達成欲求が強い人は，自分の才能を発揮し自尊心を高めることに関心がある。そのため，何でも自分でやりたがる，自分の成果について短いサイクルでフィードバックを欲しがるなどの傾向を示す。権力欲求が強い人は，自分の仕事または他人の仕事を管理するために，他人に影響を与えコントロールしたいと考える傾向があ

る。親和欲求が強い人は，他者との温かく親密な関係に関心があり，友人関係を強く求め，社会集団に属したいと思い，好かれたり人望を集めたりすることを重視する（図表 5-4 参照）。

　マクレランドは，これらの欲求のそれぞれに，適する仕事とそうでない仕事があるとした。例えば次のようなエピソードを紹介している[6]。達成欲求の強い A さんは，営業担当として高い業績を挙げ，営業支店長に昇進した。しかし，達成欲求の高い A さんは何でも自分で行いたがる傾向がある。加えて A さんは権力欲求が弱く，部下に権限を与えて動かすということをまったくしなかった。結果として，職場の指揮と秩序が低下してしまった。マクレランドは，管理者自身が自身の欲求の特徴を理解し，管理者としてのより適切な行動を身につけるプログラムなども開発している。

図表 5-4　マクレランドの 3 欲求と仕事の動機づけの適合

達成欲求	→	個人の努力によって目標を達成することで成果をあげる仕事　例）営業担当
権力欲求	→	多くの人をマネジメントし，組織で成果をあげる仕事　例）営業支店長
親和欲求	→	同僚と関わり合い協力し合うことで成果をあげる仕事　例）新商品の開発チーム

出所：McClelland and Burnham（1976）を参照して筆者作成。

④　X 理論・Y 理論

　ここまで紹介してきた内容理論では，人を動機づける欲求に種類があり，それらの仕事への満足・不満足への影響が異なることや，仕事との適合度が異なることを確認してきた。これらの理論で想定されていたのは個人が動機づけられる「実際の」欲求の種類であったが，マグレガーはそれらとは異なるユニークな分類を提案した。

　マグレガーは，部下の欲求についての管理者の信念，いわば「思い込み」を分類した。まず，人は働くことが嫌いで避けようとするものであるから，人を働かせるには強制や罰を用いる必要がある。指示されることを好み，責任負担を避けようとする。変化よりも現状維持を好む。といった動機づけの

仮説を「X理論」と呼んだ。それに対して，人にとって働くことは，遊びや休息と同様に自然なことであり，その目的が重要と考える場合には人は自ら行動し，責任を負う。管理職でなくても創造的な判断能力を持っている。このような人間観にもとづく動機づけ仮説を「Y理論」と呼んだ。そして，管理者の動機づけに関する個人的な信念・前提がX理論であるかY理論であるかが，部下の動機づけに影響すると論じた[7]。マグレガーは，管理者が伝統的なX理論の前提を改め，Y理論の前提でのぞむことで，多くの職場において，部下との間により協力的な関係を築くことができると訴えた（図表5-5参照）。

　科学的・学術的な手法によって検証された理論ではないが，動機づけが個人の内面の要因だけでなく，上司からの認知や働きかけという環境要因と相互作用するという重要な問題提起を行い，実務家や研究者に影響を与えてきた理論である。

図表5-5　マグレガーのX理論・Y理論

X理論	Y理論
・人は働くことが嫌いで，避けようとする ・働かせるには強制や罰を用いる必要がある ・指示されることを好み，責任負担を避ける ・変化よりも維持を好む	・人にとって働くことは，遊びや休憩と同様に自然なこと ・目的や報酬が重要と考えれば人は自ら行動する ・すすんで責任を負う ・管理職でなくても，創造的な判断能力をもつ

出所：McGregor (1989) を参照して筆者作成。

⑤　内発的-外発的動機づけ

　デシとライアンもまた，報酬や罰といった外的な要因による動機づけがある一方で，外的な要因を必要としない動機づけの状態があることを強調した。後者は，興味や楽しみがあるからそれをするという状態，行動そのものに動機づけられる状態であり，内発的動機づけと呼ばれる。

　内発的動機づけは，個人の健康や創造性，仕事上の高いパフォーマンスにつながることがその後も多く実証されている。外発的に動機づけられている

人々は，その反対の状態と考えられがちであるが，実際のところ一様に無気力な姿をしているわけでもない。ライアンとデシは，自己決定理論と呼ばれる理論によって，自己決定の度合いによって動機づけを分類した。その際，動機づけの無い状態と内発的動機づけを両極に置いてその間に4段階の外発的動機づけがあるという6分類を示した。そして，外発的動機づけの4段階のうちには，外的要因からの影響を受けながらも，相当程度，個人の内面において行動が方向付けられている段階があることを示した（図表5-6参照）[8]。

　自己決定理論は，有能感と自律性の欲求が満たされることが内発的動機づけにつながることを検証してきた。例えば，肯定的なフィードバックが有能感の知覚を高め，内発的動機づけを高める一方で，否定的なフィードバックは有能感を低下させて内発的動機づけを低下させる。また，選択と自己指示による自律性を支援する環境が内発的動機づけを高め，外的な報酬，他者からの指示，期限などによる被支配感が内発的動機づけを低下させる。特に外的な報酬については多くの議論や検証がなされ，自発的に取り組んでいた活動に金銭的報酬が与えられることで動機づけが低下する「アンダーマイニング効果」が知られる。しかし，こうした効果はいずれも，その活動自体がそれなりに魅力的である場合に限られることに注意が必要である。

　学校や職場においても，個人の内発的動機づけを生かす指導やマネジメントは理想的かもしれない。しかし実際のところ，学習のための課題や事業活動のための業務のすべてが内発的動機づけのみで進むわけでもない。よって，それ自体が面白いと思えないような課題や業務でも，それが必要だと理解しているから（同一化的調整），意味があると思うから（統合的調整）といった意味づけを含んだ行動の調整（方向づけ）には，自己決定の要素が多分に含まれ，内発的動機づけにかなり近い動機づけとなることを理解しておくことは有益だろう。指導的・管理的立場にある人材にとっては，個人が活動に意味や価値を見出す支援をいかに行うかが中心的な課題となる。このような外発的動機づけを内面化するプロセスにおいては，有能感や自律感の欲求が満たされることに加えて，他者とのつながりの欲求を満たす重要な他者からの評価・尊敬も大きな役割を果たすとされる。

図表5-6　外発的・内発的動機づけの段階ごとの動機づけ状態

低い　　　　　　　　　　　　自己決定性の程度　　　　　　　　　　　　高い

無動機づけ	外発的動機づけ				内発的動機づけ
なし	外的調整	取り入れ的調整	同一化的調整	統合的調整	内的調整
（脱個人的）	（外的）	（やや外的）	（やや内的）	（内的）	（内的）
無価値・無能感	報酬・罰	義務感	必要性	目的・価値観	興味・楽しさ
「やる気がない」	「やらないと叱られるから」「命令されたから」	「やることが義務だと思うから」「できないと恥ずかしいから」	「自分にとって必要だから」「将来のために・達成のために必要だから」	「意味があると思うから」「自分の価値観と合うから」	「やること自体が楽しいから」「好きだから」

出所：Ryan and Deci（2000）を参照して筆者作成。

⑵　どのように動機づけが進むのか：過程理論

　内容理論は，複数種類の欲求が個人の行動を動機づけることを明らかにしてきた。しかし現実の活動においては，活性化した欲求があるからといって，即座にそれを満たすための行動が取られるとは限らない。また，さまざまな行動の候補があるなかで，特定の行動が動機づけられる要因を明らかにするほどの精緻さを欲求理論は持ち合わせていない。仕事や職場において特定の行動に向けて人を方向付け，その行動を強化したり持続させたりするプロセスが何かあるはずである。過程理論はそうした関心から，動機づけのプロセスを説明する理論群である。

①　期待理論

　期待理論とは，特定の行動への動機づけの強さを，その行動が導く結果に対する「期待」から説明する理論である。この場合の「期待」とは，行動が結果に結びつくという予測の程度を指す。期待理論は，個人の主観的な推測である期待が，特定の行動を選択する動機づけにおよぼす影響のプロセスおよびメカニズムを説明する。動機づけのメカニズムの精緻な理論化を試みた重要な研究群であるが，私たちが日常においても口にする「期待」という言

葉に厳密な定義が付与されて用いられている点，動機づけのメカニズムを数
式で説明しようとしている点など，わかりにくさが伴う。

　組織のなかの従業員の仕事における動機づけを，期待理論として最初に定
式化したのはヴルーム[9]とされる。ヴルームの期待理論は，ある行動が結果
に結びつく主観的確率（期待）と，その結果が従業員本人にとって魅力的で
ある程度（誘意性）の掛け合わせ（期待×誘意性）が，その行動への動機づ
けとなると説明する。

　「動機づけ＝期待×誘意性」という核となる式に組み込まれた変数は，そ
れぞれがさまざまな要因によって変動する。まず，ある行動の結果が影響し
てさらに別の結果をもたらす場合は，それらすべての誘意性を足し上げるこ
とで誘意性を算出する。例えば，ある商談が上手くいけば，お客様に感謝さ
れ，自分も業績目標が達成でき，高い人事評価がつくだけでなく，全社ミー
ティングで表彰され副賞として10万円と社長と会食する権利がもらえるか
もしれないが，それを目指して残業を増やせば家族に心配されるだろうし，
趣味の習い事の発表会にも出られないかもしれない…という結果の予期一つ
ひとつの正負の誘意性が動機づけに影響する。過去の経験も，類似の行動が
どの程度結果に結びついたか，結果がどの程度好ましい／避けたいもので
あったかなどの観点で期待を変動させる。人からの伝達情報などによっても
期待や誘意性が変化する。

　ヴルームの期待理論をもとに考えると，過去の経験の振り返り方や，他者
からの情報提供や説得によって，期待や誘意性を変化させ動機づけを強める
ことも可能であることになる。すなわち，個人の行動のどのような結果を評
価し，どのようにフィードバックするのかといった評価の仕組みや管理者の
行動が動機づけに影響を与えるということである。

　ポーターとローラーは，ヴルームの期待理論を精緻化し，発展させた[10,11]。
精緻化したのは「期待」の部分である。ヴルームは期待を，行動が結果に結
びつく主観的な確率（行動→結果）としたが，ポーターとローラーはそれ
を，努力量がパフォーマンスを高めることへの期待（努力→パフォーマン
ス）と，パフォーマンスが報酬を高める期待（パフォーマンス→報酬）とに
分解した。実際の仕事においては，個人のパフォーマンスが必ずしも評価さ

れ報酬に結びつくとは限らない。そうした現実を考慮して精緻化が行われた（図表5-7参照）。

　果たして自分にこの目標が達成できそうか，この問題が解決できそうか，努力するほど良い結果になりそうか，といったことについての主観的確率，いうなれば「Can」の感覚が，ポーターとローラーが分解した一つめの期待である。しかしその一方で，パフォーマンスを高めるほど，給与が高くなるか，上司や同僚や家族が褒めてくれるか，自分にとって意味があると感じられるか，すなわち報酬が得られるかということはまた別の話で，このようなHRMの制度設計などに左右される要素が，分解された2つ目の期待である。それら2つの期待に，報酬の魅力度である誘意性が掛け合わされ，行動選択の動機づけが決定する。

図表5-7　ポーターとローラーの期待理論による動機づけプロセス

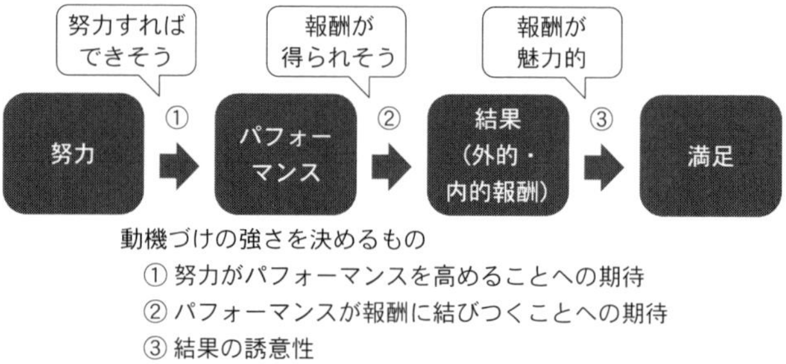

動機づけの強さを決めるもの
① 努力がパフォーマンスを高めることへの期待
② パフォーマンスが報酬に結びつくことへの期待
③ 結果の誘意性

出所：Porter and Lawler（1968）およびLawler and Suttle（1973）を参照して筆者作成。

②　目標設定理論

　期待理論は単純化して解釈すれば，目標達成や実現の可能性が高く自身に利益や価値をもたらすことが明らかな行動へと個人が動機づけられることを示している。しかし，仕事においては，目標が達成困難な場合も，報酬の見通しやその魅力が不十分な場面も多くあるのが現実である。そのような場面においても人を動機づける条件は何だろうか。

　ロックとレイサムは，設定される目標の内容に着目し，「量的で具体性の高い困難な目標」のほうが，簡単な目標やあいまいな目標よりもパフォーマ

ンスを高めることを示した [12,13]。そのメカニズムは，① 方向付け，② 強度，③ 持続性という動機づけの 3 つの要素で説明される。すなわち，① 具体的な目標はそれ以外の行動の可能性を排除して特定の行動に意識を向けさせる，② 人はタスクの難易度に合わせて努力のレベルを調整するため難しい目標は努力量を増やす必要性を認識させる，③ 人は許容される時間に合わせて努力を調整するため明確で困難な目標は遂行期間中の計画的な努力を引き出す，という目標の効果を示した（図表 5-8 参照）。

　彼らは，目標が現状との間に矛盾や不均衡状態を生み出すことにより，それを解消しようとする動機づけが生じる効果を強調した。具体的で挑戦的な目標を目の前にすると個人が自発的に計画をしたくなること，既知の方法で達成が難しければ未知の方法の探索が動機づけられることなどである。加えて，難しい目標を割り当てられることがその人の能力が認められたシグナルとなり，目標達成への自信や報酬への期待が高まり目標を受け入れる選択を動機づけるとも論じられている。彼らはこうした目標の働きを総括して，目標設定が，何がその人にとって許容可能なパフォーマンスであるかを定義するために自己調整を促進すると説明している。

　他方で，挑戦的な目標がパフォーマンスを下げる条件もある。それは個人の能力やそのトレーニングが，目標の難度や短すぎる期限に見合っていないような場合である。目標設定の効果を高める具体的な方法としては，挑戦的な目標に取り組む際のセルフマネジメントのトレーニングを行うことや，目的意識を与える遠距離目標を掲げることとあわせて目標を分解して近距離の

図表 5-8　ロックとレイサムの目標設定理論による動機づけプロセス

明確で困難な目標が動機づけに与える効果
　① 別の行動でなくこの行動が重要だという意識づけ
　② より多くの努力が必要だという意識づけ
　③ 結果を出すまでに行うべき行動の自発的計画の促進
　そのほか，困難な目標を割り当てられることによる自己効力
　感の高まり，目標達成のための未知の行動の探索の促進など

出所：Locke and Latham（1990）および Latham and Locke（1991）を参照して筆者作成。

サブ目標を設定することの有効性が論じられている。

③　成功動機と失敗回避動機

　期待理論では目標や課題の難度はパフォーマンスや結果の期待を低下させ動機づけを弱めることになるが，目標設定理論は，目標が明確である場合にはその難度が高い方が動機づけを高めることを示した。目標や課題の難度と動機づけの関係を精緻化する理論をもう一つ紹介する。

　達成動機理論を過程理論の立場から検討したアトキンソンは，達成感や自尊感情への欲求に関連する成功動機と失敗回避動機という 2 種類の異なる動機づけを見出し，それらが課題の選択に影響を与えると論じた[14]。当初，失敗回避動機は成功を求める達成動機の低さを表すと考えられていたが，成功したいが失敗も回避したいという葛藤状態も存在するため，別々の動機づけとして考えられるようになった。アトキンソンは達成動機を，成功動機と失敗回避動機の合成変数として定式化した（図表 5-9 参照）。

　成功動機と失敗回避動機は同一個人において同時に存在し得るものの，成功動機の強い人と失敗回避動機が強い人がいるというような個人特性としてもとらえられている。成功動機が強い人は中程度の難しさの課題を最も好む，反対に失敗回避動機が強い人は中程度の難しさの課題を最も避けようとすると論じられている。つまり，主観的成功率を横軸に，課題の魅力度を縦軸に取る場合に，成功動機によるプロットは逆 U 字型の曲線（成功率が高い場合と低い場合に課題の魅力度が低い），失敗回避動機によるプロットは U 字型曲線（成功率が高い場合と低い場合に課題の魅力度が高い）となる。成功動機の観点から見ると，課題が簡単すぎては成功の喜びが薄れ，難しすぎて成功できなくても喜びが味わえないので，中程度の難しさの課題が最適である。しかし，失敗回避動機の観点から見ると，簡単すぎる課題は失敗しにくいために好ましく，難しすぎる課題も失敗の言い訳が容易であるためにいっそ好ましいが，中程度の難しさの課題は失敗不安が大きい最も不快な選択となる。

図表 5-9　達成動機理論における課題の難度による動機づけ

成功動機の強い A さんは　　　　　失敗回避動機の強い B さんは
やや難しい課題を好む　　　　　　やや難しい課題を嫌う
↓
引き受けた場合は，いずれの動機の観点からも
やや難しい課題に最も努力を投入する

出所：Atkinson（1957）を参照して筆者作成。

④　衡平理論（公平理論）

　目標設定理論では具体的で挑戦的な目標が，努力量を増やすことも示された。努力量の調整について，別のアプローチから説明する理論を紹介する。

　衡平理論（公平理論）は，他者との比較にもとづく主観的な不公平感が，個人の努力量を変化させると説明する。他者との比較は，努力・貢献（input）と結果・報酬（output）との比率に対して行われる（図表 5-10 参照）[15]。

　それは次のようなことである。A さんが B さんをみて，努力や貢献の度合いは自分と同程度であるのに，報酬は B さんの方が多いと感じたとする。その場合に A さんは不公平感を感じ，また組織の仕組みが公正でないと感じる（分配的公正と呼ばれる）。そして，不公平感を解消する行動に動機づけられる。具体的な行動としては，黙って努力や貢献の量を減らすかもしれないし，報酬を増やしてくれと上司に訴え出るかもしれない。

　この時，A さんが比較するのは単純な報酬の多寡ではなく，貢献と報酬の比率であることに注意したい。不公平感を解消するための行動への動機づけは，貢献に対する報酬の比率が自分の方が大きい場合にも生じるとされ

図表 5-10　衡平理論における比較

A さんの得た報酬 / A さんの貢献　　B さんの得た報酬 / B さんの貢献

出所：Adams（1965）を参照して筆者作成。

る。しかし，何が貢献や報酬に含まれると考えるか，何をもってその程度を比較するかは，個人の主観や直感による。比較対象に誰を選ぶかによっても変化する。このため，分配的公正を追求する組織マネジメントは現実的に難しく，今日では報酬が決まる手続き（手続き的公正）や，評価者との良好な関係性（関係的公正）の研究が発展している。

3. 動機づけ理論とHRM施策としての評価

　ここまで，動機づけに関わる基本的な理論を確認してきた。これらの理論が，HRM施策としての評価と動機づけにどのように関連するのかを整理した上で，今日的な環境変化に対応していくための示唆について簡単に述べる。

⑴　動機づけの土台づくり

　動機づけの内容理論は，人の欲求が行動の選択に影響していること，またその欲求の階層性あるいは多元性を示している。複数の欲求が個人の働く上での行動の方向付け，強化，持続に影響をおよぼす。その相互作用の在り方には諸説ありながら，人の欲求には，生存や安全といった生物としての根源的欲求に根差したものがあるとされ，より土台に近い欲求階層としてイメージされ下層に配置されている。それらの欲求が満たされることは，不満足を減らすことにはなるが，満足や貢献を増やし仕事上の高いパフォーマンスと関連するのは，より上層に配置される別の欲求である。また，上層に配置される欲求も，達成欲求と権力欲求と親和欲求，あるいは成功動機と失敗回避動機などの個人差があり，仕事の特性とのあいだに向き・不向きの相性があると指摘されている。

　このような前提をふまえて，HRM施策としての評価と動機づけの関係についてまず理解しておくべきことは，評価の仕組みだけでは個人の動機づけには不十分ということであろう。仕事における評価とは，多くの場合，個人が担当する役割や責任にあわせて事前に評価基準をある程度定め，その進捗や結果をとらえて管理したり本人にフィードバックしたりする仕組みであ

る。そうした仕組みが人を動機づけるためには，それ以前に，安全と感じられる雇用条件や職場環境があることや，個人の適性にあった仕事に配置されていることといった，いわば土台整備が必要であろう。

(2)　目標管理制度（MBO）の問題点と改善策

次に，安全の土台の上で，評価の制度や運用が個人の動機づけにつながる条件を整理したい。期待理論，目標設定理論からは，仕事上で取り組む課題の具体性や誘意性を高めることの重要性が示唆される。ここで関連する評価の仕組みとして想起されるのは，業績評価の仕組みとして多くの企業に取り入れられている目標管理制度（MBO）である。一般的に MBO とは，期初に上司と部下が相談しながらいくつかの目標を立てその評価基準やマイルストーンを明確にしておき，期中に進捗を確認したり，期末に達成度の評価と振り返りを行う仕組みである。

実務上では MBO について，量的で評価可能な目標設定の重要性が強調されるがゆえに，従業員が量的に評価されにくい業務に取り組まなくなる，達成度を高くするため目標の難度を下げようとするといった問題点が多く指摘されてきた。MBO という仕組み自体は，期待理論や目標設定理論の知見を素朴に反映し得るもののように思われるのに，なぜそのような問題が生じるのだろうか。何が足りないのだろうか。

理論からの示唆は，期待（行動→パフォーマンス，パフォーマンス→報酬の主観的確率）と報酬の誘意性を高めることである。先に紹介したような MBO への批判は，具体性や難度といった目標自体の特性も，期待と誘意性を高めることに寄与しなければ本末転倒となることの実例といえる。

対策は，当の理論家たちからも既に提示されている。遠距離目標（パーパスやミッションと呼ばれるようなもの）を丁寧に説明することによって目標や課題の価値への理解を得ること，やや挑戦的な目標に取り組んで内的報酬を得る習慣をセルフマネジメントのトレーニングによって強化することなどが提案されている。期待や誘意性は人からの伝達情報によっても変動するため，上司やあるいはロールモデルとなるような人材との対話によって，目標を達成できそう（Can），達成したい（Will）といった感覚を見出すアプロー

チも有効と考えられる。

(3) 「ジョブ型人材マネジメント」と評価

　残りのページでは，日本企業のHRMについて近年議論されているいくつかのトピックスを取り上げ，評価における動機づけへの影響について簡単に考察する。

　「ジョブ型人材マネジメント」の議論は，日本企業にとってHRMポリシーの大きな転換となり得る。多くの日本企業では，人材を長期に雇用し続けることを重視し，処遇に大きな差をつけず，保有人材が遂行可能な職務をデザインするという人材マネジメントスタイルがこれまで主流であった。各社の議論や取り組みの内容には幅があるが，今後は戦略的に職務を設計し，スキル要件を明らかにしながら，社内外から専門性の合致する人材を募って，処遇の差も許容していくようなスタイルへの転換が進んでいくと考えられる。

　「ジョブ型人材マネジメント」への転換は，人から職務へ，潜在能力から実績をともなったスキルへなど，評価対象や評価基準の変化をともなうため，評価を通じた動機づけにも影響をもたらすことが予想される。例えば，職務要件の明確化や個別的な処遇の浸透により，衡平理論にもとづく分配的公正への個人の関心が高くなる可能性が考えられる。他方で，パフォーマンスと報酬が結びつく期待が高まり，分配的公正感も高まる可能性がある。

　結果として，前項でみたようなMBOの機能不全が解消されることも考えられる。現状のMBOにおいて具体的で挑戦的な目標が期待や誘意性を高めない理由には，職務要件が曖昧なために適切な評価が見込めないことや，どんな評価結果でもさほど報酬に差がつかないという現状の報酬制度の限界が象徴的に表れていた可能性もあるからである。

(4) 「キャリア自律」と評価

　「ジョブ型人材マネジメント」への転換の議論と呼応するように，個人のキャリア形成における「キャリア自律」意識の重要性がさまざまな立場から強調されるようになった。その意味するところやとらえ方には幅があるよう

に思われるが，会社主導の異動や転勤などを受け入れて結果的に決まってい
く仕事人生ではなく，個人が意識的に能力や専門性の開発を行い，勤務先だ
けでなく働き方や生き方を自ら選択していくことが重要であるとの考え方を
指していると考えられる。

　裏を返せば，これまでの日本社会では，会社主導の意思決定に従うことが
当然のことかのように個人に求められる場面が多くあった。それは，雇用保
障などの企業から提示されるメリットと引き換えに，個人が主体的に選択し
たことともいえるかもしれない。しかし，業務遂行上の動機づけという側面
からのみ評価するならば，これまでの日本企業のマネジメントにおいては，
X 理論・Y 理論，内発的動機づけなどの理論が強調する個人の自己決定の
効果があまり重視されてこなかったといえる。

　よって，「キャリア自律」のトレンドにおいては，職業人生という長い時
間軸にもとづいた観点だけではなく，日々の業務遂行や短期的な評価サイク
ルにおいても，個人の自律・自己決定の能力を高め，その機会を尊重してい
く必要があるだろう。例えば，職務上の意思決定やスケジュール管理の自律
性を高めることや，上司の自律支援的なリーダーシップが個人の主体的行動
をうながすことが示されている[16,17]。上司による自律支援とは，部下の自己
決定を認める態度に加えて，職務遂行に関する関連情報を提供することや，
個人の強みを伝え行動を勇気づけることを通じた，支配的でなく情報的な
リーダーシップ行動であるとされており，評価におけるフィードバックに取
り入れるべき内容も多くあると考えられる。

⑸　「社会との調和・持続可能性」と評価

　最後に，企業活動にさらなる社会との調和が求められているというト
レンドに触れて，本章の結びとしたい。SDGs（持続可能な開発目標：
Sustainable Development Goals）という言葉を耳にすることが日常的になっ
たように，地球環境への負荷軽減や人権擁護への社会の関心は日々高まって
いる。社会は企業にも新たなチャレンジを求めており，例えば，投資家グ
ループや金融機関が ESG（環境・社会・ガバナンスの頭文字）というサス
テナビリティ（持続可能性）重視の投資判断基準を採用したり，株式市場に

上場している企業が開示を求められる有価証券報告書の記載事項として従業員や管理職・役員における多様性の確保に向けた目標や方針と実施状況を公表することが義務づけられたりと，社会との調和が企業活動の持続性に関わるテーマとなってきている。

　こうした社会的トレンドの中で，個人が仕事で実現したいと考える欲求の内容や強さも変化していく可能性がある。例えば，他者を支援したり社会に貢献したりする行動への志向である向社会的動機づけが仕事のパフォーマンスにもたらす影響への理解が，より重要になっていく可能性がある[18]。それにより，管理職や仕事上のリーダーに求められる行動や，関連する欲求の内容も変化していく可能性がある。

4. おわりに

　本章では心理学や経営学にとって古典となっている動機づけ理論を紹介し，HRM施策としての評価との関連を整理した。それらの理論がもたらす今日においても色あせない示唆を再確認しながら，これからの社会や経営活動に求められる評価と動機づけの新しい理論を発見していく必要にも目を向けていく必要がある。

注

1　Mitchell, T. R. (1997). Matching motivational strategies with organizational contexts. *Research in Organizational Behavior, 19*, pp.57-149.

2　Maslow, A. H. ([1954] 1970). *Motivation and personality.* New York: Harper and Row.（小口忠彦（訳）(1987). 改訂新版 人間性の心理学―モチベーションとパーソナリティ　産能大出版部）.

3　Alderfer, C. P. (1969). An empirical test of a new theory of human needs. *Organizational Behavior and Human Performance, 4* (2), pp.142-175.

4　Herzberg, F. (1976). *Work and the nature of man.*（北野利信（訳）(1968). 仕事と人間性　東洋経済新報社）.

5　McClelland, D. C. (1961). *Achieving society.* Van Nostrand.

6　McClelland, D. C. & Burnham, D. H. ([1976] 2003). Power Is the Great Motivator. *Harvard Business Review, 81* (1), 117-26.（DIAMONDハーバード・ビジネス・レビュー編集部（編訳）(2009). 新版 動機づける力―モチベーションの理論と実践　第6章　ダイヤモンド社）.

7　McGregor, D. (1989). The human side of enterprise. *Readings in Managerial Psychology, 2* (1), pp.314-325.（高橋達男（訳）(1990). 新版 企業の人間的側面―統合と自己統制による経

営　産能大出版部).

8　Ryan, R. M. & Deci, E. L. (2000). Intrinsic and extrinsic motivations: Classic definitions and new directions. *Contemporary Educational Psychology, 25* (1), pp.54-67.

9　Vroom, V. H. ([1964] 1995). *Work and motivation*. Jossey-Bass Publishers.

10　Porter, L. W. & Lawler, E. E. (1968). What Job Attitudes Tell about Motivation. *Harvard Business Review, 46*, pp.118-126.

11　Lawler III, E. E. & Suttle, J. L. (1973). Expectancy theory and job behavior. *Organizational Behavior and Human Performance, 9* (3), pp.482-503.

12　Locke, E. A. & Latham, G. P. (1990). *A theory of goal setting & task performance*. Prentice-Hall, Inc.

13　Latham, G. P. & Locke, E. A. (1991). Self-Regulation through goal setting. *Organizational Behavior and Human Decision Processes, 50* (2), pp.212-247.

14　Atkinson, J. W. (1957). Motivational determinants of risk-taking behavior. *Psychological Review, 64* (6, Pt.1), pp.359-372.

15　Adams, J. S. (1965). Inequity in social exchange. In L. Berkowitz (Ed.), *Advances in Experimental Social Psychology, 2*, pp.267-299. Academic Press.

16　Parker, S. K., Williams, H. M., & Turner, N. (2006). Modeling the antecedents of proactive behavior at work. *Journal of Applied psychology, 91* (3), p.636.

17　Slemp, G. R., Kern, M. L., Patrick, K. J. & Ryan, R. M. (2018). Leader autonomy support in the workplace: A meta-analytic review. *Motivation and Emotion, 42* (5), pp.706-724.

18　Grant, A. M. & Berg, J. M. (2012). Prosocial motivation at work: When, why, and how making a difference makes a difference, In G. M. Spreitzer & K. S. Cameron (eds.), *The Oxford Handbook of Positive Organizational Scholarship*, ch. 3, pp.28-44. Oxford Library of Psychology.

［さらに学びたい人のために］

須田敏子・森田充（2022）『持続的成長をもたらす戦略人事―人的資本の構築とサステナビリティ経営の実現』経団連出版。

外島裕（監修）・田中堅一郎（編）（2019）『産業・組織心理学エッセンシャルズ【第4版】』ナカニシヤ出版。

今城志保（2023）『世界の学術研究から読み解く職場に活かす心理学』東洋経済新報社。

第 *6* 章

人事評価と報酬管理

1. はじめに

　人事評価の目的は，人材開発目的（development purpose）と処遇目的（judgement purpose）の2つに分かれ，どちらの目的が重視されるかは，昇進・選抜・報酬など処遇管理のタイプが重要な役割を持っている。処遇が内部評価（組織内部における個人の価値）と外部評価（外部労働市場における個人の価値）の両者に基づいて決定すれば，人材開発目的の重視度合いが上がる。一方，処遇が内部評価のみに基づいて決定すれば，処遇目的の重視度合いが上がる。処遇決定方法からみると，前者は市場型システムと呼ばれ，後者は組織型システムと呼ばれる。これまでの日本型処遇決定方式は組織型システムであり，市場型システムがグローバルスタンダードである。

　本章では，従来の組織型システムからグローバルスタンダードに変化しつつある日本の状況を踏まえて，報酬管理に焦点をあてて，グローバルスタンダード方式を具体的に解説する。さらにグローバルスタンダードへの変化に伴い変化する人事評価目的の変化を紹介する。

2. ジョブ型人事の急速な進展

　1990年中盤以降徐々に普及してきたジョブ型人事であるが，ここ数年，急速な普及をみせている。なお"ジョブ型雇用"という呼び方もあるが，雇用も人事領域の一分野と捉えて，本書では"ジョブ型人事"を用いる。言葉の問題としては，以前は職務基準という呼び方が一般的であったが，2021

図表 6-1　「自社型」雇用システムのイメージ

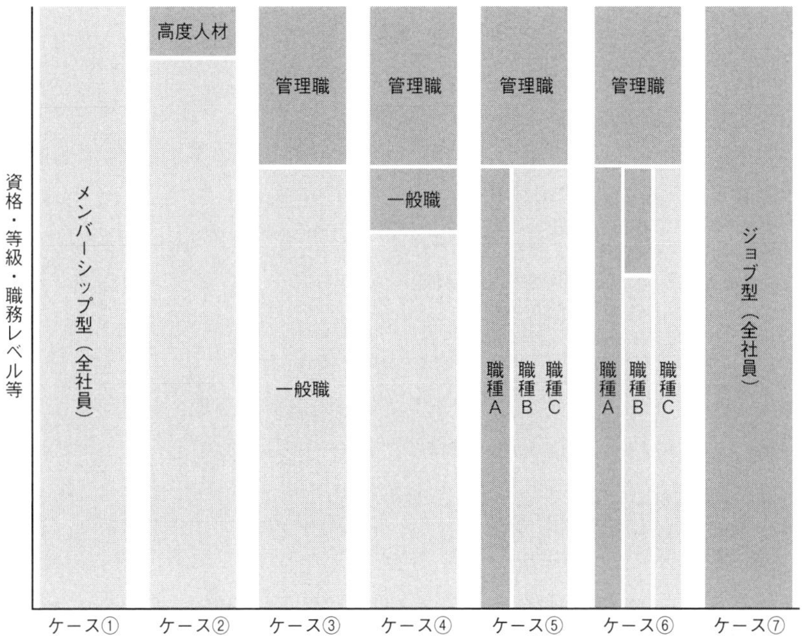

出所：経団連「2021 年版経営労働政策特別委員会報告」。

年版・2022 年版の経団連「経営労働政策特別委員会報告」における「自社型雇用システム」に関する提案以来（図表 6-1），ジョブ型人事との呼び方が職務基準に置き換わってきている。

　ジョブ型人事を考えるうえで重要な点は，ジョブ型人事の本質は個々のジョブの内容を特定するとともに，ジョブ遂行のために必要な知識・スキル・経験・行動などの人的要件を特定するということだ。従来の日本型人事における職能資格等級に連動した職務遂行能力が，全般的・一般的であったのとは，この点で大きく異なる。日本以外の国で普及したグローバルスタンダード型人事では，ジョブに連動して特定化・明確化・具体化された人的要件が，組織内と組織内と労働市場の双方で共有化され，見える化されている。これが，組織内の人事のあり方も抜本的に変化させることとなる。

3. 日本企業における基本給タイプの変化

　報酬管理の変化について基本給の変化を取り上げる。基本給は現金支給総額の中で 6 割強をしめ，さらに賞与・退職金等の算定基準となるなど報酬全体に対して影響の大きな報酬要素である。

　これまでの 20 年わたる基本給のタイプ別導入状況を示したのが図表 6-2 である。ここからは，日本では基本給のタイプとして，職務遂行能力に連動して基本給を決定する職能給，ジョブに連動して基本給を決定する職務給，年齢や勤続年数といった属人的要素に連動して賃金が決定する属人給という異なる 3 つのタイプの基本給が普及していることがわかる。なお，ジョブに連動して基本給を決定するが，職務給に比較して職務の規定方法が緩やかな役割給があり，図表 6-2 では役割・職務給と表現している。職能給と属人給はともに人要素に連動した基本給（人ベース基本給）であり，これに対し

図表 6-2　職能給，役割・職務給，属人給の導入割合（%）

	1999	2000	2001	2003	2005	2007	2009	2012	2013	2016	2019
職能給（管理職層）	80.9	82.4	67	60.6	57.5	74.5	69.9	65.8	69.2	66.9	57.8
職能給（非管理職層，2001 年調査＝中堅層）	85.2	87	76.1	69.3	70.1	80.9	80.7	77.3	81.1	78.3	76.5
職能給（非管理職層，2001 年調査＝一般職層）			76.7								
役割・職務給（管理職層）	21.1	43.9	49.9	53.4	61	72.3	70.5	79.2	76.3	74.4	78.3
役割・職務給（非管理職層，2001 年調査＝中堅層）	17.7	24.9	32.9	34.3	40.9	56.7	51.1	58.4	58	56.4	57.8
役割・職務給（非管理職層，2001 年調査＝一般職層）			16.2								
年齢・勤続給（属人給）(2001 年調査＝管理職層)			32.2	—	—	33.5	27.3	22.7	25.8	24.8	26.7
年齢・勤続給（属人給）(2001 年調査＝中堅職層)	78.2	72.8	59.6	—	—	61.9	59.1	48.1	62.3	49.6	47.1
年齢・勤続給（属人給）(2001 年調査＝一般職層)			73.2	—	—						

出所：日本生産性本部「日本的雇用・人事の変容に関する調査」

て，役割・職務給は担当するジョブ要素に連動した基本給（ジョブベース基本給）である。

　なお前述のとおり，従来型の職務遂行能力とジョブ型人事下の職務遂行能力は，特定化・明確化・具体化の度合いなどで大きく異なるが，従来型からジョブ型への変化は漸進的に起こっていることであり，同時に早く変化している企業もあれば，変化の遅い企業もあるため，どの時点で従来型職務遂行能力からジョブ型人事下の職務遂行能力に変化したかは特定できない。しかも，現在でも従来型の職務遂行能力を導入している企業もあり，現在は変化の途上と捉えられる。

　図表 6-2 からわかるもう 1 つのことは，1999 年からの各タイプの基本給導入割合の変化である。変化を一言で表すと，ジョブベース基本給の増加，人ベース基本給の減少である。特に管理職層に関しては，役割・職務給を導入している割合が職能給の導入割合を超えており，主要な基本給タイプとなっている。人ベース基本給の中では，特に年齢・勤続に連動した属人給導入の減少幅が大きいことがわかる。

　日本企業における基本給のタイプ別導入状況がわかったところで，ジョブに基づいて基本給を代表する職務給の設計方法に入っていく。

4. 職務等級の設計方法

(1)　職務分析

　基本給は社員等級に連動して設定されるため，まず社員等級（職務等級）の設計方法からみていく。職務等級の設計手順は「個人が担当する職務情報を収集し，各職務の内容を明確化する。このプロセスを職務分析（ジョブアナリシス）という。

　職務分析は，個人の担当職務に関する情報収集を行うプロセスを指す。情報収集の方法としては，直接観察，自己記述・ダイアリー，インタビュー，質問票などがある[1]。インタビューには対象人数によって個別インタビュー，グループインタビュー，インタビュー手法によって構造化インタビュー，半構造化インタビュー，非構造化インタビューなどにわかれる。こ

れらの方法のうち，1 つの方法で職務に関する情報収集を行う場合もあるが，最初に関係者によるインタビューを行って，職務に関する具体的な情報を収集し，これに基づいてより多くの社員対象に質問票調査を行い，妥当性を高めていくなどいくつかの方法を組み合わせることが多い。またブルーカラーには直接観察，事務職には自己記述・ダイアリー，ホワイトカラーにはインタビューなど職種に応じて方法を分ける場合が多い。

　以上のようにして収集した情報を基に，職務内容を定義し（職責・主要なタスクなど），同時にジョブの遂行のために社員が必要な行動を明らかにする。

　その結果として抽出されるのはジョブの内容を記載したジョブ・ディスクリプションとジョブの遂行に必要な人的要件を特定するパーソン・スペシフィケーションである。カッシオ[2]によれば，ジョブ・ディスクリプションとパーソン・スペシフィケーションが含む内容は以下のとおり。なお，カッシオはジョブ・ディスクリプションとパーソン・スペシフィケーションを分けているが，ジョブ・ディスクリプションにパーソン・スペシフィケーションを含める場合もある。近年，急速に普及する日本企業のジョブ型人事では，後者のケースが多い。

　①　ジョブ・ディスクリプション
（以下は英文テキストに基づく内容。日本では異なる場合もある）
・ジョブタイトル
・職責（責任範囲・レベル，部下を監督する内容・範囲などを含む）
・ジョブに含まれる主要なタスク
・組織階層（レポート構造）
・報酬条件（賃金その他の金銭的報酬条件）
・職務環境（所属する部門・グループ，職務遂行に必要な他者との関係などを含む）
・勤務地
　②　パーソン・スペシフィケーション
　ジョブ・ディスクリプションに記載した職責やタスクの遂行のために人に要求される経験・知識・スキル・行動などを特定したもの。必要な資格や学

図表 6-3　テルモのジョブ・ディスクリプションの例

基礎情報

ポジション名	事業企画部長	作成日		××年×月×日
所属	××カンパニー	作成者	ポジション名	××カンパニープレジデント
等級	G 6		氏名	×× ××

人的要件

職務経験 —このポジションに求められる特に重要な職務経験は何か	
職種/事業領域/地域 業務内容（実績）	・本社もしくは××カンパニーにおける 10 年以上の中長期戦略立案実務の経験 ・本社もしくは××カンパニーにおける 5 年以上の事業計画立願，もしくは事業管理業務の経験 ・本社もしくは××カンパニーにおける 5 年以上のマネジメント業務※の経験 ※管理職を配下に持つポジション。例：部長ポジション，等
経験しておくべき ポジション	・経営企画部門の責任者ポジション ・事業開発および事業管理部門の責任者ポジション
知識・スキル・資格 —このポジションに求められる特に重要な知識・スキルは何か，そのレベルはどのくらいか	
知識/専門スキル	・全社・カンパニーの経営方針を理解し，カンパニーの中長期戦略を立案するスキル ・カンパニーを取り巻く市場やビジネス環境に関する知識（効果的な中長期戦略立案に活用できる水準） ・カンパニーのビジネスモデルに関する知識（効果的な中長期戦略の立案・推進に活用できる水準） ・事業ポートフォリオおよびリソース配分（ヒト・モノ・カネ）の策定スキル ・デジタルトランスフォーメーションに関する知見・リテラシー
資格	—
語学	—

特に重要なコンピテンシー　—このポジションに求められる特に重要なコンピテンシーは何か
※基幹職に共通および基幹職の項目から，専門職は共通および専門職の項目から三つ以内を選定

□【共通】信頼の獲得（正直で，誠実，率直な行いで他の人からの信用と信頼を獲得する）

□【共通】顧客志向（顧客と強固な関係を構築し，顧客の立場に立った解決策を提供する）

□【共通】イノベーションの推進（組織が成功するために，新たなより良い方法を生み出す）

□【共通】多様性の尊重（異なる視野や文化が組織にもたらす価値を理解する）

□【共通】業務プロセスの最適化（継続的改善を図ることに重点を置き，仕事を成し遂げるためにどのようなプロセスが最も効果的で効率的かを理解している）

□【基幹職】人財の育成（部下のキャリア目標と組織目標の両方を達成するために，部下を育成する）

□【基幹職】戦略的思考（将来の可能性を見極めた上で，現状を打破する戦略を策定する）

□【基幹職】ビジョンと目的の推進（説得力のあるビジョンと戦略を描くことで，周りの人を動機付け，行動を起こさせる）

□【専門職】自己認識（周囲からのフィードバックと自己の振り返りを通して，自分自身の強みと弱みについて有益な気付きを得る）

□【専門職】行動指向（新しい機会や厳しい課題を緊急感，高いエネルギー，熱意を持って引き受ける）

出所：テルモ株式会社資料。

業レベルなども含まれる場合もある。

　以上のようにジョブ型人事では，個別のジョブごとにジョブの遂行に必要な人的要件を具体的に特定する。ここでは，日本企業でジョブ型人事を導入したテルモにおけるジョブ・ディスクリプションとパーソン・スペシフィケーションを紹介する（図表6-3）。

　ジョブ・ディスクリプションの3つの要素（「基礎情報」「ポジション要件」「人財要件」）のうちの「基礎情報」と「人的要件」（同社ではジョブ・ディスクリプションにパーソン・スペシフィケーションを含めている）のみを記載。

(2)　職務評価

　職務分析に続いて行うのが，職務評価である。職務評価の方法は，ジョブを要素に分けて，それぞれの要素に対して相対的な重要性・影響度・難易度などを比較・評価する分析型職務評価と，ジョブ全体を比較する非分析型職務評価に分かれる。多くの大組織で導入されているのが分析型職務評価，特に各ジョブの重要度・影響度・難易度などを点数であらわすポイントファクター職務評価である。いずれの職務評価方法をとっても，組織内のジョブが評価結果に応じてランキング（序列づけ）されることとなる。そしてこのランキングされた順にジョブを並べて，等級構造を作ることとなる。たとえばポイントファクター職務評価を用いた場合には，ポイント150以下を1等級とし，151～220を2等級，221～300を3等級とするといった具合だ。そして組織内の各ジョブをそれぞれ対応する等級に振り分けていく。

　職務評価方法は，分析型と非分析型の分類とともに，比較のベースをジョブ対ジョブとするかジョブ対スケール（要素）とするかで分類することができる（図表6-4）。

　図表6-4に示した非分析型職務評価と分析型職務評価の中から，プリエンたち[3]などに基づき，いくつかの代表的な方法を以下に紹介する。

① 　非分析型職務評価：ジョブを構成する要素に分割せず，ジョブ全体を対象に相対的な重要性・影響度・難易度などを評価する方法。非分析型職務

図表 6-4　職務評価方法

		比較要素	
		職務全体（非分析型）	要素ごと（分析型）
比較のベース	職務対職務	ジョブランキング 組織内のベンチマーク ペアードコンパリズン マーケットプライシング	ファクターコンパリズン
	職務対スケール	ジョブクラシフィケーション	ポイントファクター

出所： Armstrong, M. & Murlis, H. (1998) *Reward Management: A Handbook of Remuneration Strategy and Practices* (4th ed..), Kogan Page などを基に作成。

評価の代表的な方法としては以下の方法が挙げられる。

・ジョブランキング：個々のジョブを要素に分割せず，全体として各ジョブの重要度を比較して，相対的な重要度・影響度・難易度などに応じてジョブを階層化していく方法。

・ジョブクラシフィケーション：ジョブ全体として各ジョブの重要度を比較するということでは，ジョブランキングと同様だが，異なるのは，あらかじめいくつかの職務等級を設定しておいて，さらにそれぞれの等級に対して責任・個別タスク・スキル・経験・コンピテンシーなどのレベルを設定する。そして組織内の個別ジョブを対応する等級に振り分ける。日本の職能資格等級に似た方法だが，違うところは職能資格等級が職務遂行能力を基準に等級レベルが設定されるのに対して，ジョブクラシフィケーションではジョブを基準にジョブ内容とジョブが要求する人的要件を基準に対して等級レベルが設定される点である。ジョブクラシフィケーションでは分析対象が個人のジョブである（職務分析）が，職能資格等級では分析対象が部署となる（職務調査）点も異なっている。

・ペアードコンパリズン：洗練化されたジョブランキングと考えていい方法。ジョブ全体を比較するが，この場合は個々のジョブを 1 対 1 で組織にある他のすべてのジョブと比較していく。比較して，重要性が高いと判断されたジョブの方に 2 ポイント，低いと判断されたジョブに 0 ポイントが加算され，同程度の重要度と判断された場合には両方のジョブに 1 ポイント入る。そしてすべてのジョブを他のジョブと比較した後に

個々のジョブがとったポイントを足していき，ポイントが高い順に順位をつけていく。1対1で比較した方が個々のジョブの具体的な内容を比較することが容易となるために，比較精度の向上が可能となるが，問題は大きな組織で比較するジョブが多い場合には，難しいということである。一般的には50以上のジョブは難しいといわれている。

② 分析型職務評価：ジョブを構成する主要な要素を設定して，設定された各要素に対してそれぞれのジョブの相対的な重要度・影響度・難易度などを比較していく方法。代表的な方法としては以下の方法が挙げられる。

・ポイントファクター：ジョブを主要な要素に分けて，それぞれの要素ごとにジョブ間で相対的な重要度・影響度・難易度などを評価して，評価結果をポイントで表す。各要素に対してそれぞれのジョブが取得したポイントを足していってそれぞれのジョブの価値をポイントで表し，ポイント順に組織内にあるジョブに順位をつけていく。

・ファクターコンパリズン：ジョブを主要な要素に分けて，それぞれの要素ごとにジョブ間で相対的な重要度・影響度・難易度などを評価する点ではポイントファクターと同じだが，ファクターコンパリズンでは，㋑ジョブを構成する個々の要素に対してそれぞれの職務の重要度・難易度を評価する，㋺個々のジョブの中で各要素の重要度・影響度・難易度などを評価する，という2つの評価を基にポイントで順位付けが行われる。よく用いられる要素としては，aジョブに要求される精神的要素，bジョブに要求されるスキル要素，cジョブに要求される身体的要素，d職責，e労働条件などがあるが，これら要素ごとに各ジョブの重要度・影響度・難易度などが評価され，ポイント化される。これが㋑の評価。もう1つの評価が各ジョブにおいてこの5つの要素がどの程度重要であるかが評価され，ポイント化される。これが㋺の評価。この㋑と㋺の評価におけるポイントが考慮され，各ジョブの重要度・影響度・難易度などがポイント化されることとなる。

5. 賃金グレードの設計方法

　職務分析・職務評価によって社員等級（職務等級）構造が決定したら，続いて行うのが，賃金グレードの設計である。それぞれの職務等級に対して賃金レンジを設定して，賃金グレードは設計される。欧米における伝統的な職務給の賃金グレード構造を図表6-5に示した。

　賃金グレードの数は職務等級と同じである場合もあるし，違う場合もある。賃金グレードの数をいくつにするかは，各ジョブの賃金レベルを反映して個々の組織が判断することとなる。賃金グレードの数が決まったら，各賃金グレードに対して最高ポイントと最低ポイントを決めて賃金レンジを設定し，さらに各賃金レンジ間のオーバーラップをどの程度にするかを決める。賃金レンジ幅，賃金グレード間のオーバーラップは両方とも賃金グレードによって異なるのが普通である。

　さらに1つの賃金グレードの中にサブレンジを設けることも一般的に行われている。図表6-6に示したように，1つの賃金レンジ内にライジングゾー

図表6-5　賃金グレード構造と賃金水準

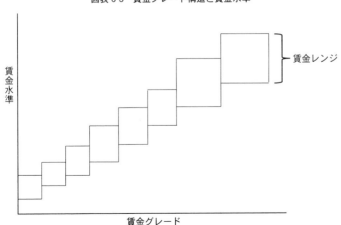

出所：Armstrong, M. & Murlis,H. (1998) *Reward Management: A Handbook of Remuneration Strategy and Practices* (*4ᵗʰ ed.*), Kogan Page. などを基に作成。

図表6-6　職務給グレードと賃金レンジ・サブレンジの例

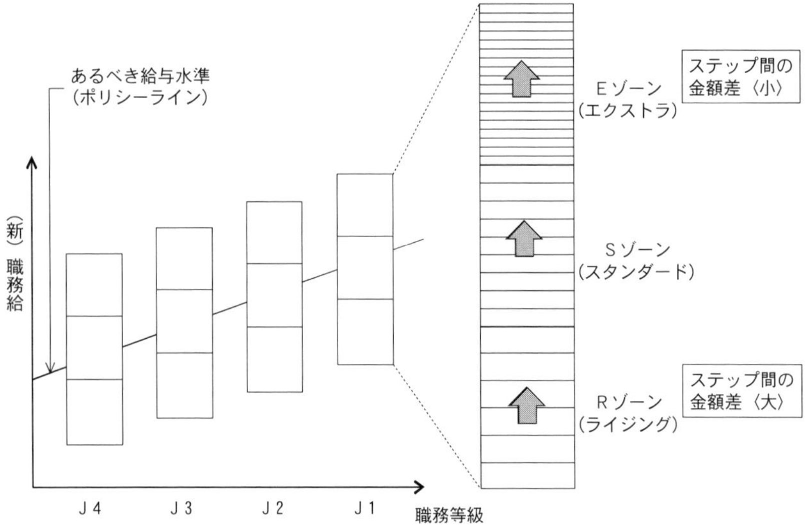

注：各ゾーンの昇格額は，Eゾーン：Sゾーン：Rゾーン＝1：2：4。
出所：労政時報第3568号（2003年1月3日号）。

ン，スタンダードゾーン，エクストラゾーンの3つのサブレンジを設定し，
昇給率をライジングゾーン＞スタンダードゾーン＞エクストラゾーンとし
て，1つの賃金レンジ内で下位のサブレンジでは昇給率を高くして，上位の
サブレンジでは昇給率を低くするというものである。これは賃金グレードが
昇格した当初は高い昇給率が得られるが，同一グレードに長期間停滞するに
ついて昇給率を低くするというものである。

　以上が欧米における伝統的な職務給賃金グレード・賃金レンジの構造であ
る。1990年代後半から日本企業にもこの伝統的な職務給賃金グレード・賃
金レンジ構造が導入されてきている。実際に図表6-6で紹介した賃金グレー
ド・賃金レンジの例は，ある大手日本企業のものである。

　以上のようにして設計された賃金グレード構造に対して，社員各人の担当
ジョブに応じて対応する賃金グレードに格付ける。さらに担当ジョブと個人
の2側面での評価に応じて，各賃金グレードの賃金レンジ内のいずれかに位
置づけることとなる。

6. マーケットペイ（市場賃金）の収集・活用方法

⑴　マーケットペイの収集・活用方法：伝統的方法

　前項で紹介した賃金構造の設計，社員個人の格付けによって，組織内での相対的な基本給水準は決定される。では，各賃金グレードの賃金水準はどのように決められるのだろうか。職務給が普及している欧米では，ジョブごとにマーケットペイが確立しており，個人賃金の決定にマーケットペイを考慮することが一般的に行われている。ニューマンたちなど[4]によれば，一般的な方法は以下のとおり。

　マーケットペイの収集方法は国全体，地域別，産業別，職種別などのマーケットサラリーサーベイや求人広告（求人広告には通常，簡単なジョブ・ディスクリプション，年収，勤務地，主な福利厚生の内容などが記載されている）などさまざまだが，大企業において特に重視されるのはコンサルティング会社など専門機関で実施するマーケットサラリーサーベイに参加してマーケットペイを収集するという方法である（これをクラブサーベイという）。

　大企業で多く採用されているポイントファクター職務評価を例に，クラブサーベイに参加してのマーケットペイの収集方法をみていく。ポイントファクター職務評価では個々のジョブの重要度・難易度。影響度などがポイントで表示されているため，職務評価のポイントに応じてマーケットペイが収集される。もっともすべてのジョブに対してマーケットペイが収集されるのではなく，代表的なジョブや対象人員の多いジョブなどで収集され，他のジョブの賃金水準はマーケットペイを収集した職務との相対的な重要度・影響度・難易度などに応じて決定されることとなる。

　以上のように収集したマーケットペイによって，各賃金グレードのミッドポイント（ポリシーラインと呼ぶ場合もある）の賃金レベルが決定する。図表6-6の例によれば，"あるべき賃金水準（ポリシーライン）"と矢印で記載された場所の賃金レベルがマーケットペイによって決まるわけである。以上が職務評価に応じてマーケットペイを収集する"職務評価付きマーケットペ

イ”と呼ばれるマーケットペイに基づく賃金レベル決定の方法であり，欧米諸国などで普及している方法である。

　ジョブに応じたマーケットペイの収集と活用についても，ジョブ型の社員等級・賃金制度を導入する企業が増えるに従い，日本企業にも徐々に普及してきており，特に近年は，大企業を中心に急速に広がっている。なお，マーケットペイの活用は，人材流動性度合に影響を受けるため，流動性の高い産業・職種などのほうが，活用度合が高くなっている。

(2)　マーケットペイの収集・活用方法：近年の動向

　“職務評価付きマーケットペイ”の活用は，欧米諸国などでは定着した賃金決定方法であるが，人材流動化のいっそう進行によって，マーケットプライシングと呼ばれるマーケットペイをより重視した新しい賃金決定が普及してきている。たとえば，アメリカではマーケットットプライシングの導入率は70％程度となっており，マーケットプライシングが主流となっている（図表6-7）。

　マーケットプライシングにおけるマーケットペイ収集方法は，個々のジョブに対する簡易ジョブ・ディスクリプションに基づいて個々のジョブのマーケットペイを収集し，これに基づいて賃金を決定するというものだ。須田[5]によれば，具体的な方法は以下のとおり。

　マーケットサラリーサーベイ実施機関（主にコンサルティング企業）が

図表6-7　アメリカの賃金決定方式の現状

	マーケットプライシング	職務評価付きマーケットペイ	その他
シニアマネジャー	74%	16%	11%
ミドルマネジャー	70%	19%	12%
プロフェッショナル	69%	20%	11%
セールス	72%	17%	11%
アドミニストレーション	68%	20%	12%
プロダクション	69%	17%	15%

　　出所： Cafaro, D. (ed) (2021) The WorldatWork Handbook of Total Reward: A Comprehensive Guide to Compensation, Benefits, HR & Employee Engagement, Wiley を基に作成。

サーベイ参加企業に，簡易ジョブ・ディスクリプション（簡易パーソン・スペシフィケーションが入る場合がある）とサラリーデータ（基本給年収，キャッシュインセンティブ，株によるインセンティブ，ベネフィットなど）を記入するシートを配付する。配付された参加企業（人事部）は，社員に記入シートを配付し，社員は自身のジョブ内容と人的要件を記入して人事部に戻し，人事部がサーベイ主催機関に送付する。

　サーベイ実施機関は，収集したサラリーデータに基づいて組織階層，ジョブファミリー別キャリア階層，ジョブタイトル，簡易ジョブ・ディスクリプションと，各ジョブタイトルに応じたマーケットペイ（第1十分位・第1四分位・中位・第3四分位・第9十分位・平均などの賃金レベル）を記載したマーケットサラリーサーベイ報告書をサーベイ参加企業に配付する。

　なお現在は，マーケットペイ収集，マーケットサラリーサーベイ報告書などすべてデジタル版で送付されている。

　マーケットサラリーサーベイ報告書を入手したサーベイ参加企業は，サーベイデータに記載された組織階層，ジョブファミリー別キャリア構造，簡易ジョブ・ディスクリプションなどに応じて，社員各人のジョブに類似したジョブの賃金レベルを知り，これに基づいて個人賃金を決定していく。

　"職務評価付きマーケットペイ"からマーケットプライシングへの変化は，人材流動化がより進行したため，組織内の内部公平性よりも外部公平性が重視された結果といえる。人材流動化が進んだ社会においては，組織内の相対的なジョブ評価と労働市場でマーケットペイの間に乖離が生じた場合には，必要人材の採用・定着のためには，組織内の評価よりもマーケットペイをより重視した賃金決定が必要となるためだ。

7. マーケットプライシングでキャリア開発と賃金決定が一体化

　マーケットプライシングが導入されると，人材開発・キャリア開発と賃金決定が一体化することとなる。ここでは須田[6]に基づき，マーケットプライシング下では，報酬決定とキャリア開発・人材開発の一体化の実態を紹介する。図表6-8に示したのが，マーケットサラリーサーベイ報告書に含まれる

図表 6-8　セールス・ジョブファミリーのキャリアマップ

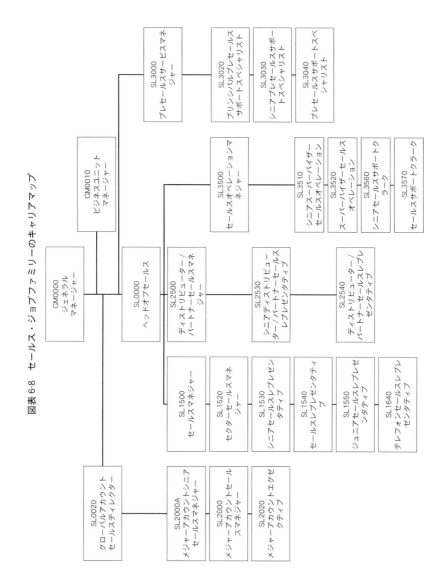

セールス・ジョブファミリーのキャリアマップである。

　通常，サラリーサーベイ報告書には，数十から百を超えるジョブファミリー別のキャリアマップが記載されており，さらに，キャリアマップに記載されている個別ジョブごとに簡易ジョブ・ディスクリプションが特定されている。つまり，サーベイ報告書には社員各人のキャリア開発ルートが具体的に提示されているのである。これに基づいて，社員自身や上司などの関係者はキャリア開発・人材開発の具体策を策定することが可能となる。マーケットプライシングはキャリア開発・人材開発と賃金決定を一体化させる賃金決定方法なのである。

　具体的な内容を実際のマーケットサラリーサーベイ報告書に記載されてるセールス・ジョブファミリーの Head of Sales と Sales Manager の簡易ジョブ・ディスクリプションとマーケットペイからみていこう（図表 6-9・図表 6-10）。Head of Sales と Sales Manager に共通する簡易ジョブ・ディスクプションの内容は，他のジョブタイトル，レポート先，ジョブの概要であり，Head of Sales には Modifier（職責変更要因）が，Sales Manager には経験が加えられている。マーケットサラリーサーベイ報告書には，このような内容の簡易ジョブ・ディスクリプションがすべてのジョブに対して提示されており，キャリアマップと簡易ジョブ・ディスクリプションの両方を活用することによって，各社員のキャリア開発と人材開発方法を具体化することが可能となる。さらに，各ジョブにはサラリーサーベイによって収集されたマーケットペイが示されており，キャリア開発・人材開発と賃金決定が一体化している。

　なおすべてのジョブファミリーは General Manager が含まれており，どんなジョブファミリーであろうと General Manager へとキャリアルートがつながっていることが，具体的に示されている。

8. 変わる人事評価の目的

　これまで日本では組織内部の評価のみで昇進や報酬が決まる組織型システムであったが，人材流動化が進むと組織内部だけでなく，外部労働市場にお

図表 6-9　Head of Sales の簡易ジョブ・ディスクリプション＋マーケットペイ

⑴　簡易ジョブディスクリプション

SL0000　　Head of Sales

・他のタイトル

Sales & Marketing Director, Sales Director, Country Sales Manager

・レポート先

General Manager, Regional Sales Manager

・ジョブの概要

担当国のセールスに関する全体的方向性とすべてのセールス活動に対して責任をもつ。ピープルマネジメント面では有能なセールス社員の採用，定着，モチベーショントに責任をもち，ビジネス面では，戦略策定，セールス目標設定，予算達成，新規ビジネス開発，既存顧客の満足維持に責任をもつ。独自部門がない場合にはマーケティングとプレセールス活動にも責任をもつ。

Modifier（以下の条件に応じて職責は変化する）

複数国を担当しているか，あるいは 1 国を担当しているか

マネジメントする部下の数

ディーラーネットワークの広さ

マーケティング分野にも責任をもっているか

担当する製品の種類・幅

担当する製品の技術的複雑性の程度

⑵　マーケットペイ

SL0000　　Head of Sales

サーベイ参加企業数：51 社

サーベイ参加人数　　：74 人

ボーナス and/or セールスコミッションを支給された人の割合：74％

報酬内容	第 1 十分位	第 1 四分位	中央値	第 3 四分位	第 9 十分位	平均
年間基本給額	£66,600	£75,000	£90,000	£104,7240	£120,000	£93,009
年間総報酬額	£81,600	£96,000	£120,000	£153,084	£180,000	£128,424
目標報酬総額	£93,000	£110,400	£140,349	£168,120	£197,472	£143,006
中央値	£78,000	£85,254	£92,079	£115,999	£125,927	£96,571
年次ボーナス額	£4,800	£12,000	£18,000	£27,096	£46,200	£20930
年間コミッション額	£31,198	£36,000	£48,000	£74,659	£8,400	£57,535
基本給に対するボーナス＋コミッションの割合	16.1%	26.7%	45.5%	69.2%	116.7%	54.8%
サーベイ参加者の年齢	35 歳	37 歳	40 歳	45 歳	49 歳	41 歳
直属部下の数	3 人	8 人	13 人	16 人	4250 人	17 人
カバーする国の数	1 カ国	1 カ国	1 カ国	2 カ国	11 カ国	3 カ国
1 年間の責任収益額	£1,663,200	£8,160,000	£25,000,000	£49,400,000	£70,000,000	£27,701,502

図表 6-10　Sales Manager の簡易ジョブ・ディスクリプション+マーケットペイ

⑴　簡易ジョブディスクリプション

SL1500　　Sales Manager

・他のジョブタイトル

Regional Sales Manager

・レポート先

Head of Sales

・経験

2〜3 年のマネジメントレベルの経験を含む豊富なセールスの経験を有する

・ジョブの概要

全体的なセールス活動と幅広い分野のプレセールスに対して責任をもつ。高度な技術レベルを必要とする製品を担当。セールス目標を達成するために担当エリアのセールス社員をマネジする。新たなビジネスを起こし，顧客満足を維持する。ディーラーネットワークの開発とサポートに責任をもつ。セールス戦略とセールス目標の開発のために Head of Sales を補佐する。顧客サポート，セールスアドミニストレーション，支社のマネジメントなどに責任をもつ場合もある。

⑵　マーケットペイ

SL1500　　Sales Manager

サーベイ参加企業数：42 社

サーベイ参加人数　：82 人

ボーナス and/or セールスコミッションを支給された人の割合：76％

報酬内容	第 1 十分位	第 1 四分位	中央値	第 3 四分位	第 9 十分位	平均
年間基本給額	£48,000	£58,200	£65,952	£79,200	£92,743	£68,559
年間総報酬額	£54,512	£66,367	£87,300	£112,800	£144,000	£95,412
目標報酬総額	£56,970	£69,187	£91,152	£126,900	£153,420	£100,797
中央値	£78,936	£79,950	£94,597	£119,693	£119,693	£97,992
年次ボーナス額	£12,160	£3,600	£4,800	£8,100	£11,760	£6,624
年間コミッション額	£18,000	£23,674	£42,904	£61,233	£79,200	£46,579
基本給に対するボーナス+コミッションの割合	5.0％	12.0％	44.7％	77.6％	100.0％	51.3％
サーベイ参加者の年齢	33 歳	35 歳	39 歳	43 歳	48 歳	40 歳
直属部下の数	2 人	3 人	5 人	10 人	3 人	7 人
カバーする国の数	1 カ国	1 カ国	1 カ国	1 カ国	3 カ国	2 カ国
1 年間の責任収益額	£124,300	£4,000,000	£10,280,594	£40,907,460	£100,000,000	£26,178,674

図表6-11　GPM（Global Performance Management）の実施プロセス

出所：日立製作所社内資料。

　ける個人の価値が処遇の決定要素となり，グローバルスタンダードの市場型
システムとなっていく。個別ジョブの遂行に求められる知識・スキル・経
験・行動などの人的要件を明確化するジョブ型人事は，市場型システムの出
発点であり，実際に報酬分野をみると，欧米における伝統的マーケットペイ
活用方法である"職務評価付きマーケットペイ"は，大企業を中心に日本企
業でも急速に普及してきている。

　そして市場型システムへの変化によって人事評価の目的もグローバルスタ
ンダード方式の人材開発目的重視へと変化している。長期雇用下で処遇目的
中心であった日本企業の人事評価のあり方は，世界的にみるとかなりユニー
クであったといえる。

　人事評価目的の変化は，ジョブ型人事を導入した多くの企業で意識されて
いる。たとえば，日立製作所では，パフォーマンスマネジメントとパフォー
マンスレビューの目的として，タレントレビュー，キャリア開発支援，人事
考課（処遇目的）の3つを挙げており，人材開発重視の姿勢がみてとれる。

9. おわりに

　本章では，ジョブ型人事の導入による報酬管理の変化を紹介した。ジョブ
型人事の本質は，個別ジョブの内容とジョブの遂行に求められる知識・スキ
ル・経験・行動などの人的要件を特定化・見える化することにある。人的要
件の見える化は，組織内だけでなく組織外に対しても進展するため，転職可
能性が高まり，人材流動化が進展する。そうなると，昇進や報酬決定など処
遇には外部労働市場が影響を与え，報酬分野ではマーケットサラリーサーベ

イへの参加などによって収集したマーケットペイを参照した市場型システム
が普及していく。

　マーケットペイの参照は，欧米など海外の多くの国では一般的な方法であ
るが，人材流動化のいっそうの進展により，海外ではマーケットプライシン
グという，より外部労働市場を重視した賃金決定方式が普及しているため，
本章では以前一般的であった"職務評価付きマーケットペイ"と近年のマー
ケットプライシングを紹介。さらにマーケットプライシングは，報酬決定と
キャリア開発・人材開発を一体化した方法であり，本章では，その具体的内
容も盛り込んでいる。

　さらに処遇決定方法の変化は，人事評価の目的などほかの人事機能にも変
化を起こすこととなる。実際にジョブ型人事を導入した日本企業は，組織内
外に対して人的要件の見える化が起こることを実感しており，人材開発重視
の方向に人事評価機能を変化させている。

　本格的なジョブ型人事の普及により，人事の大変革が期待される。さらに
人事面だけでなく，ジョブ型人事は日本が抱える多くの問題を解決すると考
えられる。

注

1　Brannick, M. T. & Levine, E. L. (2002) Job Analysis: Methods, Research and Application for Human Resource Management in the New Millennium, SAGE Publications.
2　Cassio, W. F. (1998) Applied Psychology in Human Resource Management.
3　Prien, E. P. , Goodstein, L. E., Goodstein, J. & Gamble, Jr., L. G. (2009) A Practical Guide to Job Evaluation, Pfeffer.
4　Newman, M., Gerhart, B. & Milkovich, G. T. (2017) Compensation (12th ed.), McGraw-Hill.
5　須田敏子 (2010)『戦略人事論：競争優位の人材マネジメント』日本経済新聞出版社。
6　須田敏子 (2024)『ジョブ型・マーケット型人事の賃金決定』(仮) 中央経済社。

[さらに学びたい人のために]

・笹島芳雄 (2008)『最新アメリカの賃金・評価制度：日米比較から学ぶも
　の』日本経団連出版。
・須田敏子 (2004)『日本型賃金制度の行方：日英の比較で探る職務・人・
　市場』慶應義塾大学出版会。
・須田敏子 (2005)『HRM マスターコース：人事スペシャリスト養成講座』

慶應義塾大学出版会。

・高原暢恭（2012）『人件費・要因管理の教科書』労務行政。

・吉田寿（2010）『賃金制度の教科書』労務行政。

・須田敏子著（2024）『ジョブ型・マーケット型人事と賃金決定—人的資本経営・賃上げ・リスキリングを実現するマネジメント』中央経済社。

・須田敏子・森田充著（2022）『持続的成長をもたらす戦略人事—人的資本の構築とサステナビリティ経営の実現』経団連出版。

・須田敏子著（2019）『マネジメント研究への招待—研究方法の種類と選択』中央経済社。

・須田敏子著（2018）『組織行動—理論と実践』NTT 出版。

第 **7** 章

リーダーシップ

1. はじめに

　本章では，リーダーシップ研究として明らかにされてきた知見を整理し，リーダーがフォロワーに対して働きかけをするための仕組みについて検討しよう。リーダーが持つべき資質，リーダーシップを発揮する際の行動，リーダーシップを取り巻く様々な状況から見て適切なリーダーシップとはどのようなものだと考えられてきたのだろうか。本章ではまず，リーダーシップの理論を整理する。具体的には，リーダー特性，リーダーシップの行動理論，さらに状況適応理論について学習する。

　リーダーシップ研究は特性研究，行動研究，状況適応理論と，時代とともに発展し新しい視点を付け加えてきた。これは，その時代が求めるリーダーシップのありようを反映していたとも考えられる。なぜなら，リーダーシップの基本となる事象は，企業が経営環境の中で活動する際に職場集団に割り振られる業務上の課題，内部の統制に密接にかかわるフォロワーのケアや組織化という経営学の中心的課題を反映しているからである。

　また，経営とリーダーシップという視点から，現代のグローバル化する組織においてHRMにはどのような試みがあるのか検討してみよう。HRMの実際では，リーダーシップ研修と呼ばれる研修も多い。そうしたHRMの仕組みや活動がリーダーシップの理論とどのように関連付けられるのか考察してみよう。

2. リーダーシップとは何か

　リーダーシップとは，「集団に目標達成を促すよう影響を与える能力」[1] である。目標達成を促すよう集団を率いる人をリーダーと呼び，集団においてリーダー以外のメンバー，つまりリーダーに従っていく立場にある人のことをフォロワーと呼ぶ。

　集団が目標達成を目指す場合には，集団に参加しているメンバーそれぞれが，必要とされる行動をきちんととることが基本だ。時には，個人の感情や都合にそぐわないことも，課題に対して知識や能力が不足することもあるだろう。リーダーシップとは，フォロワーの行動を導き，必要に応じて望ましい方向へ変えてもらうことができるような能力である。

　リーダーには，フォロワーの行動を導き，必要な場合には変えるためのパワーが必要だ。このパワーは，組織などの集団における地位から生じる場合と，個人の魅力や能力に由来する場合とがある。リーダーはその地位に就く者として正式に任命される場合もあれば，集団内から自然発生的に生まれる場合もある。正式に任命される場合の代表例が，企業組織の管理職である。

　企業組織における管理職は，経営者の代理人といわれるように，組織における地位によって期待されている役割がある。パワーや権限はそれを一定の拘束力を持ってできるように与えられる。その役割の具体的内容は，リーダーの担当する事業の内容や職位の高低によって異なる。リーダーシップ研究は，こうした権限の行使にともなって，どのような具体的行動が必要なのか，あるいは適切なのかを明らかにしてきた。

3. リーダーシップ理論の展開

(1)　リーダーの特性に関する議論
　リーダーシップ研究の一番初期のものとして紹介されるのは，リーダーの特性研究である。リーダーとはどのような特徴を持つのか，1940 年代以前から多くの研究がなされたが，リーダーの特性として一貫した結果は得られ

なかった。その後 1990 年代までに数多くの研究や分析が行われたが，リーダーを明確に定義づける特性が見出されたというより，リーダーが非リーダーと異なる特性が明らかにされた。例えば，以下の 7 つの特性があげられる。向上心と実行力，他者を導こうとする欲求，正直さと誠実さ，自信，知性，自己監視性の高さ，職務に関連した知識である。

　特性の研究によるリーダーシップの実務への貢献として，特性はリーダーシップの出現や存在を予測するうえでの判断材料になりうることが指摘される。さらに興味深いことに，1950 年代から 2010 年代までのこうした特性に関する研究の比較検討によれば，時代にかかわらず指摘されるリーダーシップに必要な特性がある一方で，近年の研究でより多く指摘される特性もある。前者は知性，意思決定スキル，コミュニケーション・スキル，外向性などであり，後者は複雑な問題解決スキル，認知の複雑性，性格の開放性，柔軟性などである[2]。

　とはいえ，こうした特性だけではリーダーシップを十分に説明することはできない。その理由は，リーダーシップが影響力と考えられる点にある。リーダーがフォロワーに影響を及ぼすには，より具体的な行動が必要であり，行動との関連でリーダーシップを明らかにしたのが，次に述べる行動理論に属する研究であった。

⑵　行動理論

　行動理論に属するものとして有名なものに，ミシガン研究，オハイオ州立大学研究，PM 理論がある。これらの議論の共通の特徴は，リーダーシップを個人の特性と関連付けるより，リーダーがフォロワーとの関係で起こす行動に着目した点である。いずれの理論もリーダーが示す課題達成を促進する行動と，部下との人間関係の維持に配慮を示す行動の 2 種類に着目した。

①　ミシガン大学研究

　アメリカのミシガン大学チームは「業績考課の測定値に関係があるとみられるリーダーの行動的特徴を見出すこと」を目的に一連の研究を行い，効果的なリーダーシップ行動の特徴を見出した。実証研究の結果，「従業員志向」の行動をとるリーダーのほうが，効果的だと結論付けられた。従業員志向型

リーダーは，グループ生産性や仕事への満足度の上昇と関連付けられ，一方生産指向型リーダーは生産性や労働者の満足度の低さと関連付けられる傾向があった[3]。

　リーダーの行動特性の「従業員志向型」および「生産指向型」の分類は，高業績と低業績の集団の間での，リーダー行動や部下の様子の比較結果である。「従業員志向型」のリーダーは人間関係を重視し，「部下のニーズに個人的関心を寄せ，メンバー間の個性の違いを受けいれ」た。一方「生産指向型」のリーダーは，仕事の技術的あるいはタスク上の側面を重視する傾向にあった。

　ここでは，リーダーと部下のかかわり方のうち，「権限移譲」が高業績部門のリーダーの行動として注目された。高業績部門のリーダーは，指示的な監督の仕事に徹して，自らの部下の仕事に手を染めることがないのに対して，低業績部門ではリーダーが任せたはずの仕事をいっしょになってやらざるを得なくなっていた。

　②　オハイオ州立大学研究

　オハイオ州立研究は，リーダーシップの行動理論の最も代表的な研究である。このグループの研究では，リーダー行動の信頼できる尺度の策定を目指していた。綿密なフィールド調査の結果から見出された多数の次元を用いた量的調査を繰り返し行い，最終的に「構造づくり」と「配慮」2つの次元に集約された。この二つは，リーダーシップの2次元と呼ばれ，リーダーシップ行動を測定するためのツールとして普及した[4]。ミシガン研究がリーダーシップのタイプを「従業員志向型」と「生産指向型」という2つのいずれかが強く表れるという，1次元で測定しようとしたのに対し，オハイオ州立大学のグループでは2つの次元を用い，一人のリーダーがどちらの行動も示すという状況を測定した。

　集団が目標達成を目指す中で，リーダーが部下に対して示す行動のうち，「構造づくり」は，自分と部下の役割を定義し構築することをいう。一例として挙げられるのは，業務関係，目標を組織的にまとめようとする行動である。「厳格に規則で管理する」，「部下が標準的な仕事のやり方に従うよう，細部にわたって指導する」，「部下にもっと努力するよう刺激する」といった

行動を含む。「配慮」は，リーダーが相互信頼，部下のアイディアの尊重，部下の感情への気配りを特徴とする職務上の関係をもつ程度をいう。「部下がいい仕事をすると評価する」，「部下に高いモラルの重要性を強調する」「すべての部下を平等に扱う」，「友好的で近づきやすい」といった行動を含む。

　これらの定義に基づく詳細な研究の結果，構造づくりと配慮のいずれも高い程度を示したリーダーの下では，部下の業績と満足度が高まる可能性が高いことが分かった[5]。つまり，日常語で示すなら「仕事の指示をきちんとして部下たちとの関係を大切にすることがリーダー行動の基本」だと明確に示され，またその行動を実行しているのかが測定できるようになった。

　③　PM 理論

　日本の研究者である三隅は，リーダーシップとは，特定の集団成員が他の集団成員たちよりも，著しい何らかの継続的なかつ積極的影響を与える役割行動であるとした[6]。リーダーとなる集団成員は，フォロワーに対して集団の目標達成や維持に関して影響を与える機能を持ち，それを体現して行動している。リーダーの機能の一つは，P 機能であり，集団の課題解決や目標達成を志向した機能として Performance の頭文字 P を用いた。もう一つの M 機能は，Maintenance の M を用い，集団の自己保存や集団の過程それ自体を維持し強化しようとする集団機能に働きかける行動をとらえた。

　P 機能には目標達成への圧力をかける，つまり「規則をやかましく言う」「所定時間までに完了するように要求する」などの行動と，目標達成への計画性を示す，つまり「計画を綿密に立てる」「仕上げの時期を明確に示す」などの行動が含まれる。M 機能は，集団行動の際のメンバーの不満やメンバー間の対立を軽減し，集団のまとまりを促す行動である。具体的には「部下を信頼する」「優れた仕事をしたときは認めてくれる」「部下を公平に取り扱う」「雰囲気を解きほぐす」などが含まれる。大まかには P 行動はオハイオ州立研究の「構造づくり」に相当し，M 行動は「配慮」に相当する。

　リーダーとしての行動類型は PM 型，Pm 型，pM 型，pm 型があり，大文字はその行動の程度が高いことを，小文字は低い程度でしか示されないことを意味する。実証研究の結果，様々なタイプの組織体において PM，Pm， pM，pm の順に，効果が高いことを確認した。一方で，リーダー個人を取り巻く状況が変化した場合，PM 型であったリーダーが pm 型の行動を示すように類型を変化させることがあると指摘し，こうしたリーダー行動の類型は個人の性格要因では予測できないとした。

④　Hi-Hi 型の問題点

オハイオ州立研究の「構造づくり」と「配慮」を両立するリーダー，あるいは PM 理論による PM 型のリーダー行動は，ほかのリーダーと比較して優れた業績達成を示すといえる。構造づくり，あるいは P 行動をタスク志向，配慮あるいは M 行動を人間関係志向とまとめると，図表 7-1 に示した4 つの象限のうち，右上の両方とも高い象限に分類されるリーダーシップが部下の業績に対して最も良い影響力を発揮するということになる。

だが，どのような状況でもこうしたリーダーシップ行動は最良の結果を示すのだろうか。三隅が述べているように，ある状況では PM 型であった人が，別の状況に配置されるとそのような行動を示すことができないことは現実によくある（三隅 1978：478）。またミシガン研究が示すように，リーダーの本意ではなくても，部下の業績が低いときに業績を上げようと，細部にわたる指示を出してしまう，というような状況も考えられる。そうしたリーダーの課題や部下をめぐる状況に注目し理論化したのが，次のコンティンジェンシー理論である。

図表 7-1　リーダーシップ行動の分類

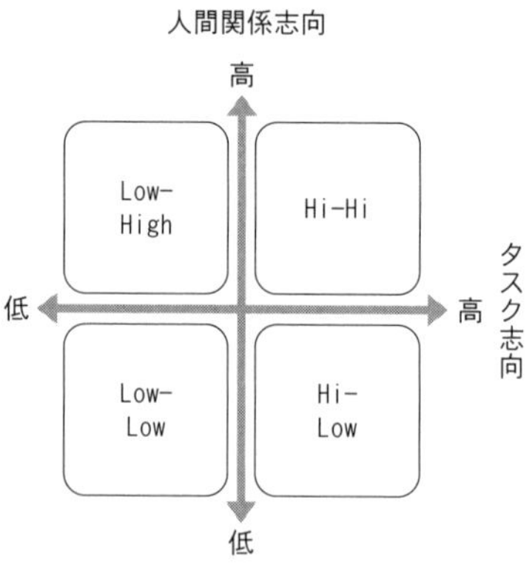

出所：筆者作成。

(3)　コンティンジェンシー（状況適応）理論[7]

①　フィードラーによるリーダーシップのコンティンジェンシー（状況適応）理論

コンティンジェンシー理論はフィードラーによって最初に提唱された。フィードラーは，個人の基本的なリーダーシップ・スタイルがリーダーシップの成功のカギとなる要因であるとみなした。リーダーシップ・スタイルとは，パーソナリティ特性と特定の行動の間に位置する概念であり，社会的状況に対する比較的安定した反応パターンを表すとした[8]。

個人のリーダーシップに関する基本スタイルは，LPC（Least preferred co-worker）スコアという指標で規定した。この指標は最も苦手と思うタイプの人物を好意的に評価していれば，スコアが高くなり，回答者は人間関係志向となる。反対に，そうした人物を比較的悪く評価していれば，スコアが低く，その回答者は仕事志向となる。

状況のタイプわけには，3つの状況要因を用いた。すなわち，リーダーとメンバーの関係を良い―悪い，タスク・ストラクチャー（タスクの構造化の程度）を高―低，職位パワーを強―弱で示した。これら3つの中では，リーダーとメンバーの関係が最もリーダーシップの行使に影響を及ぼすと考え，タスク・ストラクチャー，職位パワーの順に影響力が少なくなるとした。これはリーダー自身の影響力というより，職場の構造的要因としてとらえられる。これら3種類の要因の組み合わせの結果得られる8つの状況のパターンを，リーダーシップに対する「状況好意性」の場合分けとした。状況好意性とは，リーダーとして部下に働きかけやすい度合いを示す。状況に関する有利から不利への順位付けと，リーダーシップのスタイル，つまりLPCスコアと集団業績の相関係数をプロットした結果が図表7-2である。

図の横軸には状況の要因の組み合わせで規定した8つの状況が好意性の有利から不利へと並べられている。さらにチームの業績とリーダーのLPCスコアの相関関係によって一定のパターンを見出した。つまり，状況好意性が良好あるいは逆に極めて悪い場合，低LPC（仕事志向型）が，状況好意性が中程度の時には高LPC（人間関係志向型）の業績が高い。

このようにフィードラーはリーダーの特性と状況のフィット（適合）とい

図表7-2　フィードラーのコンティンジェンシー理論

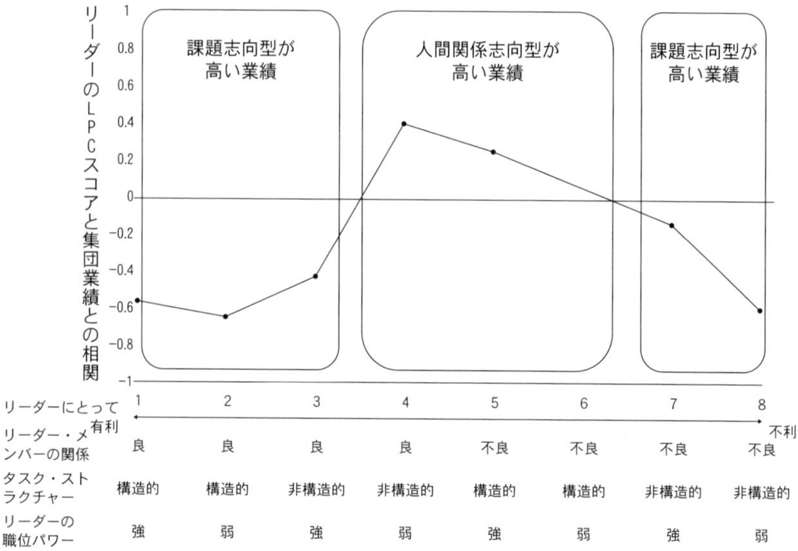

出所：フィードラー，F. E.『新しい管理者像の探究』翻訳書，1970 より作成。

う観点から，業績に貢献するリーダーシップを論じた。フィードラーがリーダーの分類に用いたリーダーシップ・スタイルは，個人の性格にも関連するため，短期間では大きく変動しない。そのため，状況の好意性とリーダー個人のリーダーシップ・スタイルが適合しない場合，つまり人間関係志向型のリーダーにとってはグラフの横軸の両端，仕事志向型のリーダーにとってはグラフの中心部分にあたる場合は，リーダーを状況に適合するタイプのほかのリーダーと交代させるか，課題をめぐる状況を変化させる（例えば，外部から支援者を招いて課題の遂行方法を明確化するなど）か，部下を配置転換などで入れ替えるべきだとした。

②　SL（Situational Leadership）理論

ハーシーら[9]は状況適応理論をさらに進め，リーダー行動とフォロワーの関係に焦点を当てた。彼らは特にフォロワーの力に着目し，フォロワーはいかなるリーダーシップ状況においても，リーダーの受け入れや拒否を決めることができるだけではなく，フォロワーの集団が，リーダーのパーソナル・

パワーを決めると考えた。そのため，リーダー行動は課題への関心と関係へ
の関心で分類した。課題への関心から引き起こされる行動を，指示的行動
（課題行動）と呼び，関係への関心から引き起こされる行動を，協労的行動
（関係行動）と呼んだ。2 つの軸の組み合わせにより，リーダー行動は 4 つ
のタイプに分類され，それぞれ高指示－低協労，高指示－高協労，低指示－
高協労，低指示－低協労となった。

　フォロワーについては，その成熟性あるいはレディネスに着目した。成熟
性は能力，すなわち課題に対して保持する知識・経験・スキルの水準と，部

図表 7-3　SL 理論：リーダーシップ・部下のレディネス，リーダーシップ行動の対応関係

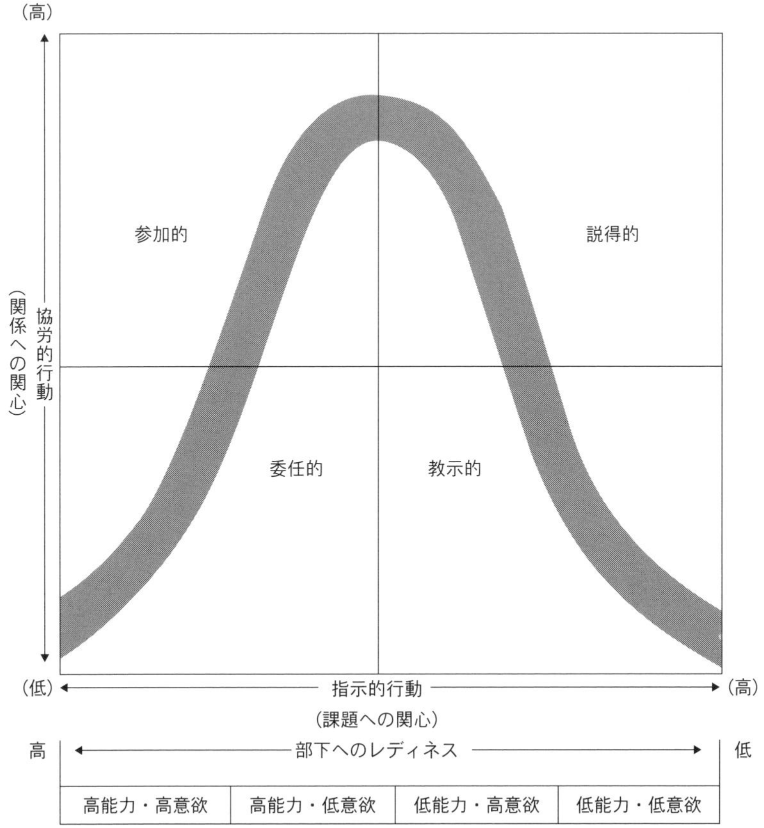

出所：ハーシー，ブランチャード，ジョンソン，翻訳書，p.197 より作成。

下の課題に対する，自信，熱意，動機の強さといった意欲の 2 次元で規定した。この 2 つの軸で 4 つのタイプを記述し，そのタイプをレディネスと呼び，レディネスの高低を表現した。

　リーダーシップ行動と部下のレディネスの対応関係を示したのが，図表7-3 である。部下が目標達成行動に習熟していくにつれて，適切なリーダーシップ行動が変化し，最も優秀な部下には委任的，すなわち権限移譲のスタイルが適合的であることを示している。リーダーシップの側で，課題関心が高く，関係関心が低いのは教示的，課題が低く，関係が高いのは参加的，両方高いのは説得的，両方低いのは委任的スタイルと呼ばれている。能力も意欲もかける最も未熟な部下には教示的，能力は低いが意欲ある部下には説得的，能力があるが意欲が低い場合には参加的，両方ある場合には委任的スタイルが適合しているとした。SL 理論では，フォロワーの成熟度に合わせてリーダーが適切なスタイルをとるという視点に基づく。この点がリーダーの特性を変えにくいとしたフィードラーの理論とは異なり，リーダーシップのトレーニング開発に結びつく視点を示している[10]。

　③　状況適応理論の含意と問題点

　状況適応理論は，部下や課題の状況から適切なリーダーシップ・スタイルが影響を受けるという問題関心を理論化した。行動理論による Hi-Hi 型のリーダーシップ行動が最善のリーダーを示しているのに対して，状況適応論はそうしたリーダーは存在せず，部下をはじめとするリーダーを取り巻く環境がリーダーシップ行動の適切さに影響を及ぼすと示した。

　状況適合理論に対する批判もある。まず，多くの構成要因を含むため複雑で，実務家が使いにくいという指摘である。SL 理論はその点，状況の定義をフォロワーの能力に限定したが，行動理論と比較すれば測定する要素が多い。また，フィードラーの用いた LPC スコアの測定の妥当性について疑問が指摘される。さらに，状況が所与であると考え，リーダーによる状況好意性の転換，すなわち変革を考えていない点は，次の時代の課題となった。これは，リーダーシップが状況に合わせて受動的に決まるとの含意，つまり受動性につながり，フォロワーに合わせて求められるリーダーシップに変えることのマイナス効果を考慮していない点が限界として指摘されている[11]。

⑷　変革の時代のリーダーシップ

　様々な条件に対応するリーダーシップの実際を観察し，理論や測定のための尺度として構成してきたのが，リーダーシップ研究であったが，経営環境の変動や多様化によってリーダーシップはより変革する能力を求められるようになってきた。リーダーシップ研究でも変革を導くリーダーシップが研究された。

　こうした一連の研究は，総括して変革のリーダーシップ[12]と呼ばれる。こうした変革のリーダーたちに求められていたのは，新しい時代に対応したマネジメントの変革であった。新しいビジネスに向けた変革のためのビジョンを示し，それに従って解決するための課題を設定し，計画と実行のためのリソースを社内外にひろがるネットワークから調達，動員するという新しいタイプの行動が求められていた。こうした変革への積極的な態度は，組織のトップレベルのみならず，ミドルでも求められる。

　リーダーシップ研究の領域では，時代に合わせたスキル開発と同時に，フォロワーに対しても積極的に変革のプロセスに参加し貢献するよう働きかけることも求められるようになった。フォロワーに対してビジョンを示し，知的刺激を与え，モチベーションを鼓舞するようなリーダーシップである。その点では，以下で紹介するグローバルに展開する組織のリーダーにとって必要な，組織全体で共有できるリーダーシップ・スタイルであるといえる[13]。

　行動理論が明らかにした課題解決の行動という点では，環境や戦略の変化に応じて，課題の内容や性質が大きく変動する可能性がある。またフォロワーの構成もより多様になっていく可能性がある一方で，適切な配慮を示し動員していかなくてはならないといえる。そして何よりもフォロワーへのビジョンの提示，モチベーションの鼓舞といった行動が重視されるのである。

4. 経営環境のグローバル化とリーダーシップ開発

⑴　経営環境のグローバル化と日本人リーダー

　こうしたリーダーシップを取り巻く環境の変化をグローバル化ととらえる

と，実際のHRMはどのような側面からアプローチするのだろうか。第一に，グローバルな組織をつくる人材の確保と組織での適材適所である。組織の計画に従って彼らを適切なポジションに配置するには，必要なポジションを定義し，十分なリーダーを準備することが必要だ。したがって，リーダーを選抜，育成するための計画策定，量的確保といった施策が必要となる。

　第二に，リーダーの育成方法である。リーダーにはポジションからもたらされるパワーがあるが，それだけでは不十分なことは行動理論からも状況適応理論からも明らかである。リーダーには，目標を設定し組織を活性化するための能力やスキル，行動力が必要となる。これらをやしなうための研修と経験を通じた自己研鑽を，どのように組み合わせたらよいのだろうか。

　第三にフォロワーの多国籍化への対応である。先行研究によれば，日本人派遣者の海外での能力をめぐって，対人関係能力，業務遂行能力，情報発信力，組織責任感，開放志向，現地事情理解度という指標が報告されている。このうち，組織責任感が現地人フォロワーに高く評価されるが，それ以外の能力は評価されていない。マネジメントの能力やリーダーシップがグローバル組織としての成果に結びついておらず[14]，またリーダー特性と近似の概念であるグローバルマインドセットの不足が問題とされる[15]。

⑵　グローバルなリーダーシップ開発

①　グローバルな組織づくりとタレント・マネジメント

　実際のリーダーシップ開発はどのように進められていくのか，グローバルタレント・マネジメントと呼ばれる企業のHRM活動に注目し，検討してみよう。グローバルタレント・マネジメントとは，多国籍企業が自社を取り巻く，グローバルな競争，流動的な経営環境に対応するために，組織のグローバル戦略に従って，必要とされる人材を定義した上で，候補者となる従業員を募集，開発，引き止めるための人的資源管理活動である[16]。

　このグローバルタレント・マネジメントが注目されるのは，それがグローバル競争力のある組織の構築に直結すると考えられているからだ。グローバルタレント・マネジメントを効果的に実行することは難しいが，うまくできた組織にとっては，グローバルな競争優位を確保し，さらにその優位の維持

を可能するグローバルな HRM 活動のノウハウが得られる。特に競合他社に
先駆けて適切なタレントを開発することに成功すれば，将来より一層適切な
HRM 活動を運営する体制を確保することができる。さらにその成功は強固
なマネジメントリーダシップと HR の企業競争力への貢献につながる。

　そのため，グローバルタレント・マネジメントは，第一に対象者となるポ
ジションの規定や配置計画といった経営戦略のニーズにこたえる組織強化の
側面に，第二に対象となるリーダー開発のプログラムに大きな関心を寄せて
いる。第三に，グローバルに展開する組織として注目されるのは，異文化理
解と組織の価値意識の両立である。多国籍企業では，多国間にまたがるビジ
ネスをコントロールする必要がある。グローバルな組織全体として維持しな
ければならない，組織文化や業務に取り組むうえでの価値意識（ウェイ）の
醸成や浸透もこうした育成プロセスで重視される[17]。

　②　グローバルなリーダーシップ開発プログラム

　実際の企業のプログラムを例にとって，これらのリーダーシップ開発に必
要な要素がどのように対応するのかを見てみよう。図表 7-4 は株式会社日立
製作所のグローバル・リーダーシップ開発プログラムの仕組みである[18]。

　同社では企業全体の戦略目標として，社会イノベーション事業をその主眼
の一つとし，国，地域，事業体（ビジネスユニット，グループ会社）を越え
てグローバルで連携した事業の推進を目指している。目標達成には現地マー
ケット（社会・顧客）を知る人材，すなわち様々な国籍・性別などの多様な
人材活用が必要である。実際にも，ビジネスのグローバル化を推進する中
で，海外の従業員数は急速に増加している。多様な人材の活用は，昨今注目
されているダイバーシティ＆インクルージョン推進とも一致する。

　同社では，2012 年より，グローバル共通人材マネジメント基盤の構築を
図ってきた。2017 年から経営リーダー育成の側面を強化して新しいプログ
ラムがスタートした。

　グローバル化する経営戦略にこたえる組織強化の側面では，経営リーダー
の選抜，育成，グローバルで共有できる日立カルチャー醸成が重要課題とな
る。これまでのミッション（企業理念），バリュー（創業精神）に加え，新
たに海外の子会社組織・人材が持つ「成長マインド」「アジャイル」等の文

図表 7-4　株式会社日立製作所リーダー登用の仕組み

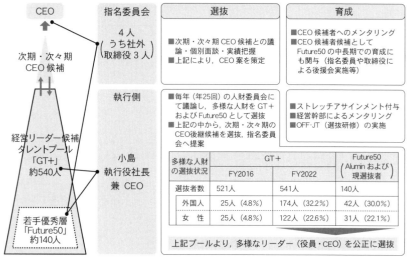

出所：労政時報第 4064 号 2023.10.13, 40 頁より転載。

化を取り入れた。プログラム対象者についても，当初はほとんど日本人で
あったのが，現在は3割まで外国人の比率を伸ばしてきた。

　リーダー層の育成プログラム運営は，具体的には5つのステップを経る。
① リーダーがつくべき重要ポジションを選定する ② そのポジションに求め
られる役割と人財用件を定義する ③ それぞれのポジションごとに候補者を
選抜する，④ 候補者の強みと弱みを明らかにする，⑤ その評価に基づき，
個別の育成プランを策定・実行する，である。

　まずリーダーが担当すべき重要ポジションのうち，特に重要なポジショ
ン，すなわち社内カンパニーやグループ重要会社の社長などのポジションを
選んだ。候補者の選抜，見直し，育成プランについては，社長，人財担当役
員，部門長，人事トップが参加する人財委員会で議論し，決定される。委員
会は年に 20 回以上開かれる。

　候補者の選定にあたっては，7つのコンピテンシーが重視されている。
① 顧客にとっての新たな価値を創出する，② 勝つシナリオを作る，③ 決断
する，④ 目標を決め，結果を出す，⑤ ビジョンを示し，共感させる，⑥ 勝

てるチームを作る，⑦ メンバーを奮い立たせる，である。これらのコンピテンシーは，リーダーシップの理論で議論されてきた内容と合致する。リーダー候補者たちは選抜の段階でこれらのコンピテンシーを発揮していること，さらに，経営リーダー候補としてプログラムに参加し，トレーニングを受けていく中で弱みを補い，強みを伸ばすことが要求される。

　実際には，重要ポジションへの候補者を500名選抜した。このプールをGT＋とよび，多様な経営リーダーがここから選抜される。さらに，そこから若手優秀層の100名を選び，次世代の経営候補者として位置づける。このプールはフューチャー50と名付けられ，若手向け育成プログラムの対象となる。

　フューチャー50，すなわち，若手幹部候補育成プログラムのポイントは「変化に対応するリーダーの育成」である。成長スピードを高め，ポテンシャルを最大限に発揮させる目的から，3年間のプログラムとして構成された。対象者は30から40代の若手・中堅社員，主に課長部長クラスの社員である。1回の研修に対して，20から30名の参加者を半年ほどかけて選抜している。選抜の候補者は，実績とポテンシャルの評価により世界中の事業部門から推薦され，社長も参加する人財委員会が最終決定する。

　具体的には，プログラムの期間を用いて難易度の高いプロジェクトを任せることで育成を加速させる。並行して，Off-JTのプログラムもある。このOff-JTプログラムは講義が英語で行われ，参加者の国籍も多様である。さらに，メンター制度を導入し，参加者には，役員，グループ会社の社長等がメンター役としてフォローする。メンターや参加者とのつながりを深め，経営への参加意識を高め，リーダーになるマインドセット醸成に役立てている。

　以上のプログラムの構成から，リーダーシップをグローバルに発揮するために必要な要素とグローバルな組織づくりの関係が確認できる。第一に，プログラム全体が，企業としての理念を活かすように構築されている。世界全社でのグローバル組織としての意義や価値が規定されたうえで，自社の理解，ふさわしいリーダーシップの探求，異文化あるいは多様な文化背景でのビジネス運営のセンスが求められる。日本人従業員，外国人従業員の双方が

実際に交流することで，異文化コミュニケーションに関するコンピテンシーを高め，グローバルに自社の文化が共有されるというしくみが作られる。

　第二に，グローバルに競争力のある組織を作る目的で，プログラムが目標とする育成人数も明確にされ，グローバルな組織づくりにどのくらいの人員が必要かという組織戦略に対応している。また質の面では組織文化の浸透のみならず，事業関連のスキル，コンピテンシーの徹底が図られる。

　第三にリーダーとしてビジョンやプロセスを示し，モチベーションを喚起するなど，リーダーシップの理論で言及されている要素が，グローバル組織のビジネス上のコンピテンシーとして明確に意識されている。グローバル組織のリーダー候補には，ビジネスをより効果的に進めるために，異文化のフォロワーに対してもそうしたコンピテンシーの発揮が求められていく。

　第四に，以上のプログラムの計画・推進・指導のいずれについても，社長・役員などの経営トップ層が深く関与する。全社的な重要課題としてシニアリーダーが積極的に関与していることで，リーダーシップ開発を組織文化の統合のために用い，タレント・マネジメントに秀でた組織となる[19]。プログラム内容の規定や候補者の選定に限定されず，経営幹部候補の育成にもトップマネジメントが直接にプログラム参加者を指導する体制となっている。

　また，これらのプロセスは，個人のキャリア形成にも深く影響する。リーダーシップの理論では，リーダーシップ行動の構成要素やその組み合わせに注目して分析，理論化されていて，個人の具体的なキャリアの発展段階に言及されることは少ない。

　しかし，現実のグローバル・リーダーシップとは，挑戦的なプロジェクト担当というアサインメントにみられるように，マネージャー個人の視点から見ると，個人の仕事経験と密接にかかわりながら，その発展段階ごとに必要なスキルやリーダーシップ・スタイルを構築していくものだと理解される。リーダーは各々に与えられた環境の中で，自らのスタイルを理解し，環境に適応することを通じて，リーダーシップを獲得していく。あるグローバル・リーダーシップ研修の担当者が，以下のように述べている。「トレーニングだけで完結するプログラムは少なく，…経験からの学びを最も重要視してい

ます。そもそもリーダーシップの発揮は人それぞれですので，標準的なトレーニングを行うよりも，個別に経験を積む中で各人に合ったスタイルを理解する方法が適しています。」[20] 個々のプログラムは期間的にも限定されるが，そこで得た知識やリーダーシップ・スタイルを日常のビジネスに適用し，時間をかけて体得する。その意味で，HRM の機能としての人材育成やキャリア開発という側面とリーダーシップ開発は一体のものとなっている。

5.　グローバルなリーダーシップによるフォロワーへの対応

　こうしたプログラムを通じてリーダーが研鑽を積むが，フォロワーの持つ文化背景への対応は単純ではない。リーダーが適応しなければならない異文化環境について，リーダーシップと文化の関係が研究されている。例えば，メイヤー・エリン[21] は 2017 年の論文の中で，環境を構成する要素を明確にしてリーダーの支援をするべきと説いている。

　エリンによれば，ビジネス組織環境はその国で一般的な「権威に対する考え方」と「意思決定に対する考え方」から定義できる。権威に対する考え方とは，「平等主義」から「ヒエラルキー重視」の 2 つの極で定義される，相手の階級や地位にどれだけ注意や敬意を払うかという感覚である。平等主義の国ではオープンドアポリシー，ファーストネームでの呼びかけ，360 度評価などがよく用いられるように，権威に対する考え方は日常のビジネス慣行に影響を及ぼしている。意思決定に対する考え方とは，ある特定の課題へのアプローチを決定する際に，上司とチーム，またトップダウンと合議のいずれのイニシアティブによるのが望ましいかについての考え方である。「トップダウン」と「合議」を両極とする感覚として定義される。

　権威に対する考え方と意思決定に対する考え方の 2 つの軸の組み合わせで，その国のリーダーシップ行使に関するビジネス文化が表現できる。これらの特徴は，過去のビジネス活動の積み重ねによってシステムとして形成されているもので，個人にも内面化されている。したがって，実際のビジネス活動を行うチームの中で異なるシステムに基づく行動基準を持つメンバーがいると混乱が起きる。つまり，グローバルなリーダーシップには，リーダー

シップに必要な行動力を身につけているだけではなく，海外で現地の権威と
意思決定の文脈にあったリーダーシップを発揮する能力が必要となる。

　こうした論考に従えば，前述の，現地従業員から日本人派遣者の示す組織
責任感が高く評価される一方，それ以外の能力については評価されていない
という現象もより深く理解できるかもしれない。海外の従業員たちは，日本
人上司が示す組織責任感を価値として評価できても，上司が示す権威のスタ
イルや意思決定に関する行動基準に同意できなければ，問題解決のためのコ
ミュニケーションが混乱し，上司の対人関係能力，業務遂行能力，情報発信
力，現地事情理解度なども適切に評価できない，あるいは極めて厳しい評価
を下してしまうとも考えられよう。

6. おわりに

　以上検討してきたように，組織や職場集団を率いる様々なレベルのリー
ダーに，組織がどのような役割を求め，それを実現させるかについて，リー
ダーシップの理論が援用されている。長い歴史を持つリーダーシップ研究が
示すのは，組織のマネジメントの基本事項である。リーダーは業務関係のス
キルやノウハウと，部下への配慮によってリーダーシップを発揮する。どの
ようなスキルを積むべきかは企業の業務上の上位の目標である企業戦略と関
連付けられ，思いやりは組織としての価値や理念とも結びついて，組織の統
一性を保つために必要である。

　事例で取り上げたような，グローバル・リーダーシップ・トレーニング
は，現在先進的企業で多く取り上げられ始めている。こうしたトレーニン
グ・プログラムの修了者たちが，現地に赴き，あるいはグローバルなメン
バーによるチームで，実際のリーダーシップを発揮する訓練を積むことが今
後の課題であろう。世界中で多様な国籍の従業員を率い，ビジネスの成果を
上げる，そしてリーダー候補の国籍も多様になるという現実が進行するのに
合わせて，日本のリーダーシップ研究も，よりグローバルな側面で，リー
ダーの資質，行動とともに，それが発揮される環境と日本企業で一般的な
リーダーシップ・スタイルとの適合についてより理解を深め，理論化してい

く必要がある。

注

1　Robbins, S. P., *Essentials of Organizational Behavior*, 8 th Eddition, Pearson Education（邦訳『新版　組織行動のマネジメント』高木晴夫訳，ダイヤモンド社, 2009 年）

2　Zakkaro, S. J., LaPort, K. and Jose, I. (2013) "The attributes of successful leaders: A performance requirements approach", in Rumsey M.G. ed., *The Oxford handbook of leadership*, pp.11-36, New York: Oxford University Press.

3　Robbins 前掲書（邦訳）

4　金井壽宏『リーダーシップ入門』日経文庫, 241 頁。

5　Robbins, 前掲書（邦訳）, 259 頁。

6　三隅二不二『リーダーシップ行動の科学』有斐閣, 1972 年, 44 頁。

7　Fiedler, F. E. (1967) *A Theory of Leadership Effectiveness*, New York: McGraw-Hill.（邦訳『新しい管理者像の探究』山田雄一監訳 産業能率短期大学出版部, 1970 年）

8　Chemers, M. M. (1997) *An Integrative theory of leadership, Mahwah*, New Jersey: Lawrence Erlbaum Associates Publisher. （邦訳『リーダーシップの統合理論』白樫三四郎訳編，北大路書房, 1999 年）

9　Hersey, P., Blanchard, K. H., Johnson, D. E. (1996) *Management of organizational behavior: Utilizing Human Resources*, 7th ed. Prentice Hall. （邦訳『行動科学の展開：人的資源の活用：入門から応用へ　新版』山本成二他訳 生産性出版, 2000 年）

10　石川淳『リーダーシップの理論』103 頁。

11　石川, 前掲書, 119 頁。

12　金井壽宏『リーダーシップ入門』日経文庫。

13　石川, 前掲書, 123-160 頁。

14　ザカ・プランヴェラ「日本人派遣者のコンピテンシーと仕事成果 (2)」白木三秀編著『グローバル・マネジャーの育成と評価』早稲田大学出版部, 53-72 頁, 2014 年。

15　白木三秀「本書のモチーフとアプローチ：日本人グローバル人財育成のマネジメントとその課題」白木三秀編著『グローバル・マネジャーの育成と評価』早稲田大学出版部, 1-18 頁, 2014 年。

16　Tarique, I. and Schuler, R. S., "Global talent management: Literature review, integrative framework, and suggestions for further research", *Journal of World Business* 45 (2010) pp. 122-133.

17　堀江徹「外部企業によるグローバル人材の育成」白木三秀編著『グローバル・マネジャーの育成と評価』早稲田大学出版部, 249-270 頁, 2014 年。

18　日立におけるグローバル・リーダーシップ開発については，以下の記事を参照した。
「日立製作所 経営戦略と連動した人財戦略の実行により人財の付加価値最大化と投下資本の適正化を実現」『労政時報』第 4064 号 2023.10.13, 34-44 頁。
「幹部育成，日立の本気 部下 30 人から社員 5000 人企業の社長就任も」『日経ビジネス電子版』（https://business.nikkei.com/atcl/gen/19/00304/032300128/ 最終閲覧日 2023 年 11 月 25 日）。
株式会社日立製作所『統合報告書 2023（オンライン版）』（https://www.hitachi.co.jp/IR/library/integrated/online/2023/ 最終閲覧日 2023 年 11 月 25 日）。
舘田清志「日立のグローバル人財戦略の取り組み」『日立評論』Vol.100 No.04 378-381,（https://www.hitachihyoron.com/jp/archive/2010s/2018/04/07a01/index.html 最終閲覧日 2023 年 11

月25日）。
19　Tarique and Schuler 2010，前掲論文。
20　「MSD 次世代リーダー候補を実践で鍛える3年間のプログラム「Japan Leadership Program」」『労政時報』第3884号 2015.3.13，53-62頁。
21　メイヤー エリン「「権威」のとらえ方と「意思決定」スタイルから読み解く異文化適応のリーダーシップ」『Diamond ハーバード・ビジネス・レビュー』42（10），12-21頁，2017-10。

［さらに学びたい人のために］

・金井壽宏『リーダーシップ入門』日経文庫。

・石川淳『リーダーシップの理論』中央経済社，2022年。

・ロビンス，S. P.『新版　組織行動のマネジメント』高木晴夫訳，ダイヤモンド社，2009年。

・チェマーズ，M. M.『リーダーシップの統合理論』白樫三四郎 訳編，北大路書房，1999年。

・白木三秀編著『グローバル・マネジャーの育成と評価』早稲田大学出版部，2014年。

第 *8* 章

キャリア形成

1. はじめに

　企業にとっては，従業員は重要な経営資源（いわゆるヒト・モノ・カネなど）の1つ（ヒト）であり，その育成・活用が自社の将来を決する。一方，企業で働く個々の従業員にとっては，その社会生活の大部分を過ごすことになる企業内でのあり方（企業で得られる仕事・人間関係・能力・報酬など）が自己形成・自己実現に大きな影響を与えるといってよい。ここに，人材育成とりわけその中長期的施策であるキャリア形成の必要性・有用性がある。

　キャリアとは，広い意味では人間の生涯を通したいろいろな経験の連鎖を指す（ライフキャリアといわれる）のに対し，狭い意味では仕事の経験によって形成される経歴や仕事生活のパターン・意味づけを指す（ワークキャリアといわれる）。企業で形成されるキャリアは，個々の従業員の中長期にわたる一連の仕事の経験である。そこでは，ある仕事を経験し，次に別の仕事を経験していくという経験の連鎖，すなわちキャリアの組み方がどうなっているかが問題になる。企業は，意図的・計画的に個々の従業員のキャリアを組むと思われるが[1]，時には意図せざる仕事経験の蓄積が行われることもありうる。いずれの場合も，経験していく個々の仕事の内容も重要であるが，どんな仕事からどんな仕事へ移動していき，その結果どういった仕事経験が蓄積されていくか，その過程でどんな能力が形成されるかが企業におけるキャリア形成の中心的なテーマになる。従って，キャリア形成は企業における人材育成の方針や実態を示しているといえる。本章では，企業において従業員のキャリア形成がどのように行われているか，昇進と異動[2]を中心に

考えていきたい。

2. キャリア形成の目的

⑴　人材育成

　まず第1に，人材育成すなわち職務遂行能力（いわば仕事を行う能力）の向上があげられる。意図的なキャリア形成は，企業内での人材育成（特にOJT[3]）のなかで重要な位置を占める。小池和男編（1991）『大卒ホワイトカラーの人材開発』東洋経済新報社　によれば，仕事経験の幅を拡大し「専門性と，そのなかでのはば広さ」を求めることが重要である。仕事を進める以上，専門性が必要なのは当然である。そこであえて「そのなかのはば広さ」が求められるのはなぜか。その理由として多様性への対応，変化への対応，重層的効果があげられ。多様性への対応とは，仕事で取り扱うこと（商品・顧客・地域など）が多様で，これに対応するには多様な経験を積むことが必要ということである。変化への対応とは，需要や技術，商品などの変化への対応能力は，それまでの多様な経験で身につけた多様な能力が基盤になるということである。重層的効果とは，関連の深い領域の経験を重ねると，その相互作用が期待できるということである。相互作用はあくまで関連の深い領域でなければ望めない。また，関連の乏しい領域間の移動では移動先で訓練のためのコストが高くなる可能性がある。小池前掲書ではこの重層的効果を最も重視し，企業におけるキャリア形成の最大の目的はこれであるとしている。そしてただ広く仕事を経験させるのではなく，1職能の中で幅広くするのが合理的であり，かつわが国でも他国でもそういった仕事の経験のさせ方が一般的であると述べている。

⑵　適性の発見

　第2に，適切な従業員を適切な仕事に配置できるようにすること，すなわち適性の発見がある。企業にとって，短期的にみて，企業業績を向上させられる，あるいは企業にとってプラスの影響を与えうるような仕事に，ある従業員を配置することは重要である。併せて，長期的にみて，将来の企業業績

を向上させるための技能形成が可能であるような仕事に，その従業員を配置することも重要である。このような仕事への適性の発見は，実際にいろいろな仕事経験を積ませることによるのが最も容易であると考えられる。これは新卒者を中心とした若年従業員によく当てはまることであるが，いわゆる中途採用の従業員でも同様のことがいえる。仮に他の企業で経験があるとしても，その経験の幅や深さ，その背景にある能力，さらにはその経験が直ちに活用できるかは実際の仕事ぶりを見なければわからないことも多い。また過去に得た知識や技術が陳腐化してしまっていることもありうる。従って，その企業における仕事経験を通じて改めて能力や適性を見極めることには意味がある。

　適性の発見という側面は，企業のみならず従業員にとっても意味がある。企業業績に寄与することにより報酬面でプラスになる仕事，さらにはその仕事をすることで自己実現がはかられるような仕事への配置の可能性が高まるという意味で有効であると考えられる[4]。

(3)　従業員への非金銭的報酬

　第3に，企業内で形成されたキャリアやその過程で得られた技術・能力さらには人脈などが，従業員への報酬としての意味をもつということがある。企業から従業員に与えられる報酬には，賃金に代表される金銭的報酬のほかに非金銭的報酬がある。非金銭的報酬には，企業内での地位・権限・ステイタスあるいは上司や周囲による賞賛，仕事そのもののやりがいなどがあるが，キャリアそのものやキャリア形成の過程で得られた技術・能力・人脈なども報酬として重要な意味をもつ。仕事を通じて得られる技術・能力は，実際の経験に裏打ちされたものであって，仕事外で得られた能力に比べ実践性・応用性が高い。また，企業内の上司や周囲は勿論，場合によっては企業外でも仕事経験（さらにいえば仕事の結果示された業績・成果）がその従業員の評価に影響を及ぼすことが考えられる。仕事を通じてよい評価や能力を得るということは，従業員への大きな報酬といいうる。

　また，従業員の望む仕事経験ができるということも報酬となりうる。本人の希望する仕事に就き，希望するようなキャリアが形成されれば，仕事に対

する動機づけになる可能性は高いであろう。キャリアに関しての個人の強い志向ないし価値観を「キャリア・アンカー」というが（Shein, E. H., (1990) "*Career Anchors*," Jossey-Bass.〈金井壽宏訳『キャリア・アンカー』白桃書房　2003年〉），従業員が自分のキャリア・アンカーを認識し，自分にふさわしいキャリア形成を望むようになると，企業は個々の従業員に合わせたキャリア形成を図る必要が生じてくる。その場合，企業は自社にとってより重要と考える従業員から優先的にキャリア面での処遇を考える可能性がある。優先的に処遇されるとすれば，その従業員への一種の報酬といえよう。

⑷　従業員相互の人的交流

　第4に，前述した企業内での人脈形成にも関係するが，企業内で多くの部署を経験させ，より多くの従業員との接触を持たせることにより，従業員相互の人的交流を深めるということがあげられる。企業内で仕事を進めるにあたり，全く単独で行うというのは難しい。とりわけわが国の企業はグループで仕事を進めることが多いといわれていることを鑑みれば尚更である。こういった場合，いろいろな部署への移動によって接したことのある従業員同士であれば，相互にどのような能力を持ち，どのような考え方や行動パターンを持っているかを理解しているため，部署同士の調整や協力を行いやすい。

　多くの部署を経験させるということは，多くの人の評価を受けることをも意味する。企業によっては，ジョブ・ローテーションによって一定のキャリアを形成してきているかどうかが，その企業の中で一人前の従業員であるかどうかの基準になることさえあるという。また，わが国では，キャリア形成の過程で，企業内の多くの上司から評価を受けることになる。従業員が企業内で移動するとともに，上司も移動し，評価者が変わるのである。このことで，少ない評価者が評価することによって生じる評価の誤りが是正されやすくなるとされ，より適切な人が昇進する可能性が高まるといわれる。もっとも，この結果アメリカなどに比べて上位の管理者や経営者への選抜・昇進が遅くなるという弊害も指摘されている（小池和男（2005）『仕事の経済学（第3版）』東洋経済新報社）。

　他方で，新卒者中心の従業員が多い企業で，一企業内だけでのキャリアで

は，視野が狭くなって新しい発想やイノベーションが生まれないという批判もある。大企業などでしばしば見られる若年・中堅従業員の外部研修派遣（他の企業や公的機関・企業団体あるいは研究機関・大学など）はこれに対応する施策でもあった。また，ダイバーシティの観点から多様な人材を採用すること，いわゆる中途採用を積極的に行うこともやはりこれに対応する施策という面がある。

(5) 企業の人事政策の提示

第5に，キャリア形成を通じて企業の人事政策を内外（とりわけ企業内部）に示すことがあげられる。例えば，ジョブ・ローテーションにおいて経験される仕事によって，その企業で求められる能力や人材像が明確になる。例えば，経験させる仕事の幅が一定の職能の幅をこえて広いのであれば，その企業はいわゆるゼネラリスト育成を志向しているといえる。また，キャリア形成のあり方（特にジョブ・ローテーションや選抜）の変化があった場合，それは人事政策の変化としてその企業等の内部で認識される可能性がある。さらに，キャリア形成に複数のパターンがある場合，どういう仕事に移動したかでその従業員がどのパターンに属しているかが明らかになる（それが選抜の結果を意味することもありうる）。

3. キャリア形成の過程

一般的にキャリア形成の過程は，平易な仕事から難しい仕事へ，単純な仕事から複雑な仕事への移動によって成る。この中には，次第により広く深い知識・技術を要する仕事へ，あるいは高度の判断を要する仕事への移動や，関連の深い他の仕事への移動も含まれることが多い。企業としては従業員が能力を高め，より生産性の高い仕事ができるようになることを望むであろう。しかし，最初から難しい仕事を担当させるのは，企業にとって失敗や損害発生のリスクがあるうえ，高度な仕事を担う能力を仕事の経験を経ずして身につけるのには時間もコストもかかる。従って，平易な仕事から難しい仕事へ，そして関連の深い仕事を中心とした移動を行っていくのが，多くの従

業員に対して高い知識・技能を身につけさせるという意味で，人材育成・能力開発上最も効率的なのである。これを日本経済の競争力の源泉であると評価する見解もある（小池和男（2005）『仕事の経済学（第 3 版）』東洋経済新報社）。

　とりわけ，仕事の現場における技術・能力，特に非定型的な内容を多く含む仕事に関わる技術・能力は，文字の形にして表すことが難しい「暗黙知」であることが少なくない。こういった技術・能力は，キャリア形成を中心とした OJT によってしか企業内で継承することは困難なのである[5]。このようにして育成された従業員であれば，可能な仕事の領域が広がることとなり，例えば急な繁忙や他の従業員の休暇などへの対応（応援など）が可能になる。また，異常事態の原因を察知できることにより，事故や損害の発生の未然防止や，発生した場合の事後の対策立案に寄与することも可能になる。さらに，管理職になる場合に不可欠な，仕事相互の関係やある仕事が企業全体に対してもつ意味の理解などにも有用である。

　近年は変化が見られるが，わが国ではなお，新卒で入社した企業に長期雇用されることが，大企業を中心に多いとされる。従業員が新卒で入社した場合，普通はまず人材育成に重点をおいたキャリア形成が行われる。多くの場合，仕事経験を重ねるにつれて，個々の従業員に専門とする分野が形成される。この点で，わが国における人材育成はゼネラリスト養成が中心であった，あるいはゼネラリスト優先のため専門性の高い人材の育成が遅れたという見解がある。しかし実証研究によれば，わが国では一定の専門分野をもちつつも，その分野と関連の深い分野の仕事経験を重ねるというキャリア形成が行われている。上位の管理職や役員でもほぼ同様の傾向が見られるが，このクラスでは幅の広いキャリアをもつ人も存在する（阿部健（1995）「事務系ホワイトカラーの企業内移動」『日本労働研究雑誌』第 426 号，中村恵「ホワイトカラーの労務管理と職種概念」橘木俊詔編（1992）『査定・昇進・賃金決定』有斐閣，橘木俊詔「役員への途と役員の役割」橘木俊詔・連合生活開発総合研究所編（1995）『昇進の経済学』東洋経済新報社など）。

　長期勤続の過程では，仕事経験を重ねるとともに昇進がある。わが国ではしばしば年功的な昇進があるとされるが，実際には勤続年数を経れば一律に

昇進するというものではなく，人事考課の結果が蓄積して，次第に差がつくようになり（竹内洋（1995）『日本のメリトクラシー』東京大学出版会），一定の時期（新卒入社後 15〜20 年）に決定的な選抜が行われ，上位の管理職に進むコースといわゆる専門職に進むコースに分かれる（小池和男編（1991）『大卒ホワイトカラーの人材開発』東洋経済新報社）。その後管理職に進むコースの中では激しい競争が行われ，候補者の中からごく少数だけが昇進し，その他の人は昇進が遅れるか昇進できなくなる（花田光世（1987）「人事制度における競争原理の実態」『組織科学』第 21 巻第 2 号など）。この決定的な選抜時期までの期間を短くする企業が現れているという指摘もあるが，基本的にこのような過程を経て，企業内でのキャリア形成が行われてきたのである。

　もっともこのようなキャリア形成は，新卒の大卒かつ男性で長期安定雇用（いわゆる終身雇用）の対象となっていた大企業ないし中堅企業のホワイトカラーの従業員に特徴的な形態である。学歴・性別（1990 年代，男女雇用機会均等法制定以後は総合職・一般職などの「コース別」がこれに代わる）によるキャリア形成上の区別は明らかに存在する（特に昇進上の区別は顕著である）。また，いわゆる中途採用や非正規従業員，中小企業の場合，企業が明示的にキャリア形成を行っていないことも少なくない。いわゆる就職氷河期に多く見られた"新卒フリーター"や"新卒就職直後の退職によるフリーター"は，企業におけるキャリア形成の対象にならないため，長期的な職業能力開発において極めて不利な立場におかれてしまうという問題がある。

　さらに，近年では「キャリア停滞」の問題が大きくなってきている（山本寛編著（2016）『働く人のキャリアの停滞』創成社）。1990 年頃から，企業内での昇進の停滞が顕著になってきた。これは，企業の成長の鈍化によるポスト不足や，組織のフラット化（管理職の階層の削減），従業員の高齢化や高学歴化の進行が主な要因とされる。昇進の停滞は，従業員の意識の変化，例えば仕事に対する満足感，組織に対するコミットメントなどの低下，あるいは転職意思や仕事上のストレスなどの上昇をもたらす（ただしこれには個人差がある）。山本前掲書によれば，これに対する企業による施策として専

門職制度の整備，役職定年制度，メンタリングなどがあげられている。

4. キャリア形成と仕事間移動

(1) 仕事間移動の3つの方向

　キャリアは仕事の経験の蓄積によって形成される以上，仕事間移動，すなわち仕事から仕事への移動がどのように行われるかがキャリア形成上重要な意味を持つ。では，仕事間移動はどのように行われるのであろうか。

　企業の中での仕事間移動には，3つの方向の移動が考えられる。第1に，

図表8-1　キャリア・コーン

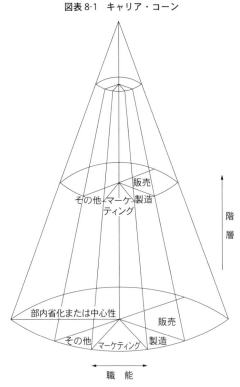

出所：Schein, E. H. (1978) Career Dymanics: Matching individual and organizational needs. Addision-Wesley.（二村敏子・三善勝代訳『キャリア・ダイナミクス』1991年　白桃書房）。

垂直方向への移動，すなわち企業内の階層（例えば企業内の職能資格，職能等級，役割等級，地位）に沿って移動することであり，その典型が昇進・昇格である。第2に，水平方向への移動，すなわち企業内の階層上の位置が変わらないままで，異なった仕事に移動することである。一般に企業内での移動は，この垂直・水平の2方向の移動の，一方もしくは両者の組み合わせといわれている。

　しかし，これに加えて第3の方向が考えられる。それは企業の中心方向への移動である（Shein, E. H., (1978) *"Career Dynamics,"* Addison-Wesley.〈二村敏子・三善勝代訳『キャリア・ダイナミクス』白桃書房　1991年〉）。この移動は企業内での責任の増大などに伴い，組織の核に向かう移動である。中心方向への移動は水平方向への移動の一形態ともいえるが，あえて別の類型とするのは，後述の通り両者の持つ意義が異なるからである。以下，この3つの方向のもつ意義について述べる。

(2)　昇進の意義

　垂直方向への移動の主なものは昇進である。これは企業内での地位の上昇である。一般の従業員（非管理職。いわゆる平社員）から主任やチーフといった地位についたり，課長から部長というように地位が上昇したりすることがその例である。キャリア形成という意味では，同じ仕事であってもその内容が変わる。例えば，権限・責任・範囲（部下の数や地域の広さなど）が広くないし深くなるということである。

　昇進には3つの意義がある（伊藤秀史編（1996）『日本の企業システム』東京大学出版会）。第1は仕事に適した人の配置である。第2はより優れた人をより重要なポスト（地位・仕事）につけるための選抜である。第3はインセンティブとりわけ長期の技術・能力形成の促進である。

　第1の意義は，企業組織が階層構造を成しており，その中で個々の仕事が配置されていることから，昇進によって仕事に適した人の配置が可能になるということである。第2の意義は，企業内での従業員の知識や能力に関する情報を収集したうえで選抜するということである。第3の意義は，金銭的報酬の増加や社会的なステイタスの上昇などが期待できることから，昇進はイ

ンセンティブとしての役割を果たすのであるが，より高い知識や能力が求められるため，従業員の能力形成が図られるということである。

(3)　水平方向への移動の意義

　水平方向への移動とは，企業内で地位が変わらないまま，担当する仕事が変わることである。正確にいえば，別の仕事をするポジションに移ることである。配置転換ともいう。配置転換には，仕事の幅の拡大や人的交流などといった意義がある。

　なお，昇進の意義の第1で述べた「仕事に適した人の配置」は，水平方向への移動にも当てはまる。企業にとってもその従業員の業績向上や能力形成が可能な仕事への配置転換は必要であり，従業員にとっても，金銭的報酬面では勿論，より適した仕事への配置の可能性があるという意味でも水平方向への移動の意味はある。

(4)　中心方向への移動の意義

　中心方向への移動の意義は，第1に，その企業における実質的な地位の上昇になる，すなわち昇進と同様の効果をもつことである。例として組織内で特典を得ることや組織の秘密（方針や計画など）を入手できることであげられる（Shein, E. H., (1978) *Career Dynamics,* Addison-Wesley.〈二村敏子・三善勝代訳『キャリア・ダイナミクス』白桃書房　1991年〉）。同一の地位であっても，経費支出を決定できる権限が上がることはこの特典にあてはまる。また個別の事業部門の責任者（例えば業務部長）から企業全体の経営戦略立案の責任者（例えば企画部長）に転じる移動はこの組織の秘密の入手に関わっていると思われる。さらに，非正規従業員から正規従業員への転換や，企業の重要な意思決定に関わる委員会に所属することなども含めてよい。

　そして第2の意義は，第1の意義に関わるが，実質的な地位の上昇でありながら，昇進を伴わない可能性があるということである。この場合，金銭的報酬の変更がないため企業のコストは増えない。

　最後に第3の意義は，これも第1の意義と重なるが，より企業にとって重

要な部分に関わるということで，その従業員に対する信頼が高まり，本人の責任感も高まることによって，成長が促されるということである（金井壽宏(1999)『経営組織』日本経済新聞出版社）。より重要，ないし難しい仕事に挑戦させ，上位者のアドバイスや支援などを得ながらその仕事を達成していくことは，人材育成の重要な機能の１つである。中心方向への移動はこの機能に大きく関わっている。

5. キャリア形成政策の変化

⑴ 企業主体の計画的・体系的キャリア形成

　もともとわが国においては，基幹的な従業員を中心に，企業内でキャリア形成（とりわけ配置・異動）が行われることを当然の前提として，人的資源管理が行われてきたといえる。これを可能にしたのが，処遇面における職能資格制度と，法律面におけるいわゆる使用者の人事権（とりわけ配置転換命令権）であった。もし仕事内容によって給与が変わる職務給であれば，移動先の職務によっては給与が下がる可能性もあることになり，仕事間移動に対して従業員が抵抗することが考えられる。これに対し職能資格制度（職能給）であれば，企業内での仕事間移動が行われても，職能資格が変わらなければ給与が下がることはない。また，法律的には企業内での仕事間移動（配置転換）は企業の人事権の範囲とされ，労働契約や就業規則に移動の可能性が明示され，しかも実際の移動が，業務上の必要がなかったり，不当な目的によるものであったり，その他企業による権利の濫用とされるようなことがなければ，従業員は原則として企業による配置転換の命令に従うことになる。このように，企業にとっては，自らが主体となってキャリア形成を行える条件が整っていたといえる。

　企業主体の計画的・体系的なキャリア形成が本格的に行われるようになったのは，高度成長期からと思われる。1960年代から，大企業を中心に長期的な人材育成・キャリア開発計画（CDP＝Career Development Program）に対する関心が高まり，これを策定する動きが始まったとされる（吉川，1982）。CDPは，個々の従業員のキャリアや能力開発について，企業の求め

る人材像と，当該従業員の適性や希望を踏まえて長期間にわたる計画を策定するものである。この計画においては，企業内外での研修・教育活動やジョブ・ローテーションが組み合わされて，目標となるキャリアが形成され，人材育成が行われることになる。CDPのメリットとしては，業務の専門化・多様化に対応した人材の系統的な育成が可能なこと，個々の従業員の適性に合った多方面からの育成によって従業員の自己実現の推進や意欲の向上が図られること，企業の事業分野の転換などによる職種転換にも耐えうる"多能工的"育成が徹底できること，埋もれた人材の発掘・再配置が可能なことがあげられる（人間能力開発センター編（1982）『いまなぜCDPか』青葉出版）。

しかし，CDPの普及は必ずしも順調ではなく，また導入した企業もさまざまな困難に直面することとなった。CDPにはもともと次のようなデメリットが指摘されていた（人間能力開発センター編前掲書）。すなわち，従業員が少ない場合プログラムどおりの配置ができないこと，古いキャリアが現在の資料として役立つか疑問なこと，キャリアの体系が変わった場合の見直しが面倒なこと，従業員の自己申告の希望に添えない場合かえって欲求不満のもととなること，個人データの管理・処理に手間がかかることなどである。このほかに，企業がキャリアを決めるという風土の強いところでは効果が期待しにくいこと，将来が不透明な企業では長期的なキャリアを考慮するのが難しいことといった問題もある。実際，環境変化の激しい状況では，一定のキャリア・コースを設けても，頻繁に見直しを余儀なくされる。しかもCDPは基本的に個々の従業員ごとに策定されるものであるから，企業の経営戦略が変われば（例えば新分野への進出や撤退）影響が大きく，CDP見直しのための時間や労力のコストは甚大である。まして最近では，企業のM&Aが盛んになり，合併や持株会社の傘下入り，事業の他社への売却も珍しいことではない。こういった場合，企業がかつて設計したCDPに責任をもてないという状況も考えられる。加えて長期安定雇用の慣行が次第に揺らぎ，企業間移動がしばしば起こるようになると，企業としても個々の従業員の長期的なキャリアを設計するインセンティブが薄れるとともに，従業員の中には最初から同一企業に長期勤続する意思が乏しく一企業内でのCDPに

関心を持たない人が増える可能性がある。従業員のニーズ自体が変化した場合に，CDP を見直すことが難しいという問題もある。

このような状況下では，CDP のメリットは限定的である。例えば事業環境の変化が少なく，かつ従業員の流動性も少ない企業であれば CDP は有用であろう。また，企業にとって重要な従業員（いわゆる幹部候補生や高度の技術・能力の持ち主など）に対しては，就職先として自社を選ぶ，ないし自社に引き止めるための条件として CDP を設計する可能性はある。ただ，CDP の根底にある企業のニーズと個々の従業員の志向を踏まえて体系的にキャリア形成を行うこと自体の意味は，今日でもなお薄れてはいないと思われる。

⑵ 従業員の主体性・自律性を尊重したキャリア形成

これからのキャリア形成は，従業員の主体性・自律性を一層高め，企業はキャリア形成・能力開発などに必要なツールや情報の提供に努めるとともに，個々の従業員のニーズを可能な限り取り入れたキャリア形成を進めていく必要がある。

具体的には，企業をとりまく環境や経営戦略，各部署・従業員に求められる中長期・短期の役割・目標といった情報，企業から提供できるツールなどを示す。そして個々の従業員の期待するキャリア像を踏まえて，上司とのコミュニケーションのもと，従業員のキャリア・能力開発の計画を設計する。先進的な企業では既にこういった方向でのキャリア形成が進んでいる（図表8-2，東京商工会議所編（2005）『中小企業における労働者のキャリア形成支援に関する調査検討事業報告書』東京商工会議所）。ここで重要なことは，企業は従業員の技術・能力を活用するのであるが，キャリア形成については，主役はむしろ従業員であるといっても過言ではなく，企業はそれを支援するということである[6]。これは企業にも個々の従業員にも容易なことではないが，従業員と企業の一方に過度なリスクを負わせるようなキャリア形成は，継続が難しいのである。

図表8-2　キャリア形成システムの概念図

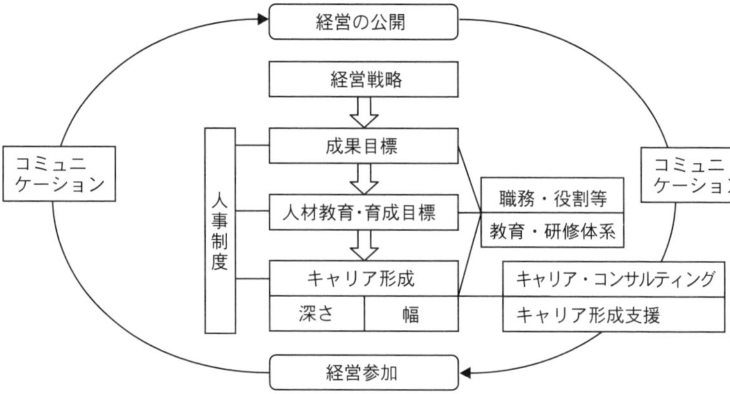

出所：東京商工会議所（2005）。

6. キャリア自律

(1) キャリア・デザインとキャリア・ドリフト

　これからの企業は多様なタイプの従業員を活用していく必要があり，キャリア形成も雇用のタイプに十分配慮しつつ進めていく必要がある。また，キャリア形成の責任やリスクは，雇用のタイプによる違いはあるにせよ，企業と個人で共有していかなければならない。このようにして，企業と個人が適度な緊張関係のもと，「共生」の関係を築いていくことが今後のあるべき姿である。

　また今後，企業外でのキャリアを，企業におけるキャリア形成上考慮しなければならないことが増えると思われる。いわゆる終身雇用慣行が揺らぎ，外部労働市場が大きくなり，中途採用が増え，一方で企業のM&Aなどで異なったキャリアを持つ従業員が並んで仕事をすることも考えられる。こういった状況が進むと，企業主導のキャリア形成を好まない従業員や，キャリア形成において自らの意志を強く主張する従業員が増える可能性が強い。企業が従業員を丸抱えすることはもはや困難である。むしろ企業は，従業員の自律的なキャリア形成，すなわちキャリア自律を支援していく方向にシフト

図表8-3　キャリアの発展段階のモデル

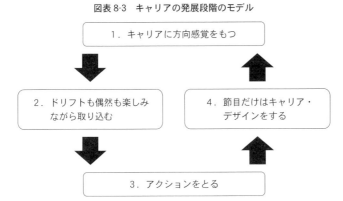

出所：金井（2002）をもとに筆者作成。

していくべきではないかと思われる。

　キャリア形成においては，自ら主体的につくりあげるキャリアをつくりあげること（キャリア・デザイン）と，流れに身を任せる中でキャリアができ上がること（キャリア・ドリフト）があり，この両方が必要であるとされる（金井壽宏（2002）『働く人のためのキャリア・デザイン』PHP研究所）。企業主体のキャリア形成は，従業員にとっては企業への依存性が高くなる可能性があり，キャリア・ドラフトとなる面が強い。しかし，キャリア・ドリフトの中で得られる経験が将来のデザインのために有用となりうること，状況に流される中で未来につながるものを得るためには，探索や判断の前提となるデザインが必要になるとされる（江夏幾多郎（2018）「働くということ」平野光俊・江夏幾多郎『人事管理』有斐閣）。キャリアには発達段階があり，各段階の間の節目ではキャリア・デザインを行い，各段階の中ではキャリア・ドリフトする，というバランスが重要である（鳥取部真己（2023）「人材育成とキャリア」守島基博・島貫智行『グラフィック　ヒューマン・リソース・マネジメント』新世社）（図表8-3）。

（2）　ジョブ・クラフティング

　従業員が自らのキャリアをデザインするという場合，自らの仕事が企業から与えられたものとだけとらえるのではなく，従業員自身が自らの仕事の意

味を考えるということが求められるようになる。このように，従業員が自らの仕事の範囲や役割，意義，あるいは人間関係の境界を定義し，変化させていくことをジョブ・クラフティングという。

　ジョブ・クラフティングの実践により，従業員は仕事のデザインや環境に変化を加え，仕事の経験をよりよいものにしていく。反面，ジョブ・クラフティングが過剰になると過重労働や成長の阻害，同僚や上司との衝突などといった弊害もある。しかし，全体としてはジョブ・クラフティングの促進により，従業員が仕事の意義をより深く感じるようになり，仕事への主体的な取り組みを促進してパフォーマンスの向上につながるという効果が期待される（高尾義明（2023）「ジョブ・クラフティングの可能性の多角的検討」『日本労働研究雑誌』755号）。

7. おわりに

　キャリアおよびキャリア形成は，この数十年の間，人的資源管理の中で強く認識されるようになり，重要性が増してきている。他方で，企業や個人などを取り巻く環境の変化（とりわけ労働の流動化）や個々人の意識変化などにより，キャリア形成のあり方は大きな変化を遂げつつある。今後，キャリア形成の主体は企業から個人へとシフトしていく可能性が強いが，企業の役割がなくなるわけではなく，従業員のパフォーマンスを向上させながらそれぞれのキャリア形成を支援していく姿勢が求められる。

注
1　特に，異なった職務を担当させるために，同一企業の中で行われる連続的な仕事間移動であるジョブ・ローテーションの場合はこの傾向が顕著である。
2　「異動」とは，企業内で担当する仕事や地位，勤務地などが（主としてその企業の命令によって）変わることをいう。これは経営・人的資源管理に特有の用語である。なお，本章では「移動」という用語も用いるが，これは担当する仕事（だけ）が変わることを指している。
3　OJTとはOn the job trainingの略で，企業内で仕事を通じて行われる教育訓練をいう。これに対して仕事を離れて行う教育訓練（例えば集合研修）をOFF-JT（Off the job training）という。第3章・第9章を参照されたい。
4　もちろん，本人の望まない移動により，かえって自己実現が妨げられる可能性も否定できない。
5　反面，先進的な技術・知識など，OJTでは得にくいものがあることも事実であり，OFF-JT

との連携が必要となる。

6　企業自身ですべて行う必要はなく，例えばキャリア・カウンセリングなどは外部の専門家の
活用もあってよいと思われる。

［さらに学びたい人のために］

・平野光俊（1994）『キャリア・ディベロップメント』文眞堂。

・金井壽宏（2002）『働く人たちのためのキャリア・デザイン』ＰＨＰ研究
　所。

・川端大二・関口朋代編著（2005）『キャリア形成』中央経済社。

・菊地達昭・合谷美江編著（2007）『キャリア開発論』文眞堂。

・小池和男（2005）『仕事の経済学（第3版)』東洋経済新報社。

・山本寛編著（2016）『働く人のキャリアの停滞』創成社。

第 *9* 章

グローバル人材開発

1. はじめに

　メールやチャット，ネット検索などの通信技術を使い，インターネット上で人と人とが急速に繋がっている。また，Chat GPT など人工知能（AI）学習により，多くの既存の仕事が AI に置き換っている。ICT（情報通信技術）の拡大を通じ世界経済のグローバル化が加速しているのである。同時にアジアの新興国のめざましい経済成長により，世界の経済活動の中心が欧米からアジアの新興国にシフトしている。

　経営の主要資源であるヒト，モノ，カネ，情報の中で，日本はモノ，カネ，情報のグローバル化は進展してきたが，「ヒト」のグローバル化は十分対応できていない。その背景には，日本企業が求めてきた人材要件と海外で主流のグローバル人材要件が異なっていることが挙げられる。

　本章では最初に，日本を取り巻く外部環境が大きく変化していることを紹介する。次に，日本の経済成長を支えてきた「日本型」雇用システムと，海外では主流の「ジョブ型」雇用システムの比較を行う。なお近年，日本では「成果主義型」雇用システムに替わり「ジョブ型」雇用システムという用語が使われている。次に2つのシステムの違いを学習した後に，「日本型」雇用システムから「ジョブ型」雇用システムに移行した人材の満足要因を探る。さらに，日本企業が「ジョブ型」雇用システムに移行する上での課題，大学時代に準備すべき事柄，SDGs の取り組みを紹介する。

2. グローバル時代とグローバル人材

　インターネットを中心とするネット社会の創設により，世界は「グローバル社会」と呼ばれる新しい世界を作り上げ，インターネット上のコミュニケーション言語である英語が中心に使用されている。土田[1]はグローバル人材を能力と役割の両面から「グローバル事業のドライバーエンジンとなる人材」と定義している。

　日本のグローバル社会への対応は，海外を市場とする企業を中心に行われ，その取り組みは現在，進行中である。例えば，積極的なグローバル戦略を取るユニクロ（ファーストリーテリング）や楽天は英語を社内の公用語としている。また，日本を代表するメーカーの日立は 2012 年に入社する社員から事務系は全員，技術系も半数は，将来は海外に赴任することを前提に採用している。資生堂，三井物産，富士フイルム等は，有能な人材を世界レベルで活用するために世界統一人事制度を導入するなど人材および職場のグローバル化に積極的である。

3. アジアの新興国のめざましい経済成長

　視点を日本以外の国々に移してみよう。図表 9-1 は世界銀行のデータを使い 2000 年から 2022 年の 22 年間にアジアの新興国で一人当たりの GDP がどれだけ増加したか表すものである。一人当たりの GDP とは国民総生産（GDP）をその国の人口で割った数字で，その国の豊かさ，別の言葉で言えば，国民の購買力を示す。

　図表 9-1 を概観すると，2022 年の中国の一人当たりの GDP は 2000 年と比べると 13.3 倍に増加しており，ベトナムの場合も 10.5 倍増加している。また，小規模新興国であるラオス，カンボジア，ミャンマーの 3 カ国の一人当たりの GDP の増加率の平均は 6.6 と 6 倍を超えている。今後の経済成長を考えると，アジアの新興国は先進諸国のための「生産市場」ではなく，「消費市場」として考えなければならない。

図表9-1　アジアの新興国の一人当たりのGDP＊の推移（2000年，2010年，2020年，2022年）

国名	1人当たりのGDP（US$）				増加（倍）＊＊
	2000年	2010年	2020年	2022年	
中国	959	4,550	10,409	12,720	13.3
マレーシア	4,088	8,880	10,161	11,972	2.9
タイ	2,004	4,996	7,002	6,909	3.4
インドネシア	771	3,094	3,896	4,788	6.2
ベトナム	395	1,684	3,586	4,164	10.5
フィリピン	1,073	2,202	3,224	3,499	3.3
インド	442	1,351	1,913	2,389	5.4
ラオス	319	1,128	2,593	2,088	6.5
カンボジア	302	783	1,578	1,787	5.9
ミャンマー	150	765	1,477	1,096	7.3
シンガポール	23,853	47,237	61,274	82,808	3.5
日本	39,169	44,968	39,987	33,815	0.9
韓国	12,257	23,087	31,721	32,255	2.6

＊GDP per capita (current US$)，データ更新：2023年10月26日，検索日：2023年11月12日
＊＊2000年から2022年の増加率（倍）
出所：世界銀行　World Development Indicators より筆者作成。

　アジアの先進国であるシンガポール，日本，韓国に目を向けてみたい。シンガポールの一人当たりのGDPは2000年から2022年の22年間で3.5倍に増加した。一人のシンガポール人は2022年の1年間に82,808USドルを稼いでいる。同様に韓国人の同期間の一人当たりのGDPの増加は2.6倍であり，2022年の1年間に32,255USドルを稼いでいる。他方，日本人の一人当たりのGDPは22年前と比べ0.9倍であり，日本人は2022年に33,815USドルを稼いでいるに過ぎない。図表9-1から日本の国力の低下，国民の購買力の低下を理解することができる。

4.「日本型」雇用システムと「ジョブ型」雇用システム

　第2次世界大戦後，日本企業は長期雇用，年功賃金，企業別組合を柱とする日本独自の雇用慣行を採用した。企業は，自社の長期的経営戦略のもと

に，学校教育を終えた新卒学生を一括して採用し，個々の潜在能力に応じ企業に必要な人材として育成してきた。新規一括採用した人材を定年退職時までの雇用を保障する，この日本特有の雇用慣行は「日本型」雇用システムと呼ばれる。

　「日本型」雇用システムの下では，採用選考時に基礎学力と潜在能力の有無が重視され，大学（学校）での学部や専門分野での学習内容が問われることは少ない。昇進審査に際しても，業績だけではなく，人柄や年齢という属人的要素が考慮される。大企業で新たな分野の人材が必要になった場合には，社内で必要な人材を育成し，外部市場から中途採用することは少ない。

　第2次世界大戦後の高度成長期は必要な人材を確保することは難しかった時代であった。それ故，上記の「日本型」雇用システムは，コストはかかるが企業にとっては合理的方法であった。しかし，1990年以降バブル経済が崩壊し国際競争が激化する中で，日本の大企業は海外の多国籍企業と競うために，人材の活用方法を「日本型」雇用システムから「ジョブ型」雇用システムへと転換した。

　では，欧米の企業はどのように，人材を採用しているのだろうか。欧米企業の人的資源管理の基本は職（ポスト）である。補充は職種別の公募で，必要な職務を遂行できる最適の人材を外部市場から採用する。選考では，公募分野の専門教育歴や関連分野での職務経験が決め手となる。新卒者は，応募時に職務経験が少ないことからそれほど高く評価されない。また，「ジョブ型」雇用システムの下では，雇用は契約に基づき一般に期間の定めがあり，雇用の継続が保障されている訳ではない。

5. 「日本型」雇用システムから「ジョブ型」雇用システムへ

　1989年のソ連崩壊による冷戦の終焉を契機に，自由貿易への動きも加速し，日本企業の経営環境は大きく変化した。1990年以降のバブル経済崩壊で景気の長期低迷も加わり，従来の日本的雇用慣行に基づく「日本型」雇用システムは企業の競争力を阻害する要因と指摘された。結果として，日本の大企業を中心に，高コスト（長期雇用，教育投資，社会保険等）の「正規社

員」の雇用は最小限にとどめ，低コスト（長期雇用・年功賃金が適応されな
い）の「非正規労働者」を増やす方向に転換した。こうした流れは，経済
のグローバル化が進み，産業構造が変化するなか，日本企業の人材活用のあ
り方の見直しが迫られた結果でもあった。

　日本経営者団体連盟（現「日本経団連」）が1995年に上記の雇用方針の転
換を推進させた報告書として『新時代の「日本的経営」—挑戦すべき方向と
その具体策—』がある。日経連は同報告書で「雇用ポートフォリオモデル」
を提唱し，企業がグローバル社会で生き残るためには従来の「正社員」を中
心とした雇用管理を見直し，「非正規労働者」を積極的に活用する方針転換
を唱えた。企業が経営環境の変化を踏まえて「厳しい企業競争が続くなか，
企業にとって人材の育成と業務の効率化を図りつつ，仕事，人，コストを最
も適切に組み合わせた企業経営」を実現する必要性があると主張した。具体
的には，人員の調整が困難で，高コストの「正規社員」は，企業の中核とな
る「コア人材」の一部にとどめ，有期雇用や派遣労働者等の「外部人材」を
積極的に取り入れ労働力の「弾力性」を高め，人件費の節約，コスト削減を
実現するという雇用戦略の転換であった。

　雇用ポートフォリオは次の3つのグループから構成される。

① 「長期蓄積能力活用型」：「企業が従来の長期継続雇用という考え方に
　　立って，企業としても働いてほしい，従業員として働きたいという（雇用
　　期間の定めのない）グループ」で，従来の正規基幹職員が対象となる。

② 「高度専門能力活用型」：「企業の抱える課題解決に，専門的熟練・能力
　　をもって応える必ずしも長期雇用を前提としない（雇用期間の定めのあ
　　る）グループ」で，このグループは，契約社員として中途採用市場から適
　　切な人材を補充する。

③ 「雇用柔軟型」：「職務に応じて定型的業務から専門的業務を遂行できる
　　人までさまざまで，従業員も余暇活用型から専門的能力の活用型までさま
　　ざまな雇用形態（雇用期間の定めのある）グループ」で，派遣労働者やア
　　ルバイト等の労働者が対象となる。

　輸出を中心とする日本の大企業は，上記の雇用ポートフォリオモデルが発
表された1990年代後半から，欧米で主流の「ジョブ型」雇用システムを採

図表 9-2　雇用ポートフォリオの現況

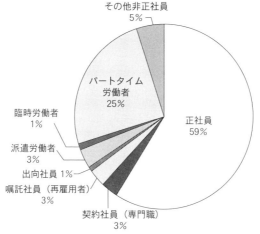

出所：厚生労働省　令和元年　雇用の構造に関する実態調査（就業形態の多様化に関する総合実態調査）個人調査　第 1 表　性，年齢階級・在学の有無・最終学歴・主な収入源・職種，就業形態別労働者割合（3-1）。
https://www.e-stat.go.jp/stat-search/files?stat_infid=000032061813

用した。

　雇用ポートフォリオモデルが現在，どのように運用されているか概観しよう。図表 9-2 から分かるように，企業が「日本型」雇用システム（長期蓄積能力活用型）は全体の 59％と，約 6 割を占めているが，高度専門能力活用型である契約社員は 3％に過ぎない。雇用柔軟型であるパートアルバイト労働者，派遣労働者等を含めた非正規雇用者は約 40％弱である。

　日本経団連は 3 つの雇用ポートフォリオに基づき，欧米型のジョブを基調とする労働市場への転換を図った。しかし，現実には中途採用比率は上昇している [2] ものの，労働市場は長期能力蓄積型と雇用柔軟型に 2 分され，高度専門能力活用型の人材市場は育っていない。加えて，「雇用柔軟型」から「長期蓄積能力活用型」や「高度専門能力活用型」への移行が十分に機能しておらず，「雇用柔軟型」に留まる若年者の非正規雇用問題は大きな社会問題になっている。

6. キャリア計画が必要になった理由

　日本では著名企業に就職し，定年退職時まで同じ会社で安定した人生を送るのが良い生き方と考えられてきた。日本企業は正規従業員に定年までの雇用を保障するが，企業の人事部が組織の長期成長戦略に基づき従業員の配置管理，昇進管理を一元的に行ってきた。結果として，従業員は雇用保障と引き換えに自分たちの職業人生を，所属する組織の人事政策に委ねてきた。

　前述したように，日本の大企業は「日本型」雇用システムから「ジョブ型」雇用システムへの転換を図った結果，企業はすべての従業員の雇用を保障する必要がなくなった。また，ほぼ同時期に，米国で広く定着している「キャリア計画」の考えが日本の学校教育に導入され，自分の職業人生は本人が責任を負うという考えが広まった。個人の側でも「自分の人生は自分で決めたい」あるいは「直接，社会に役立つ仕事がしたい」など多様な生き方を希望する若者が増えてきた。

7. キャリアとは何なのか？

　キャリアという言葉は米国で広く使われており，キャリアに関する研究は米国で 100 年ほど前に始まった。キャリア研究分野の第一人者であるスーパー（Super, D. E.）はキャリアを「生涯においてある個人が果たす一連の役割およびその役割の組み合わせである」と定義した。キャリアは狭義では「職業，職務，職位，履歴，進路」を表すと考えられているが，広義ではシャイン（Schein, E. H.）の「生涯・個人の人生とその生き方そのものとその表現のしかた」が広く知られている。

　キャリア研究の歴史を概観すると，職業指導の必要性を説いたパーソン（Parsons, F.）の考えを取り入れ，20 世紀初頭に米国ボストンの職業局でより組織的な「職業指導運動」を始めたのが最初であるといわれる。

　20 世紀中盤になるとスーパーが図表 9-3 にあるように人生を 5 つの発達段階（成長段階，探索段階，確立段階，維持段階，下向段階）に分け，個人

図表 9-3　スーパーのライフ・ステージ論

段階	時期	職業的発達課題
成長段階	0〜15 歳	自分がどういう人間であるかということを知る。職業的世界に対する積極的な態度を養い，また働くことについての意味を深める
探索段階	16〜25 歳	職業についての希望を形作り，実践を始める。実践を通じて，現在の職業が自分の生涯にわたるものになるかどうかを考える
確立段階	26〜45 歳	職業への方向付けを確定し，その職業での自己の確立を図る
維持段階	46〜65 歳	達成した地位やその有利性を保持する
下向段階	66 歳以降	諸活動の減退，退職，セカンドライフを楽しむ

出所：『厚生労働省労働研修所 2002 職業指導の理論と実際』より筆者作成。

の職業的発達課題は各ライフ・ステージにおいて異なるというライフ・ステージ論を提唱した。スーパーは，人生の段階毎の課題に取り組むことを通じ人間的な成長を遂げると主張した。特に 16〜25 歳の探索段階は，職業についての希望を形作り，実践を始める時期であり，実践を通じ，試行錯誤しながら自分の生涯にわたる職業を見つける重要な時期と位置付けた。

　他方，組織心理学の研究者であるシャインは，キャリアを「人の一生を通じての仕事」，「生涯を通じての人間の生き方，その表現のしかた」であるとし，「キャリア・アンカー（Career Anchor）」の概念を提唱した。「キャリア・アンカー」とは「個人のキャリアのあり方を導き，方向付ける錨，キャリアの諸決定を組織化し，決定する自己概念」，すなわち，長期的な職業生活においての「拠り所となるもの」と定義した。さらにシャインはキャリア形成において，良き指導者，助言者を意味する「メンター（Mentor）」の役割と重要性を指摘した。

　整理すると，キャリア分野の研究は米国を中心に 100 年以上の歴史を持つ。他方，日本でキャリア研究が注目されるようになったのは 20 世紀末からであり，その歴史は短い。日本の企業が「日本型」雇用システムから「ジョブ型」雇用システムに転換を図る中，企業はすべての従業員の長期雇用を保障する必要がなくなり，個人の職業上の責任は個人が負わなければならなくなった。

8. 多国籍企業の発展形態

　国際経営の分野でパールムッター（H. V. Perlmutter）[3]は1969年に企業の多国籍化のレベルを，1）本国志向型（Ethnocentric），2）現地志向型（Polycentric），3）世界志向型（Geocentric）の3つに分類した。パールムッターの唱えた多国籍企業発展論は国際経営研究の基本概念として広く知られている。

　多国籍企業の本国志向型（Ethnocentric）の組織では，本国人は優秀であり信頼できるが，現地組織に働く外国人職員は意欲に乏しく信頼できないと考える。アメリカや日本の企業の多くは本国志向型に属する。

　2番目の現地志向型（Polycentric）の組織は，現地の事情は現地の人間が最もよく知っていると考え，子会社の経営は現地人に任せたほうが良いという考えに立つ。利益が上がっている限り，本社は子会社の経営にほとんど干渉しない。ヨーロッパの企業の多くは現地志向型である。

　パールムッターは究極の多国籍化は世界志向型（Geocentric）であると提唱した。世界志向型は国籍の如何を問わず，最適の人材を適材適所に配置する。本社や子会社を問わず，人材が必要な場合はニーズに合致する人材を人材データベース等を活用し獲得する。タレント人材と呼ばれる高スキル人材は自己能力を最大化すべく国境を越えて自己のキャリア開発を行う。

9. ダイバーシティ・マネジメント

　ダイバーシティ（Diversity）とは「多様性」を意味し，人種，国籍，性別，年齢等にとらわれない人材活用の考えである。経営学においてダイバーシティ経営（Diversity Management）は1990年代に米国で人材戦略のひとつとして注目された。企業活動がグローバル化し社会が複雑化するなかで，米国IBMなどがダイバーシティ経営を推進した理由は，多様な人材の能力を活用して，パフォーマンスの高い，より利益の上がる強い企業を作ることであった。

　一方，日本でダイバーシティ経営の分野で最もよく議論されるのは「女性の活用」である。「女性の活用」を推進させるために，政府は 1985 年に制定された「男女雇用機会均等法」の改訂を通じ，男女の雇用均等を実現しようと努力している。しかし，他の先進諸国と比較すると日本の民間企業に働く女性の活用は進んでいない。

　図表 9-4 は厚生労働省が 2022 年（令和 4 年）に公表した 2021 年実施の賃金構造基本統計調査結果に基づき作成した大卒以上の学歴の労働者の男女別構成比である。この表から分かるように，従業員が 100 人以上の企業で，係長以上の役職に就いている女性は 12.3％に過ぎない。女性比率は改善されているが，いまだ男女の雇用均衡には程遠い。図表 9-5 は国際機関に勤務する大卒以上の学歴を持つ女性専門職職員の割合を示すものである。この表は「ジョブ型」雇用システムを採用している国際機関に勤務する女性職員の割合が 48％であることを表している。もちろん日本の民間企業と国際機関の統計を単純に比較することはできないが，日本の職場で女性の活用が進んでいないことは明らかである。部長職以上の管理職レベルに着目しても，日本での女性管理職は 6.8％に過ぎないが，国際機関に働く女性管理職は 41％であり，4 割を超えている。

　なお，国際機関は公機関であり民間企業と比較することは無理があると批

図表 9-4　性・学歴・役職別一般労働者数および構成比（企業規模 100 人以上）

	役職者			役職者計 （係長以上）	非役職者	労働者計
	部長級	課長級	係長級			
女性 （大学・大学院）	25,470 6.8％	73,540 9.9％	102,760 19.5％	201,770 12.3％	1,685,340 35.8％	1,887,110 29.8％
男性 （大学・大学院）	347,530 93.2％	666,510 90.1％	423,830 80.5％	1,437,870 87.7％	3,016,020 64.2％	4,453,890 70.2％
男女計 （大学・大学院）	373,000 100％	740,050 100％	526,590 100％	1,639,640 100％	4,701,360 100％	6,341,000 100％

出所：厚生労働省　2022 年（令和 4 年）賃金構造基本統計調査
　　　雇用期間定めなし計・産業計
　　　役職第 1 表　役職，年齢階級別きまって支給する現金給与額，所定内給与額及び年間賞与その他特別給与額
　　　https://www.e-stat.go.jp/stat-search/files?stat_infid=000040029169

図表9-5　国際機関に働く専門職・管理職職員にある女性職員数とその割合

機関名	女性職員 （専門・管理職）	男女正規職員数 （専門・管理職）	割合
UN	6,507	13,662	48%
UNICEF	2,476	4,814	51%
UNHCR	1,907	4,024	47%
WHO	1,889	3,841	49%
UNDP	1,245	2,564	49%
WFP	1,062	2,273	47%
IOM	824	1,659	50%
FAO	781	1,744	45%
ILO	683	1,361	50%
IAEA	622	1,513	41%
UNESCO	620	1,143	54%
その他28機関	3,444	7,162	48%
合計	22,060	45,760	48%

出所：2022年12月31日現在，CEB/2023/HLCM/HR/4より作成。

判することもできる。しかし，筆者の行った質問紙調査によると，日本人国際公務員の場合，男女共に民間企業からの転職者の割合は約40%[4]を超えていた。

　日本では大卒女性の一部を男性と同等に処遇するコース別雇用制度がある。2021年に厚生労働省が実施した調査[5]によると，新規学卒者の内，総合職で「男女とも採用」している企業は45.2%であるが，「男性のみ採用」している企業も41.8%と4割台で，雇用における男女の雇用均等が実現されているとはいえない。コース別雇用制度を導入している企業は，企業規模が大きいほど導入割合が高い。

　女性の継続雇用という観点から育児休業制度は重要な施策である。2021年に厚生労働省が公表した女性の育児休業取得率[6]は89.5%と，ほぼ9割に達している。近年，保育所の普及も広がり，女性が出産後に長期育児休業を取得できる環境は整備されている。

　整理すると，企業活動のグローバル化が進み，社会が複雑になる中，特に

グローバル企業はダイバーシティを推進した企業戦略により，パフォーマンスの高い，より高い利益を生み出す組織を作っている。ダイバーシティ・マネジメントの観点からみると，日本政府はさまざまな施策を講じおり，育児休業制度は普及しているが，民間企業での女性の管理職への登用は遅れている。

10.「ジョブ型」雇用システムの特徴

　本節では，筆者が 2008 年に行った「ジョブ型」雇用システムが適用される国際機関に勤務する日本人職員への聴き取り調査結果を中心に，海外の「ジョブ型」雇用システムに働く日本人の特徴を紹介したい。詳細は拙著（2011）を参照してほしい。データは多少古いものの，その知見は変わっていない。

　ジョブ型組織に働く職員への聴き取り調査から得られた第 1 の知見は，高い満足度を示したのは専門職（男性 4.25，女性 5.0），財務職（男性 4.0，女性 4.5）の職員であった。専門職，財務職に就く職員の職位は平均職位より高かった。なお，質問では満足度を 1（低）から 5（高）段階で質問を行った。

　第 2 の知見は，最終学歴での専攻分野と現職での専門分野・ポストとの関係は高いことであった。採用後に職域を変更した割合は 37％に過ぎず，残りの約 60％は職域を変更していなかった。この調査に先立って行われたウェブ調査でも同種の結果が得られた。「ジョブ型」雇用システムの下では専門分野を変更する職員は少ないことが分かる。

　第 3 番目の知見は，働く上で最も重要な要素は職務満足であったことである。高い職務満足度を持つ職員ほど職位が高く，かつ職務満足と総合満足は高い相関関係にあった。専門職および財務職の職員が高い職務満足度を持つことは既述した。母語が英語でない日本人が，専門分野の知識や数字を駆使し統計分析等の分野で高く評価されていることが分かる。

　第 4 番目の知見は，給与の不満は少なかったことである。国際機関の給与はドル建である。調査時（2003 年）は円高であり，国際機関の給与は円に

換算すると高給とはいえなかった。40％以上の男性職員は，国際機関への転職により給与が2〜5割減少した，と回答したが，給与の減少による不満は見られなかった。男性職員，女性職員共に職場が提供する職場環境を高く評価していた。その評価理由として，男性は労働時間の減少を，女性は民主的な職場環境を挙げていた。

　第5番目の知見は，転職に積極的なことであった。専門分野での高い能力が要求されるWHO，ILO，世界銀行などの専門機関に勤務する回答者の40％は機会があれば「自分の能力・知識を他の職場で活かしたい」と，転職に意欲的であった。専門性が高い職員は，自分の能力・経験を活かす機会があれば，給与は多少低くなっても転職に意欲的であった。

　第6番目の知見は，赴任地で最も苦労する問題は医療施設へのアクセス，安全の確保，食べ物など一般的な事柄であり，現地で使われる言語やローカル・スタッフとの関係ではなかった。この知見は国際機関の職場で英語が主に使われており，勤務国が変わっても職場での使用言語が英語であることから，日本の民間企業の場合とは異なるかもしれない。なお，ブラックの研究[7]では，赴任地での調整が難しい問題として現地の人々との対人関係，次が仕事に関係しない一般的事項だった。海外派遣者および帯同家族の赴任地での適応には，現地の一般的生活情報の有無が大きな役割を果たすと考えられる。

　本節の内容を整理すると，「ジョブ型」雇用システムが適用される国際機関に働く日本人職員の特徴として，職務満足の実現を目指し働いていること，給与額の多少よりは働きやすい職場環境を評価していること，専門性の高い職員は転職に積極的であることが挙げられる。

11. 日本企業に求められるグローバル人材育成に向けての課題

　本節では日本企業がグローバル人材を育成する上での課題を指摘したい。
　第1の課題は専門職職員の育成である。国際機関に働く日本人調査協力者への聴き取り調査から，満足度が高い職員は専門職と財務職という専門性が高い職種の職員であった。日本企業の人材育成は，異動や配置転換により形

成されるジェネラリスト育成が中心である。しかし，日本以外の国や組織では，専門分野での高学位歴や関連分野の職務経験を有する人材が高く評価されている。

　第2の課題は中途採用市場の拡充である。「ジョブ型」雇用システムが適用される国際機関，なかでも専門機関に勤務する職員の多くは，自分の能力の発揮できる職場で働きたいと考え，同一組織に長期間勤務することに固執していなかった。専門家の能力を社会全体が有効活用するという観点から，専門職分野の人材の流動性を高める中途採用市場を一層拡充させる必要がある。

　第3の課題は，早い段階でのグローバル人材の選抜である。欧米出身の外国人職員は日本人職員よりも将来就く職業分野を高校時代など早い時期に決定し，その分野でのキャリア形成に積極的に取り組んでいた。グローバル人材を育成するために，日本企業は専門分野での教育・経験，外国語，異文化コミュニケーション能力等を習得させなければならない。そのためには長期間にわたる準備が必要になる。

　第4の課題は海外勤務者にインセンティブを提供することである。最近，海外勤務に消極的な日本人，特に若者の内向き化が指摘されている。人材のグローバル化を推進するためには海外勤務者へ待遇面でのインセンティブを検討する必要がある。

　第5の課題は「女性の活用」である。日本企業の管理職での女性比率は「係長以上」が12.3％と低く，日本で女性の人材活用は十分に進んでいない。女性労働を戦力化させるためには時間がかかり，国際機関の場合も男女の雇用均等を実現させるのに30年以上の年月を要した。「女性の活用」に向け息の長い取り組みが求められる。

　第6の課題はワークライフ・バランスの実現である。聴き取り調査時に，調査協力者の多くはワークライフ・バランスが保たれなければ，長期的に仕事か家庭のどちらかに支障をきたすと家庭生活の重要性を指摘していた。その含意は，私生活の充実や満足がジョブ型組織で働き続ける上での頑張りにつながると解釈することができる。組織内の人的資源を長期間にわたり有効活用するという観点から，組織主導で仕事と生活のバランスを実現できる職

場環境の整備が求められる。

12.　日本企業のグローバル化に向けての取り組み—SDGs

　最近，新聞やメディアなどでSDGs（Sustainable Development Goals）[8]
という言葉がよく聞かれる。SDGsは2015年に開催された国連サミットに
おいて全会一致で採択された「持続可能な開発目標」である。キーワードは
「Leave No One Behind」（誰一人取り残さない）である。この「持続可能な
開発目標」は世界共通の17の目標[9]を設定しており，2030年までに貧困や
飢餓，暴力を撲滅し，地球環境を壊さずに経済を持続可能な形で発展させ，
人権が守られている世界を実現することを目指している。

　日本では政府・地方公共団体だけでなく，民間企業もSDGsの実現に向
け積極的な取り組みを行っている。日本の大企業はESG（Environment,
Society, Governance）情報開示を通し，SDGsという社会課題の解決に果
敢に取り組んでいる。具体的な取り組み項目として，労働条件の透明化，人
権を侵害する雇用に関わる製造工程の見直し，商品の安全基準の厳格化，女
性役員比率の上昇，外国人労働者比率の上昇等などが挙げられる。一般に
ESG評価の高い企業は社会的意義や持続可能性が高く，長期にわたり事業
を継続しやすい企業であると考えられている。なお，環境や社会に配慮して
事業を行い，適切なガバナンス（企業統治）が行われている企業への投資は
「ESG投資」と呼ばれている。

13.　グローバル人材になるために

　将来，海外で働きたいと考えるならば，キャリア計画を早めに立て，関連
の深い分野での経験を大学時代から持ち，就職した後も自己のキャリア形成
に積極的になることが必要である。外国人と対等に仕事をするためには，語
学力や専門分野の知識だけでなく，異文化コミュニケーション能力を習得し
なければならない。それ故，若い時期から効果的な準備が求められる。留意
点を次に挙げる。

第1は専門分野の明確化である。自分の職業人生において，どの分野・職種の専門家として働きたいかを明確にすることである。まず，関連書籍を読み，志望する専門分野をある程度明確化する必要がある。

第2は語学能力の測定である。日本の多くの大企業は新入社員の語学能力を測定するために，TOEIC の試験を課している。また，海外の大学院に進学するためには，留学する国によって米国であれば TOEFL（iBT），英国であれば IELTS のスコアを提出することが要求される。仕事では，英語での文書作成が求められる。日頃から英語文献に親しみ，読解力を強化する必要がある。

第3は新興国での経験を持つことである。学生時代に新興国・開発途上国に滞在した経験は企業に高く評価される。

第4は海外のインターンシップに参加することである。グローバル企業や国連機関は，大学生・大学院生を対象にインターンシップ・プログラムを提供している。費用は本人負担となるが，インターンシップは将来のキャリアデザインを明確にさせる。

最後は PC スキルである。国際的な職場では高度なパソコンの操作技能を要求される。それゆえ学生時代からパソコンの操作技能の習得は必須である。

14. おわりに

日本企業は，新卒学生を一括採用した後，配置転換を繰り返しながら人材の育成を行ってきた。採用試験では，企業は基礎学力と潜在能力という物差しで選考を行い，特に文系の新卒採用では最終学歴の専攻分野は重要と考えてこなかった。しかし，世界がグローバル社会を形成する中，日本企業は専門性の高い人材を育成することを求められ，大学生は海外の人材と競合できる能力を習得することを求められる。

注
1　土田昭夫他著（2011）『世界で勝ち抜くためのグローバル人材の育成と活用』中央経済社。
2　日本経済新聞社 2023 年 4 月 23 日。

3　Perlmutter, H. V. (1969) "The Tortuous Evolution of the Multinational Corporation", *The Colombia Journal of World Business*.

4　Yokoyama, K. (2014) *Human Resource Management at UN*, HAKUTO-SHOBO publishing company, pp. 24.

5　厚生労働省令和3年度雇用均等基本調査（https://www.mhlw.go.jp/toukei/list/dl/71-r03/07.pdf），2023年11月10日検索）。

6　厚生労働省令和3年度雇用均等基本調査（https://www.mhlw.go.jp/toukei/list/dl/71-r03/07.pdf），2023年11月10日検索）。

7　ブラック・J. S. 他，白木・永井・梅澤訳（2001）『海外派遣とグローバルビジネス―異文化マネジメント戦略（Globalizing People through International Assignment）』白桃書房。

8　https://sdgs.un.org/goalshttps://sdgs.un.org/goals

9　17の目標：1. 貧困をなくそう，2. 飢餓をゼロに，3. すべての人に健康と福祉を，4. 質の高い教育をみんなに，5. ジェンダー平等を実現しよう，6. 安全な水とトイレを世界中に，7. エネルギーをみんなにそしてクリーンに，8. 働きがいも経済成長も，9. 産業と技術革新の基盤を作ろう，10. 人や国の不平等をなくそう，11. 住み続けられるまちづくりを，12. つくる責任つかう責任，13. 気候変動に具体的な対策を，14. 海の豊かさを守ろう，15. 陸の豊かさも守ろう，16. 平和と公正をすべての人に，17. パートナーシップで目標を達成しよう。

［さらに学びたい人のために］

- 石田英夫（1997）『日本企業の国際人事管理』日本労働研究機構。
- フリードマン，T.（2006）『フラット化する世界 上下』日本経済新聞。
- マーサジャパン（2008）『個を生かすダイバーシティ戦略』ファーストプレス。
- 横山和子（2011）『国際公務員になるには』ぺりかん社。
- 横山和子（2021）『東南アジアで起業する―ケースから学ぶキャリア開発』文眞堂。

第 *10* 章

ダイバーシティとインクルージョン

1. はじめに

　多くの日本企業は，少子高齢化の進む日本市場だけで戦うことは難しくなってきており，もはや後戻りできないグローバル市場での成長軌道にある。顧客，取引先，自社の組織もグローバル化が進み，外部環境の変化の激しさは加速を増している。グローバル化戦略は，内なる組織に対しても，かつては考えられなかった多様な文化，信念，背景を持つ人々の相互作用を必要とする経営方針に大きな影響を与えている。

　Ashby（1956）[1]の「多様性（以下，ダイバーシティと呼ぶ）をもって多様性を制す」という理論どおり，日本企業の内なる組織にも，変化の激しい外部環境下，創造的に変化するためのダイバーシティが必要である。よって，組織内ダイバーシティを最大限に活用していくことが経営課題の一つとなってきている。

　しかしながら，組織内ダイバーシティを最大限活用していくことは，長年，日本人男性正社員中心で同質的組織を形成することで大量生産大量消費，均質性と効率重視の経営に成功してきた日本企業の経営陣，上級管理職，現場管理職層にとって，容易なことではない。しかしながら，経営陣と管理職は，自分自身も，自分の組織も，「ダイバーシティを受け止めること，人間誰しもが違うという差異を包容力をもって受け止めること，誰しもが尊厳をもって扱われるようになる組織へと変容していくこと（以下インクルージョンと呼ぶ）の重要性」を，しっかり腹おちしたうえで，率先して行動できるように準備しておく必要がある。

多くの研究において，ダイバーシティはイノベーション力を高める可能性と示唆されており，企業は手段としてダイバーシティに注力し，インクルーシブな組織になる方法を模索する必要がある。ダイバーシティ・マネジメントは，組織内の人材管理のなかで重要な要素であり，理論的に組織の成果を向上させることができうる。しかしながら，間違ったダイバーシティ・マネジメントを運用してしまうと，衝突（コンフリクト）が起こり，逆に，組織の目標を達成するうえで障害となることがある。よって，ダイバーシティは「両刃の剣」とみなすこともできる。

　本章では，日本企業におけるダイバーシティ・マネジメントの現状と課題を分析したうえで，その定義と概念を欧米の先行研究に基づいて深掘りする。また，どのような条件下で，ダイバーシティ・マネジメントが経営改革の一環として，組織の成果を向上させることができるのかを，考察する。

2. 日本におけるダイバーシティ・マネジメントの現状と課題

　日本においては，全就業者に占める女性比率に比べ，役員および管理的職業従事者の女性比率が国際的に比較して，著しく低い。2023年6月，世界経済フォーラム（WEF）が発表した2023年版の The Global Gender Gap Report（男女格差レポート）によると，毎年順位が低い日本は今年もさらに低く146カ国中125位（前年116位）で，前年から順位が9下がった。これは，日本も男女格差解消に向けて数々の政策を打ち出してはいるものの，相対的に他国と比較して，女性活躍が遅々として進まないことに要因がある。分野別では経済が123位，労働参加率の男女比81位，日本においては，全就業者に占める女性比率に比べ，役員および管理的職業従事者の女性比率が国際的に比較して，著しく低い（図表10-1）。

　ダイバーシティとは具体的には，人種，性別，年齢，宗教，趣味，嗜好など，多様な人材が集まっている状態を指す。日本では，女性活用が遅々として進まないため，性別に注目が行きがちであるが，本来のダイバーシティの力は，もっと広い意味でも多様な人材の集まりを指す。

図表 10-1　146 カ国を対象とした男女格差の国際比較（2023 年）

順位	国名	値
1	アイスランド	0.912
2	ノルウェー	0.879
3	フィンランド	0.863
4	ニュージーランド	0.856
5	スウェーデン	0.815
6	ドイツ	0.815
15	英国	0.792
30	カナダ	0.770
40	フランス	0.756
43	アメリカ	0.748
79	イタリア	0.705
102	マレーシア	0.682
105	韓国	0.680
107	中国	0.678
124	モルディブ	0.649
125	日本	0.647
126	ヨルダン	0.646
127	インド	0.643

出所：The Global Gender Gap Report（男女格差レポート）2023 年版より内閣府作成。

3. 欧米のダイバーシティの定義と成果とのつながりに関する先行研究

(1)　多様性の定義，成果とのつながり，定量的把握および実証の困難性

　「組織のメンバーの多様性は成果につながるのか」という問いは，多様性研究の当初から続く長年の主要な問いである。組織のメンバーが多様になることは，多様な意見をもたらすことで創造性が高まるといったプラスの影響をもたらす一方で，コンフリクトが発生するというように，マイナスの影響の双方を明らかにしている。

　代表的なプラスの影響としては Rohweder（2017）[2] が，広範囲な組織が

受益できる多様性のメリットとして，コスト削減，優秀な人材の母集団がより広がり，企業イメージの強化，良い製品とサービスの提供，組織内の創造性と問題解決の改善，より良い意思決定，イノベーションが起きる，柔軟性が増す，生産性が向上する，組織と従業員の信頼感醸成，組織と従業員の関係性の良好化，従業員満足度およびコミットメント向上，顧客との関係性向上とより良い顧客サービスの提供を挙げている。

　一方，マイナスの影響としては，組織集団のまとまりを意味する集団凝集性の低下，協働の低下，コンフリクトの増加が良く知られている。(Joshi, Liao & Roh, 2011) [3]。

　また，Rohweder（2017）は，D&I（ダイバーシティ＆インクルージョン）に関するレベル／タイプの違いが，個人／チーム／組織自体への効率性に与える影響についての有用なエビデンスがほとんど無いとし，その理由を，多様性の定義，定量的把握および実証の困難性という観点から論じている。困難性の理由として，多くの先行研究は，性別，人種／民族といった目に見える属性にのみフォーカスしているものがほとんどであり，他の属性については触れられているものが少ないことを挙げている。

　また，Wright et al.（2014）[4] も，組織における多様性を定義，計測し，それらのビジネス上の影響を実証することは難しいとし，種々の先行研究において，多様性が企業利益をもたらしたケースはあるものの具体的な実証可能なエビデンスとしての成立性は難しいことを主張する。Urwin et al.（2013）[5] も，組織へ与える多様性の影響はほぼ定性的であり，ほとんどのエビデンスは相関関係であり，因果関係ではないと見受けられると結論づけている。van Knippenberg & Mell（2016）[6] はこの点について，その他の多様性の変数こそが少なからずの影響を及ぼしており，調整変数次第であるというと主張する。

　筆者は，多様性の企業業績に対する定量的把握は，多様性の変数に何を持ってくるかによって結果が変動し，現時点では，性別・人種の研究が多く，その他の変数が隠れてしまっているのではないかとの問題意識を持つ。

(2)　デモグラフィック型多様性とタスク型多様性

　1992-2009 年の 39 本のメタアナリシス（Joshi & Roh, 2009）[7] および，1985-2006 年の 35 本のメタアナリシス（Horwitz & Horwitz, 2007）[8] によれば，「タスク型（専門，経験，学位等）多様性」は組織のパフォーマンスに正の効果をもたらす一方，「デモグラフィック型（性別，人種，年齢等）多様性[9]」は組織のパフォーマンスに影響はないか，むしろ負の効果をもたらすことが検証されている。Jackson & Joshi（2011）[10] の分類によれば，多様性をもたらす属性は，関係志向属性とタスク志向という 2 つに分けることができる。関係志向属性とは，個人が他者と対人関係構築の際に手掛かりとして用いられるが，タスクのパフォーマンスに対する明らかな直接的影響は与えない属性のことであり，代表的な属性としては年齢，性別，性格がある。

　一方，タスク志向属性とはチームでの仕事に影響を与える属性のことであり，組織でのテニュアや教育水準，タスクに関する知識が含まれる。別の属性区分として，容易にわかりやすい観点から表層的多様性，深層的多様性という 2 つに分けることもできる，表層的多様性とは，認知しやすい多様性のことであり，性別，年齢，テニュアの有無，教育水準など，深層的多様性とは，容易に認知されずコミュニケーションなどの何らかのやり取りを通じて知ることができる多様性であり，性格やタスク，知識，経験などが含まれる。

　Dijk et al.（2012）[11] は，デモグラフィック型多様性は負のパフォーマンス影響として検証される一方，ジョブ（タスク）型多様性に関しては正のパフォーマンス影響があると結論づけている。これについては，予測不可能な事態に対応するための多様な知識や価値観を取り入れる上で，タスク型多様性は，現存組織に無い知識や価値観からの視点を引出し，組織や事業に新しいイノベーションを起こす大きなきっかけになるからと考えている。デモグラフィック型多様性を尊重したうえで，どちらか一方ではなく，プラスして，タスク型多様性な人材を活用することが，世界市場での競争，人材の多様性の増加，デジタル化が進む，変革の時代においては重要であることを，考察している。

　組織の中の多様性と，別に，多様性が個人の中にも存在すること，イント

図表 10-2　表層的ダイバーシティと深層的ダイバーシティ

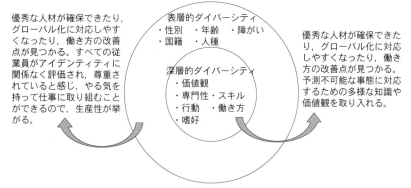

出所：筆者作成。

ラパーソナル多様性について，Corritore et al. (2020) [12] は，企業の創造性
への影響について 500 社の米上場企業を対象に分析している。組織内の多様
性は協調性を損ない企業収益性を悪化させる傾向がある一方で，個人の中の
多様性は創造性を促進し，特許取得を促進し市場からの評価を高めると主張
している。

　筆者は，日本の研究ではあまり注目されていないタスク型多様性と深層的
多様性が，組織のパフォーマンスに影響する重要な変数になっているのでは
ないかという問題意識を持つ。表層的ダイバーシティと深層的ダイバーシ
ティについて図表 10-2 にまとめる。

⑶　インクルーシブな組織風土

　インクルーシブの定義について説明する。Shore et al. (2011) [13] は，イン
クルーシブを「従業員が自らの所属感（belonginess）と独自性（uniqueness）
の欲求の双方を満たすことができる経験を通じて，組織で価値ある一員とし
て尊重されているという認識を持つ程度」と定義した。ここでいう独自性と
は，「本来の自分らしくある独自の存在として」という意味に近く，「所属集
団における普通の」と言われるようなマジョリティに迎合することなく，独
自性のある存在としてふるまうことを意味する。

　Randel et al. (2018) [14] は，Shore et al. (2011) が提唱したインクルーシブ

の概念に基づき，メンバーの所属感を高め，独自性に価値があることを表明するリーダーシップとして，インクルーシブ・リーダーシップの行動を提唱した。メンバーの所属感を高める行動としては，① メンバーの支援，② 公平性と平等の確保，③ 意思決定の機会の共有，という 3 つの行動が含まれ，独自性に価値があることを表明する行動には，④ 部門への多様な貢献の奨励，⑤ 部門への十分な貢献への支援が含まれる。

Mor Barak（2016）[15] は，「コミュニケーションや意思決定のプロセスに，従業員の十分な参加がなされたという従業員の認知，および，組織に対して従業員の独特の貢献が十分に評価されたという従業員の認知と説明する。つまり，組織の中に入るだけでなく，その組織に十分に受け入れられており，十分な貢献ができており，それが評価されているという従業員の認知である」と定義している。

筆者は，日本においてはほとんど研究がされていない，インクルーシブな組織風土，が，多様性推進に包括されるというよりも，むしろ多様性とインクルージョンが両輪として，欠かせない概念であるとの問題意識を持つ。職場のエンゲージメント（従業員の会社に対する「愛着心」や「思い入れ」をあらわす）を高めるメカニズムとして図表 10-3 にまとめる。

図表 10-3　インクルーシブな環境が，エンゲージメントに好影響を与えるメカニズム

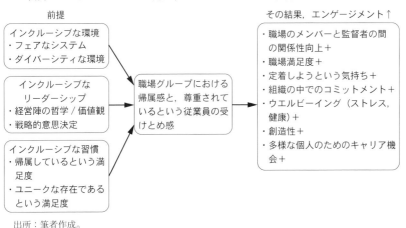

出所：筆者作成。

⑷　ダイバーシティ＆インクルージョン（D&I）の関係性

インクルーシブな組織風土を育むには，企業にとって長期的な戦略的努力が必要となる。より多様性に飛んだ組織においては，全員が組織の一員として尊重されていないと感じる場合，不公平感や無意識のバイアスが発生する可能性が大きく，挑戦的なものとなる（Urwin et al., 2013）[16]。

より巻き込み（involved），公平性を知覚することはインクルーシブな組織を育む土壌となり，チームの業績，組織風土の向上に役立つ（Farndale et al., 2015）。単一の多様性施策だけ，例えば採用目標や多様性研修の全社員への実施といった取り組みだけでは不十分であり，持続可能優位性には結びつかない。諸施策実施とインクルーシブな組織風土への変革といった多面的な取り組みが，成功をおさめている（Urwin et al., 2013）。

Janakiraman（2011）[17]は，病院組織で働く看護師の認識と態度と，病院組織内のD&Iとの関係性をマトリックスでまとめている。D&Iを両方高く持つ組織において，競争優位，協力，モラル，エンゲージメント，定着率が高いことを実証の結果，モデル化した（図表10-4）。注目すべきは，Dだけが高く，Iが低い組織において，競争優位，協力，モラル，エンゲージメント，定着率が最も低いことである。注目すべきは，むしろD&Iともに低い組織のほうが，これらの指数が普通と示されていることだ。

図表10-4　ダイバーシティとインクルージョンの関係性

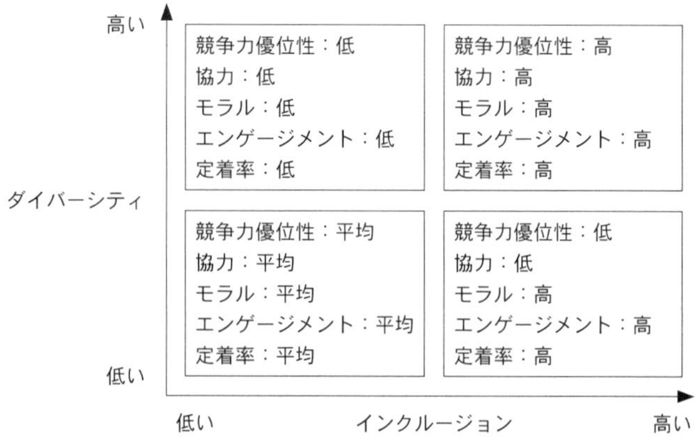

出所：Janakiraman（2011）p.3 を筆者和訳。

⑸　多様なリスキルを奨励する事例

米 Amazon 社は，出荷センターの従業員に，データサイエンティストへと職種転換を可能とするリスキルを含む，16 週間のさまざまな研修プログラムを提供し，デジタル化の進む外部環境に適合した従業員のスキルギャップを埋めている。

米 AT&T 社は，ハードウエアからソフトウエアに事業を大転換させるために，18 万人の従業員を Future Ready プログラムと呼ばれるリスキルプログラムに参加させている。米 AT&T 社の従業員は，研修を通してさまざまなスキル認定を受けることができ，さらには大学等の機関と提携して提供されるコンピュータサイエンスやデータサイエンス等の分野の修士号も取得することが可能である。修了すれば昇給，昇格対象になることで社内の労働力不足課題を解決した（Donavan & Benko, 2016）[18]。

デジタル化が進む昨今，知識生成における専門化，多様性，再結合がますます重要になってくる（Aggarwal & Woolley, 2013）[19]。知識の台頭経済（Powell & Snellman, 2004）[20] は，より多くのクロススキリングに注目が集まり，スキルの多様性と個々の認知能力を考慮に入れて，賃金が決まっていく（Autor & Handel, 2013）[21]。

米 IBM 社は，2022 年，AI の台頭による事業環境や事業ポートフォリオの変化に対応するため，従業員のリスキルとアップスキルを強化している。リスキルを通じた人員配置の目標を 75％に設定するなど，リスキルを活用した人的資本の向上に努めている。

筆者は目覚ましい AI の進化とともに，デジタル化と労働力不足が進む中，現有人材のリスキル，クロススキリングをタスク型多様性の一つととらえ，個人および組織の能力向上に影響を与えているのではないかと考える。

4. 日本企業への示唆

D&I 推進はあくまで組織メンバー全員の能力を最大限発揮させる手段であり，目的は，企業目標達成することである。その調整変数として，属性に関係なくスキル・能力を最大限発揮できるような D&I のある組織風土の醸

成を，トップからの組織変革，管理職のインクルーシブ・リーダーシップ，部下のリスキルも含めた自律的なキャリア形成への支援により，実現していくことが重要である。以下日本企業への示唆を3点にまとめる。

① D&I推進は，トップからの組織戦略であること。なぜD&Iが当社にとって重要なのかの背景や組織能力向上への因果関係を，はっきり何度も組織内外に説明しコミットする必要がある。その旗振り実行部隊が人事部であり，各組織への浸透は各部門からリーダーを選出した横串横断チームのD&I推進チームによる活動が有効であろう。

② 管理職のリーダーシップは，D&I推進役割を主体的に負っている。自身や既存メンバーとの違うスキルや経験をもった人材を積極的に採用し補完することで，チームの組織能力を向上させうる。

③ AIの進化，デジタル化，顧客の多様化など非連続外部環境も踏まえ，個々の従業員が，サイロ型キャリアにならないようリスキルを含めた自律型キャリア形成への投資が人的資本経営として重要になる。多様な仕事経験の幅があるクロススキルを持った人材が求められている一方，多様性だけを推進しても，インクルーシブがなければ，多様な人材の持ちうる能力を活かす組織にはなれない。社内の人的資本としての従業員はどうあるべきかという組織戦略の観点が重要であろう。

注

1　Ashby, R. (1956) *AN INTRODUCTION TO CYBERNETICS*, CHAPMAN&HALL LTD.

2　Joshi, A., Liao. & Roh, H. (2011) "Bridging Domain in Workplace Demography Research: A Review and Reconceptualization", *Journal of Management*, 37 (2), pp.521-552.

3　Rohweder. (2017) "Impact of diversity and inclusion within organizations", *K4D Help-desk Report. Brighton, UK: Institute of Development Studies*. pp.1-14.

4　Wright, M., Snijders, S., Kumarappan, L., Williamson, M., Clarke, L. & Urwin, P. (2014) "Diversity in STEMM: establishing a business case", *Royal Society*, pp.1-105.

5　Urwin., Dodds, I., Karuk, V. & David, A. (2013) "The Business Case for Equality and Diversity: a survey of the academic literature", *BIS OCCASIONAL PAPER 4, Department for Business Innovation & Skills & government Equalities Office*, pp.1-54.

6　Van Knippenberg, D. L. & Mell, J. N. (2016) "Past, present, and potential future of team diversity research: From compositional diversity to emergent diversity", *Organizational Behavior and Human Decision Processes*, 136, pp.135-145.

7　Joshi, A., Liao. & Roh, H. (2011) "Bridging Domain in Workplace Demography Research: A Review and Reconceptualization", *Journal of Management*, 37 (2), pp.521-552.

8　Horwitz, K. & Horwitz, B. (2007), "The Effects of Team Diversity on Team Outcomes: A

Meta-Analytic Review of Team Demography", *Journal of Management*, 33 (6), pp.987-101.

9　タスク型多様性とは，人の能力や知識，過去の経験や価値観やコミュニケーションスタイルなど，内面の多様性を指す。組織の中で多様な知見や能力を持った人が集まれば，イノベーションを生み出しやすくなると考えられる。他方，デモクラフィー型多様性とは，性別・国籍・肌の色・年齢など，見ただけでわかる属性の多様性を指す。

10　Jackson, S. E. & Joshi, A. (2011). "Work team diversity", In S. Zedek (Ed.), *APA handbook of industrial and organizational psychology, Vol. 1. Building and developing the organization*, American Psychological Association, pp.651-686.

11　van Dijk, H., van Engen, M. L. & van Knippenberg, D. (2012), "Defying conventional wisdom: A meta-analytical examination of the differences between demographic and job-related diversity relationships with performance", *Organizational Behavior and Human Decision Processes*, *119* (1), pp.38-53.

12　Corritore, M., Goldberg, A. & Srivastava, A. (2020) "Duality in Diversity: How Intra-Personal and Interpersonal Cultural Heterogeneity Relate to Firm Performance", *Administrative Science Quarterly*, 65, (2), pp.359-394.

13　Shore, L. M., Randel, A. E., Chung, B. G., Dean, M. A., Holcombe Ehrhart, K. & Singh, G. (2011), "Inclusion and diversity in work groups: A review and model for future research", *Journal of Management*, 37 (4), pp.1262-1289.

14　Randel, E., Galvin, M., Shore, M., Ehrbart, H., Chung, G., Dean, A. & Kedarnath. (2018), "Inclusive leadership: Realizing positive outcomes through belonging and being valued for uniqueness", *Human Resource Management Review*, 28 (2), pp.176-189.

15　Mor Barak, M. E. (2016), *Managing Diversity: Toward a Globally Inclusive Workplace Fourth Edition*, SAGE Publications.

16　Urwin, P., Parry, E., Dodds, I., David, A. H. & Karuk, V. (2013), *The Business Case for Equality and Diversity: a survey of the academic literature*, London Department for Business, Innovation and Skills.

17　Janakiraman. M. (2011), *"Inclusive Leadership: Critical for a competitive Advantage"* (*Berlitz Cultural Insights Series*), Berlitz.

18　Donavan, C. & Benko. C. (2016), "ATT's Talent Overhaul, Can the firm retrain hundreds of thousands of employees?", *Harvard Business Review. October*, pp.68-73.

19　Aggarwal, I. & Woolley, A. W. (2013), "Do You See What I See? The Effect of Members' Cognitive Styles on Team Processes and Errors in Task Execution", *Organizational Behavior and Human Decision Processes*, 122, pp.92-99.

20　Powell, W. & Snellman, K. (2004), "The Knowledge Economy", *Annual Review of Sociology*, 30, pp.199-220.

21　Autor, D. & Handel, M. (2013), "Putting Tasks to the Test: Human Capital, Job Tasks, and Wages", *Journal of Labor Economics*, Vol.13, pp.59-96.

［さらに学びたい人のために］

・デヴィッド・スターク（2011）『ダイバーシティとイノベーション』中野勉・中野真澄訳，マグロウヒル・エデュケーション。

・マシュー・サイド（2021）『多様性の科学』ディスカバー 21。

第*11*章

ワーク・ライフ・バランス

1. はじめに

　ワーク・ライフ・バランス（以下 WLB と表記）とは「仕事と生活の調和」のことをさす。働く人々が，企業等で働く際に自分の生活スタイルにあった仕事をし，生活とのバランスを保ちながら仕事効率を上げることができるように考えられた概念である。内閣府（2017）では，「働くすべての方々が，「仕事」と育児や介護，趣味や学習，休養，地域活動といった「仕事以外の生活」との調和をとり，その両方を充実させる働き方・生き方」とうたわれている。

　それでは，なぜ今 WLB の取り組みが必要なのだろうか。WLB 政策を後押しする背景には，少子高齢化の進展から予想される将来的な労働力不足の問題が大きい。人口構造の変化に対応するためには，従来の主な働き手であった「男性・正社員」だけでなく，「女性・高齢者・外国人・障がい者」といった多様なバックボーンを持つ労働者を，企業が活かしていく必要が出てきたのである。また，これらの多様な価値観・働き方を志向する人材を採用し，活かすことが企業競争力に直結する時代となってきている。

　一方，企業にとっても WLB 政策の導入は企業業績にプラスの効果をもたらす必要がある。経営者からみると，WLB 施策をただ労働者に対し行うだけでなく，この施策により労働者が仕事の生産性や意欲を向上させることが望ましい。そして，最終的に企業経営にプラスの効果をもたらし，生産性・収益が向上することを最終目的としている。また人材確保の観点から，WLB 政策に力を入れている企業が良い人材を引きつけるという，採用上の

メリットも企業側からみて重要な点である。

　このように，企業経営において，最も重要な資源であるよりよい「ヒト」を採用し，活用するために，WLB に配慮した人的資源管理は，現在の企業にとって重要な経営課題の一つといえよう。本章では，WLB の取り組みについて政府・企業双方の取り組みをまとめ，今後の日本企業における WLB 施策のあり方を概観する。

2. WLB 施策の背景と意義

(1)　諸外国における WLB 施策

　もともと WLB 施策は欧米で先行して行われてきた取り組みであり，実際に就業形態の多様化，女性の就業促進，ひいては国によっては出生率の向上といった効果をもたらしている。1980 年代以降の欧米各国では，就業意識の変化や少子高齢化などを背景に，仕事と生活の調和を個人の働き方，企業の経営，社会のあり方のそれぞれの段階で考えることで，WLB 施策を充実

図表 11-1　諸外国のワーク・ライフ・バランスへの取組み

イギリス	2000 年　政府によるワークライフバランス・キャンペーン 2002 年　雇用法制定　出産休暇の拡充，父親休暇の導入，子を持つ従業員に対する柔軟な働き方を申請する権利の付与 2005 年　就業家族法案制定
ドイツ	2003 年　政府による「企業における家族にやさしい環境づくり」プロジェクト 企業文化の変革，女性の社会進出，家族支援のためのサービス提供
アメリカ	1980 年代以降企業独自のファミリーフレンドリー施策 1990 年代　ファミリーフレンドリー施策からワークライフバランス施策へ拡張 フレキシブルワーク，保育サポート，介護サポート，養子縁組サポート，EAP（社員援護プログラム）他
フランス	2005 年　出生率の向上と女性の経済的自立を目的とした家族政策の制定 2006 年　公立託児所の充実をうたう「乳幼児プラン」の制定
北欧	家族政策を重視し，保育サービスや休暇制度を充実。スウェーデンの「サバティカル休暇」，フィンランドの「ジョブローテーション」など長期休暇の充実
オランダ	1982 年　ワッセナー合意労働時間短縮と賃金抑制政策 コンビネーション・シナリオ（夫婦 2 人で 1.5 人分働き，仕事と家庭責任を夫婦で分担する）

出所：厚生労働省（2007）『労働経済白書』より作成。

させてきた（厚生労働省（2007））。国によっては，イギリスやドイツのように政府主導のもとWLB施策が推進されてきた国もある。

　具体的な施策としては，図表11-1のように国により様々な取り組みが行われてきた。また，北欧諸国の充実した保育サービスや休暇制度，オランダのパートタイマーとフルタイマーの均等待遇とともに，労働時間の削減とともに仕事を分かち合い（ワークシェアリング），雇用の創出に結びつけた政策，さらにこの考えを発展させたコンビネーション・シナリオの考え方などは，日本の労働者の働き方に対して得られる示唆も多い。

(2)　日本におけるWLB施策の展開と意義

　これら諸外国に続いて，日本でも政府は2007年に「仕事と生活の調和（ワーク・ライフ・バランス（WLB））憲章」と「仕事と生活の調和推進のための行動指針」，さらに2017年に「働き方改革実行計画」を策定した。それでは，なぜ日本がWLB政策を導入するようになったのだろうか。最も大きな要因は人口減少社会に備えた労働力の確保が必要と見込まれるためであり，次いで多様な労働者に対応した「働き方改革」の必要性が生まれたためであることが大きい。国立社会保障・人口問題研究所（2023）によれば，日本の人口は2020年時点で1億2615万人いるが2056年には1億人を割り9965万人となり，2070年には8700万人と急減すると予想されている。人口が急減し，また高齢者が大幅に増加することが見込まれている。そのためには，女性・高齢者・障がい者・外国人といった多様な人材の確保・活用が欠かせない人事政策となる。

　では，実際に日本の労働者はWLBを実現できているのだろうか。現在の日本の労働市場では，時間による雇用管理が厳密な正規雇用と，一定の柔軟性を持たせた非正規雇用に大きく分かれた市場となっているため，多くの時間制約を持つ労働者は非正規雇用として働いている。非正規雇用者の割合は増加しており，その要因としては①非正規雇用の割合が高い60歳以上人口が増加したことによる影響②労働市場への女性の参加が増加したこと，の二点がある。男女別の正規・非正規雇用数の推移をみると，正規雇用者は男性に多く，非正規雇用者は女性に多い。女性労働者のうち過半数は非正規雇

用者として働いている。これは，女性が結婚・出産後に家事・育児などを主に担っていることから時間制約があり，WLB の観点から非正規雇用という就業形態を選んでいることも一因であると考えられる。

しかし，正規雇用者は長時間労働等の硬直的な働き方，非正規雇用者は正規雇用者との賃金格差の問題など，それぞれ課題も多い。近年は，制度の導入企業割合は 2 割強とまだ少ないものの，正規雇用者より一週間の所定労働時間が短いまたは所定労働日数が少ない正社員として勤務することができる「短時間正社員制度」を設けている企業もある。

さらに，WLB の実現度を計るうえで重要な指標となる労働時間・有給休暇の取得状況を確認してみよう。まず，年間平均労働時間については統計のとり方によりいくつかのデータがあるものの，厚生労働省（2022）によれば 2021 年で 1,710 時間となっている。働き方改革や 2020 年におきた新型コロナを機に，労働時間は微減傾向にある。一方，週労働時間 60 時間以上の就業者の割合は特に 30 歳代，40 歳代の男性が高くなっており，同年代の男性の 2 割弱をしめている。男性の WLB も今後大きな課題となるだろう。

さらに，有給休暇の取得状況はどうだろうか（図表 11-2）。こちらについ

図表 11-2　業種別にみた年次有給休暇取得率

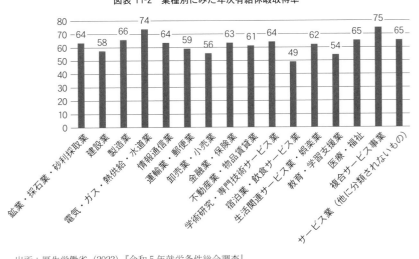

出所：厚生労働省（2023）『令和 5 年就労条件総合調査』。

ても日本の取得率はいまだ高いとはいえない状況にあり，2022 年で 62.1 ％となっており，こちらは働き方改革や新型コロナを機に微増している。取得率は企業規模が大きくなるほど高く，従業員数 1,000 人以上の企業では取得率が 65.6 ％となっている一方，30−99 人の企業では 57.1 ％にとどまっている。また業種によるばらつきも大きく，取得率の高い電気・ガス・熱供給・水道業では 73.7 ％である一方，宿泊・飲食サービス業は 49.1 ％と低い。企業規模・業界によらない休暇を取得できる施策が必要である。夏季休暇・病気休暇等の特別休暇制度がある企業割合は，2023 年で 55.0 ％である。労働時間の長さだけでなく，労働時間の柔軟性にも配慮したさらなる人的資源管理が望まれる。

⑶　WLB 施策の意義・目的

　これまで，政策的背景や多様化する労働者への施策として WLB を概観してきた。さらに，企業側からみると WLB 施策を導入する最も大きな意義・目的は企業業績の向上である。労働者への WLB 施策は，実際に企業の生産性を高め業績を向上させているのだろうか。この点については，現在研究[2]が進みつつある。中でも WLB 施策が企業の生産性を高めるかどうかを検証したものがある。分析結果からは，WLB 施策と企業の生産性（TFP：全要素生産性）の間にプラスの相関があるものの，WLB 施策が TFP を高めるという因果関係はあるとはいえないことがわかった。しかし，一定の規模以上の企業，製造業，労働の固定費の大きい企業，均等施策をとっている企業では WLB 施策が中長期的に企業の生産性を高めていることがわかった。また，有効な WLB 施策としては推進組織の設置，長時間労働是正の取組み，非正規社員から正規社員への転換制度等であることがわかっている。

　さらに，ファミリー・フレンドリー施策（仕事と家庭の両立支援制度）をはじめとした WLB 施策を導入するだけでは不十分で，企業内における男女均等待遇があわせて重要であるとの研究[3]もある。このように，企業における WLB 施策の意義については，理念としては推進すべきものであるものの，企業業績に対する明確な効果の検証はこれからさらに必要とされている。これらの検証を通じて，より適切な WLB 施策の設計・展開が進むこと

が期待される。

3. 政府・企業の取り組み

⑴　政府の取り組み

　これまでみたように，日本でも政府主導で WLB の推進政策がとられるようになった。「仕事と生活の調和（WLB）憲章」によれば，WLB が実現された社会における最終的な社会とは ① 就労による経済的自立が可能な社会 ② 健康で豊かな生活のための時間が確保できる社会，③ 多様な働き方・生き方が選択できる社会，の三点を備えた社会である。

　しかし，このような社会を目指すにあたり，日本の労働市場はいくつかの問題を抱えている。問題の事例として，内閣府が制定した「仕事と生活の調和（WLB）憲章」では ① 安定した仕事に就けず，経済的に自立することができない ② 仕事に追われ，心身の疲労から健康を害しかねない ③ 仕事と子育てや老親の介護との両立に悩む，といった事例を指摘している。それぞれ，正規雇用と非正規雇用の働き方の二極化，長時間労働や共働き世帯の増加と変わらない働き方・役割分担意識，家族と地域・社会の変容といった要因が背景にある。

　また，「働き方改革実行計画」では，図表 11-3 の 11 項目について今後取組みが必要であると指摘している。項目 1 の同一労働同一賃金とは，正規雇用か非正規雇用かという雇用形態にかかわらない均等・均衡待遇を目指す概念である。均等待遇とは，同じ働き方をしている場合に処遇（賃金などの労働条件）を同じにすることをさし，均衡待遇とは，働き方が違う場合に違いに応じてバランスを考えた処遇を決定することをさす。項目 2 は，諸外国と比べても低い日本の労働生産性と大きな男女間賃金格差の解消をさし，項目 3 は上限規制の基本的枠組みとして，現行の時間外限度基準告示を法律に格上げし，罰則による強制力を持たせるものである。これまでは特別な場合などに労使が合意し，時間外労働の上限規制がなかったが，このような場合であっても，上限を定めることが適当とするものである。上限は原則として月 45 時間，かつ年 360 時間とし，違反した場合は特例の場合を除いて罰則を

図表 11-3 「働き方改革実行計画」による今後の重点取組課題

1	同一労働同一賃金など非正規雇用の処遇改善
2	賃金引き上げと労働生産性向上
3	罰則付き時間外労働の上限規制の導入など長時間労働の是正
4	柔軟な働き方がしやすい環境整備
5	女性・若者の人材育成など活躍しやすい環境整備
6	病気の治療と仕事の両立
7	子育て・介護等と仕事の両立，障害者の就労
8	雇用吸収力，付加価値の高い産業への転職・再就職支援
9	誰にでもチャンスのある教育環境の整備
10	高齢者の就業促進
11	外国人材の受け入れ

出所：首相官邸（2017）『働き方改革実行計画（概要）』より作成。

課すことも盛り込まれている。

　また，近年注目されるようになった項目として項目8の付加価値の高い産業への転職・再就職支援も挙げられよう。これから AI（人工知能）の進展により大きく産業構造が変化することが見込まれることから，新たな産業に対応できる人材育成・人的資源管理，より流動的な労働市場の構築といった新たな課題が生まれることが予想される。

⑵　企業の取り組み

　これまでみたように，WLB 政策が立案されすでに実行段階にあるが，実際に労働者個人が WLB を実現できるかどうかは実際には各企業の取り組みにかかっているといってもよい。それでは，実際に企業はどのような取り組みをおこなっているのだろうか。

　まず，厚生労働省は WLB の中でも子育て支援に力を入れている企業に対する認定マークとして「くるみん」「プラチナくるみん」，女性活躍推進に力を入れている企業に対する認定マークとして「えるぼし」を設けた。これにより，認定を受けた企業は，認定マークを広告等に表示し，高い水準の取組みを行っている企業であることを示すことができるようになり，学生や求職

者も，就職時の判断材料の一つとして用いることができるようになっている。また，企業にとっても人材確保の面でプラスの効果が期待されるだけでなく，同マークの取得は税制優遇措置や公共調達の加点評価など，メリットも大きいものとなっている。

　これらの認定マークを受けた企業が実際に導入している具体的な施策をあげてみよう。主な取り組みとしては，一日あたり労働時間を短縮する短時間勤務，子どもを近くで養育することができる事業所内保育施設，育児中の社員に代わり仕事を行う代替要員の確保，自宅等で仕事を行うことができるテレワークをはじめとした在宅勤務の推進，コアタイム（出勤義務のある時間）を除き一日の出勤時間をフレキシブルに対応できるフレックス制の実施，残業時間の抑制（残業せずに定時で退社するノー残業デー等がある。

　WLB 施策の展開においては労働時間・勤務場所の柔軟性は大きな要因となるため，これらの施策の組み合わせが，労働者にとって仕事のしやすさを生み出すことが期待される。一方，企業に出勤しない社員をいかに管理し評価するか，育児・介護で休業中の社員にかわり誰が仕事を行うのか（代替要員），といった新たな問題も生まれている。多様性を持たせた働き方と人事評価のあり方をいかに両立させるか，企業にとっても新たな課題となっている。

4.　女性活躍推進と男女の WLB

⑴　WLB に関する法制度の整備

　WLB に対する意識の高まりも後押しし，2016 年に女性活躍推進法が施行された。これにより，働く場面で活躍したいという希望を持つすべての女性が，その個性と能力を十分に発揮できる社会を実現するために，女性の職業選択に資する情報の公表が従業員 301 人以上の事業主に義務付けられた（内閣府（2016））。また，① 女性採用比率 ② 勤続年数男女差 ③ 労働時間の状況 ④ 女性管理職比率といった企業内の男女共同参画に関する数値を把握・分析したうえで，数値目標を盛り込んだ行動計画の策定・公表を行うことが求められている。なお，2022 年から従業員 101 人以上の民間企業等におい

ても義務化された。

　特に少子化対策については，1994 年に制定された子育て支援のための基本的方向と施策を盛り込んだエンゼルプランから始まり，1999 年制定の新エンゼルプラン，2003 年に施行された次世代育成支援推進法と様々な施策が講じられてきたが，効果は思うようには出ていない。労働力不足も見込まれる日本の労働市場では，女性がいかに出産後も継続就業できるか，また再就業できるかは大きな課題となっている。近年の統計では，出産時の就業継続が進んだという指摘もあるが，いまだ約半数の女性は出産時に仕事をいったん辞めている。また，非正規雇用の女性の場合は条件によっては育児休業制度を利用できない場合もある。今後は法政策の効果のさらなる検証も必要である。

(2)　結婚・出産時の女性就業の現状

　女性労働者の能力発揮をめざしながらも，日本では，結婚・出産を機に仕事をやめる女性も多い。諸外国でも，結婚・出産時の女性就業の支援が後押しされてきており，日本も先進国として女性の活躍推進を図るようになった。さらに，近年では 2010 年の改正育児・介護休業法施行により，3 歳未満の子どもを持つ労働者に対する短時間勤務（一日 6 時間）の適用が事業主に義務化された。父親と母親の両方が育児休業を取得すると，休業期間を 2 カ月延長できるという仕組み（パパ・ママ育休プラス）等もある。2017 年施行の育児・介護休業法により，条件を満たせば育児休業を最大 2 年取得できることになり，数カ月で出産から復職することが多い諸外国と比べ，育児休業期間・制度は手厚いものとなっている。さらに，2022 年の法改正により，男性の育児休業取得に関する周知・意向確認の措置が義務化され，また，従業員数 1,000 人超の企業は，育児休業等の取得状況を年 1 回公表することが義務付けられた。

　結婚については，結婚した年が 2015−2019 年の女性で就業継続する女性が約 8 割となり，2009 年以前の 5−6 割にくらべ大幅に就業継続者が増えた。一方，図表 11-4 は，女性が出産した際にどのくらい仕事を続けているかをみたものである。第一子を出産した年が 2015−2019 年の女性で継続就業し

ている女性が 53.8％ と増加し，出産退職者は 23.6％ と 2009 年以前の就業継続者が 2−3 割であった頃にくらべ就業継続者が増加した。2010 年頃を境に結婚・出産時共に就業継続する女性が増加したことがわかる。特に，育児休業制度を利用し就業継続する女性の割合が増え，4 割を超えてている。

　さらに図表 11-5 は，育児休業取得率の推移を男女別にみたものである。女性は 2005 年までは上昇傾向にあったもののその後は 8 割台を推移し高止まり傾向にある。これは，この数値の計算方法が出産時における就業継続者を対象としているため，出産前に離職している者が分母に含まれていないことによる[4]。しかし，就業継続する女性のうち，8 割ほどの女性は育児休業を取得している。一方，男性の育児休業取得率は上昇傾向にあり，2021 年には 18.9％ となった。子どもが生まれた父親が，全員短期間ながらも育児休業を取得している企業もある。

図表 11-4　子どもの出生年別・出産前後の妻の就業変化

第 1 子

	就業継続（育児休業利用）	就業継続（育児休業利用なし）	出産退職	妊娠前から無職	不詳
1985〜89年	5.5	18.4	37.4	35.3	3.3
1990〜94年	8.1	16.3	37.7	33.6	4.3
1995〜99年	11.2	13.0	39.3	31.3	5.2
2000〜04年	15.3	12.2	40.3	26.9	5.3
2005〜09年	21.1	10.2	40.8	22.3	5.6
2010〜14年	31.6	10.8	31.1	21.2	5.2
2015〜19年	42.6	11.2	23.6	17.4	5.2

第 2 子

1985〜89年					
1990〜94年	4.9	19.6	5.4	63.2	6.9
1995〜99年	8.4	14.0	6.8	65.6	5.1
2000〜04年	10.7	14.7	6.7	63.4	4.5
2005〜09年	16.5	12.7	8.4	58.9	3.5
2010〜14年	24.4	12.9	7.8	51.9	3.0
2015〜19年	38.3	13.9	7.7	36.2	3.9

第 3 子

1985〜89年					
1990〜94年	6.4	24.3	5.7	58.6	5.0
1995〜99年	7.0	21.8	8.1	57.7	5.3
2000〜04年	10.2	18.3	8.5	59.3	3.7
2005〜09年	13.1	20.0	8.1	55.6	3.2
2010〜14年	20.1	20.8	10.2	45.6	3.4
2015〜19年	35.3	22.2	6.7	34.1	1.7

子どもの出生年

0　　　　25　　　　50　　　　75　　　　100
　　　　　　　　　（％）

■ 就業継続（育児休業利用）　■ 就業継続（育児休業利用なし）　□ 出産退職
□ 妊娠前から無職　■ 不詳

出所：国立社会保障・人口問題研究所（2021）『第 16 回出生動向基本調査（夫婦調査）』。

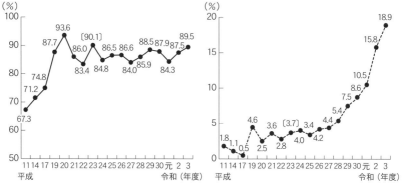

図表11-5　育児休業取得率の推移（左：女性，右：男性）

出所：厚生労働省（2021）『令和3年度雇用均等基本調査』。

　一方，育児休業取得にあたり職場内で新たにおきている問題も三点ほど指摘したい。第一は，諸外国に比べ長い育児休業期間による，育児休業取得者のその後のキャリア形成の問題である。比較的長期間にわたる休業期間の影響により，復職した場合のキャリアの遅れ（マミートラック）や，個人のモチベーション低下の問題等が指摘されるようになった。長い休業期間のメリット・デメリットを検討する必要があるだろう。第二に，法制度などの制度面が充実しても，実際に企業内においてWLB制度が取得しにくいという組織上の問題である。産休・育休を取得しようとすると職場内で軋轢が生じることをあらわす「マタニティ・ハラスメント」「パタニティ・ハラスメント」の言葉にあらわれるように，いまだ育休時に従業員が就業継続することが難しい職場も実際にある。第三に，WLB施策を利用している者の周囲の労働者の問題である。この点についても近年研究があり，一つの職場内に多様な人材を抱えるようになったために人事制度が細分化され，従業員間で不公平と認識する度合いが高まっていることがわかった。このような問題を緩和するために，従業員の心理的要因にも焦点を当てることの重要性が指摘されている。特に，従業員の上司からのサポートの重要性，質的な裁量度合いという職場環境に配慮すること，人事制度と従業員のリソースの組み合わせが重要であることを指摘している[5]（細見（2017））。ある化粧品メーカーの事例のように，従業員間の不均衡を解消するために育児中の従業員にも他の

従業員と同様に遅番や土日出勤を課し，特別に扱うことはしない，とする事例も生まれてきている。この事例は，単に育児休業を設けて育児中の女性の労働時間を短縮するだけではなく，より先を行く「両立支援から均等待遇」の必要性を示しているといえるだろう。

⑶　男性の WLB

　日本では，1990 年代後半に共働き世帯数が専業主婦世帯数を超え，2021 年には共働き世帯は 1,247 万世帯と専業主婦世帯の 566 万世帯を大きく上回るようになっている。世帯構造の変化により，共働き世帯だけでなく単身世帯も大幅に増加しており，2035 年には人口の半分が独身者であるとの予想もある[6]。さらに，先にみたように長時間労働は 30 歳代，40 歳代の働き盛りの男性に多く，過労死などの問題もいまだ大きい。6 歳未満の子どもを持つ夫の家事関連時間は 1 日当たり 114 分と増加しているものの，先進国と比較すると低水準にとどまっている。

　このような背景から，かつての男性が稼ぎ手という家族だけではなく，家族のあり方も多様化している。その中で，様々な役割を男性が担う必要が生じ，女性だけでなく男性の WLB 施策も注目を集めつつある。さらに男性の価値観も多様化し，コース別雇用管理制度の中で主に総合職として位置づけられてきた男性の中に，一般職を志向する人が現れてきたとの指摘もある[7]。転勤制度をはじめ，従来の総合職としての働き方に疑念を持ち，勤務時間・場所ともに自分のペースで仕事をしたいと考える若者のあらわれでもある一方，上司である男性のライフコース・価値観との乖離が懸念される。今後，男性の WLB についてもどのように対処していくのか，企業も対応を迫られているといえよう。

5. ダイバーシティへの取組み

⑴　高齢者・障がい者に対する取り組み

　WLB の理念は，もちろん女性だけでなくあらゆる労働者に対して適用されている。多様な労働者を抱える企業にとって，多様な属性を持つ人材の活

用（ダイバーシティ）は今後ますます重要性を増すと考えられる。中でも，日本の労働市場において注目される人材は高齢者である。高齢者雇用においても2006年に高年齢者雇用安定法が改正され，事業主は65歳までの安定した雇用を確保するため，段階的に①65歳への定年引上げ②60歳定年者のうち希望者を65歳まで継続雇用③定年の定めの廃止，のいずれかを選択することとなった。さらに，2021年の同法改正施行により，努力義務として70歳まで年齢が引き上げられた。

一方，高齢者の雇用問題だけでなく，高齢者を家族に持つ労働者の介護の問題も大きな課題となってきた。図表11-6は，男女別介護者数及び介護に占める男性の割合の推移である。介護に携わる人の数は増加傾向にあり，そのうち6割は女性である。また，近年は男性の介護者が増加していることがわかる。2017年の改正育児・介護休業法では，通算93日の介護休業を最大3回まで分割して取得できるようにしたり，半日単位での取得が可能となったり，より柔軟性を持たせた運用が可能となった。

家族を介護している労働者は55－59歳が男女ともに最も多くなっており，要介護者を介護する者は同居する家族（配偶者，子，子の配偶者）の割合が低下し，事業者及び別居の家族による介護の割合が上昇している。企業側も

図表11-6　介護者数の推移（男女別）

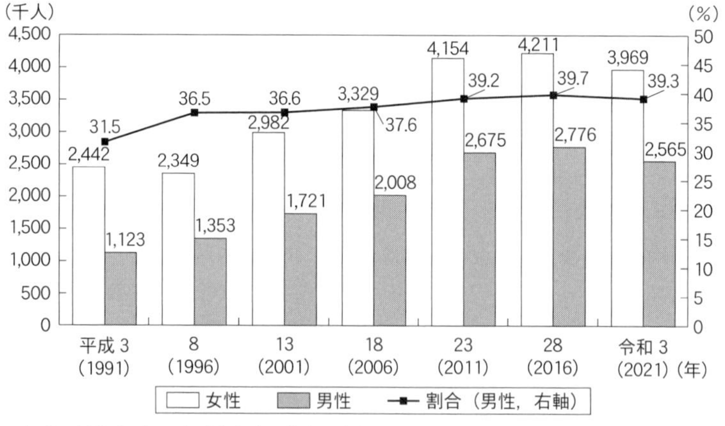

出所：総務省（2021）『社会生活基本調査』

この問題に対応し，「制度利用開始時に，職場の上長や人事担当者と面談を実施」「職場の管理職等が，日頃から介護だけでなく部下の個人的な悩みなどを聞くよう周知」といった配慮を行っている企業もある。

　さらに，介護を理由にやむを得ず離職する労働者も多く，2022 年で約 10 万人に達している。介護による離職者を男女別にみると女性が 8 割となっており，介護・保育といったケア役割の多くを女性が担っており，そのために仕事を調節し WLB を確保していることがわかる。離職時の理由として挙げられているのは「当時の勤務先では労働時間が長かったため」「当時の勤務先では出社・退社時刻を自分の都合で変えることができなかったため」が多くなっている。このように，高齢者を介護・看護する労働者の離職を防ぐためにも，WLB 施策が必要となっている。

　また，障がい者に対する WLB の取組みもある。障害者雇用促進法により，従業員が一定数以上の規模の事業主は，民間企業の場合従業員に占める身体障害者・知的障害者の割合を 2.3％以上にする義務がある。障がいにより得意な技能・スキルは異なってくるため，個別に業務とのマッチングを確認しながら業務の効率化をはかったり，体調面等を中心とした定期面談の実施等の配慮を行っている企業もある。

(2)　外国人労働者に対する取り組み

　グローバル化の進展に伴い，企業における外国人労働者への取組みも急務となっている。外国人労働者の一つのタイプは国際業務の専門職や IT 以外の技術系専門職として採用する高度外国人材である。日本は高度人材の受け入れ競争でシンガポール等アジアの他国に比べて大きく出遅れており，より魅力的な仕組みで優秀な人材を引き入れる必要がある。一例として，永住許可の申請条件の緩和や起業家向けの在留資格を特別につくるなどの対策が考えられる。

　そして，このような高いスキルを持つ外国人を採用し，定着させるための最も重要な施策が WLB であり，WLB を実現できる企業風土が重要であると考えられている。さらに，今後は日本でも介護・看護，農業，製造業等幅広い分野で人手不足が深刻になる恐れがあり，移民政策の再検討が必要とさ

れる可能性もある。その場合，さらに多様な外国人労働者に配慮したWLB施策を検討する必要が出てくるだろう。

6. おわりに

　本章では，WLBの取り組みについて政府・企業双方の取り組みをまとめ，今後の日本企業におけるWLB施策のあり方を概観した。これまで見てきたように，WLBは日本で取り組むようになり20年ほどの比較的新しい政策・施策である。しかし，今後の日本の構造変化を考えると，WLBへの取組みが各企業の競争力を左右することが見込まれる。多様な労働者を企業が採用し，企業が活かしていくことにより，労働者の意欲向上だけでなく新たな価値観・視点による企業活動への貢献も期待される。WLB実現のためにまず制度面で必要となるのは，労働時間・勤務場所の柔軟性を持たせた人事制度の運用である。

　一方，WLBの浸透・定着の程度は企業規模による差もいまだ大きい。特に諸外国と比べても低い女性労働者の活躍推進は喫緊の課題である。結婚・出産時の就業継続だけでなく，女性の企業内における昇進や男女間賃金格差の解消，家庭内における家事育児役割の見直しなども急務である。また，労働者の年代により主となるライフコースが異なっていることから，WLBに対する考え方の違いに世代間でギャップがあることも考えられる。様々な年代の人がともに働く企業内では，これらの齟齬の解消も大きな課題であろう。

　さらに，企業経営にとって，WLB施策が自社にとってプラスであると実感するためにもWLB施策が企業業績に与える影響の検証は今後も進めていく必要性がある。企業において最も重要な資源である「ヒト」を活かすために，今後もWLB施策の充実・見直しが図られ，働きたいと思うすべての人が活躍できる社会づくりを目指す必要があるだろう。

注
1　オランダのワーク・ライフ・バランスの取組みと社会の変化については中谷文美（2015）『オランダ流ワーク・ライフ・バランス』世界思想社が詳しい。

2　山本勲・松浦寿幸（2014）「ワーク・ライフ・バランス施策は企業の生産性を高めるか」山本勲・黒田祥子『労働時間の経済分析―超高齢社会の働き方を展望する―』日本経済新聞出版社，第 8 章参照。

3　川口章（2011）「均等法とワーク・ライフ・バランス　両立支援政策は均等化に寄与しているか」『日本労働研究雑誌』，脇坂明（2011）「均等法後の企業における女性の雇用管理の変遷」『日本労働研究雑誌』労働政策研究・研修機構，No.615 参照。

4　なお，育児休業取得後に離職する女性は減少傾向にある。厚生労働省（2021）によれば，育児休業終了後の退職者割合は，2012 年に 10.2% であったものが 2021 年には 6.9% となっている。

5　細見正樹（2017）『ワーク・ライフ・バランスを実現する職場　見過ごされてきた上司・同僚の視点』大阪大学出版会参照。

6　荒川和久（2017）『超ソロ社会「独身大国・日本」の衝撃』PHP 新書参照。

7　日経ビジネスオンライン（2010）「時事深層　ゆとり世代は男子も「一般職」」2010 年 4 月 12 日参照。

［さらに学びたい人のために］

・佐藤博樹・武石恵美子編著（2014）『ワーク・ライフ・バランス支援の課題人材多様化時代における企業の対応』勁草書房。

・樋口美雄・府川哲夫（2011）『ワーク・ライフ・バランスと家族形成　少子社会を変える働き方』東京大学出版会。

・細見正樹（2017）『ワーク・ライフ・バランスを実現する職場　見過ごされてきた上司・同僚の視点』大阪大学出版会。

・山本勲・黒田祥子（2014）『労働時間の経済分析　超高齢社会の働き方を展望する』日本経済新聞出版社。

・山口一男・樋口美雄（2008）『論争　日本のワーク・ライフ・バランス』日本経済新聞出版社。

第 *12* 章

人事部の機能と役割

1. はじめに

　本章は，人事部の機能と役割について考える。採用，配置・異動，教育訓練，昇格・昇進・選抜，評価，賃金など人的資源管理の取り組みにおいて，人事部はどのような機能を持ち，どのような役割を担うのであろうか。そして，人事部はどのような担当にわかれ，業務を行うのか，人事部の組織と担当業務についてみる。

　また，人事業務をこなす人事スタッフは，どのように育成するのであろうか。人事に関する専門的知識も必要となるし，現場（ライン）の業務，特性，人材などについても知る必要があろう。そこで人事スタッフの育成の実態について，みていくことにしたい。

　さらに，人的資源管理の担い手には，人事制度の企画立案などの業務を行う「人事部」と，従業員を各現場で管理を行う「ライン」（ライン・マネジャー）があり，それぞれ人的資源管理に関する役割がある。そこで，人的資源管理を進める上での人事部とラインの関係についても考えていくことにしたい。

2. 人事部の役割

　企業の戦略を達成するために，人的資源管理の各施策が結び付く必要がある。そこで，人事部の役割の一つとして，人的資源管理に必要な各制度をプランすることが求められる。

　具体的には，採用から始まり，教育訓練・研修，配置・異動，昇格・昇進，人事評価，報酬などの各人事制度の企画，制度設計を行う。そして，実際に日常の人的資源管理，たとえば配置・異動，教育訓練，人事評価などについては，それぞれの現場（ライン）で実施されることになる。

　このように，日常の人的資源管理については，現場のライン・マネジャーに委ねられるが，人事部のもう一つの役割として，各現場で人的資源管理が適正に運用されているかをチェックする役割もある。それは，各現場のライン・マネジャーだけに人材の管理を委ねてしまうと問題も起きることがあるからである。のちにみるように，配置・異動，昇格・昇進，人事評価などで，全社的にみると，バラツキが生じることがある。そのため，人事部は全社的観点から人材の管理に調整を行うのである。

3. 人事部の組織と担当業務

(1)　人事部の配置

　人事部は，どのような組織になっているのであろうか。図表 12-1 のように，本社に人事部（本社人事部）を置き，その他に，支社・支店，工場などがあれば，そこに人事担当部署を配置する企業もある。これらの人事担当部署をここでは「事業所人事」とする。

　また，事業部に人事担当部署を置く企業もある（事業部人事）。事業部人事は，人事業務だけを行う企業もあれば，事業戦略の立案などの業務，事業部の利益管理などの事業に関するさまざまな管理業務を行い，業務の一つと

図表 12-1　人事部の配置

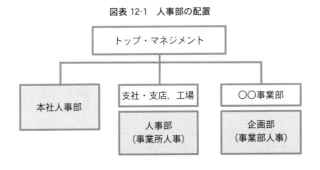

して事業部の人事を担当することもある。後者の場合，たとえば「企画部」などとして配置している企業がある。

(2)　人事部の担当業務

本社人事部には，さまざまな担当業務がある。採用担当（課・チーム）は新卒採用，中途採用を行う。教育訓練（研修）担当は，新入社員研修から始まり，各レベルの階層別研修，海外研修，幹部候補を対象とした選抜研修などを担当する。

そして，配置・異動，昇格・昇進，人事評価，賃金について，個別人事をまとめて担当する企業もあれば，担当部署をそれぞれわけて配置する企業もある。配置・異動については，人事異動に際して，たとえば部門間異動の場合，各部門の間に入り，異動の調整を行う企業もある。また，配置期間が長い者がいる場合に，ラインに働きかけ，従業員のキャリア形成が促進するように対応を取る企業もある。

昇格・昇進については，たとえば人事部が昇格候補者を過去の評価結果にもとづいてリストアップし，各ラインでは，その昇格候補者のなかから選抜を実施することがある。また，昇格試験を実施する企業もある。昇格試験には筆記試験や面接があるが，本社人事部が試験を実施したり，面接を行ったりする企業もある。人事評価については，評価ランクをたとえばS評価を何割，A評価を何割にするなど評価結果の分布を人事部があらかじめ設定する企業もある。そして各現場で行われた個別の人事評価に対して，偏った評価がないかなどをチェックする業務もある。

また，労働組合がある場合，労働組合との対応を行う担当もある。人事制度の改定など，組合側の意見，要望を聞き制度に反映させることも必要で，その折衝業務を担当する。海外現地法人などがある場合，海外派遣者の管理，現地の人事制度の企画などを行う海外人事の担当がある。これらを全体的にみて，人事制度全体の見直しやプランを行う「人事制度企画」全体を扱う業務もある。また，中長期的な「人員計画」をプランする業務担当もある。その他には，「ワーク・ライフ・バランス」や，「ダイバーシティ・マネジメント」を推進するために，担当部署を配置する企業もある。

　さらに，人事部とは別に「人材開発部」を設け，人材開発計画を策定し，従業員のキャリア形成，育成，研修に特化した取り組みを行う企業もある。

4. 人事スタッフの配置・キャリア

(1)　人事スタッフの配置先

　人事部の人材をどのように育成するかにより，企業の人的資源管理に差が生じることになろう。そこで，人事スタッフの育成方式についてみていくことにしたい。さきにみた人事担当部署それぞれに人材を配置するが，どのようなキャリアの人材を配置させるかは企業により違いがみられる。

　「本社人事部」には，人事職能（部門）を中心に経験してきた者だけでなく，他の職能（部門）を経験してきた者を配置する企業もある。そして「事業所人事」には，本社人事部を経験した者を配置したり，人事職能の初任配置先として，現場経験をさせるために配置したりすることもある。「事業部人事」には，その事業の経験者を配置する企業もあれば，人事職能を経験したスタッフを配置する企業もある。

(2)　人事職能の経験

　人事部における人材の育成方式をみよう。日本労働研究機構（1998）は，日本の大企業の人事，経理，営業の3つの職能の部長，課長に対して，現在配置されている職能を入社からどれくらい経験しているのかを調査している[1]。結果は図表 12-2 のように，人事職能の部長，課長は経理，営業職能の部長，課長に比べて，職能内の経験比率が低いことがわかる。つまり人事職能の部長，課長は，他職能の部課長よりも，他の職能を経験している割合が高いことになる。

　そしてこの調査では，各職能の部長，課長に対して，現在の仕事を進める上で，どのような仕事経験が効果的かを聞いている。図表 12-3 は，仕事経験について，「役に立たなかった」「多少役に立った」「かなり役に立った」「経験しなかった」の回答から，「かなり役に立った」の割合だけをみている。結果は，人事職能の部長，課長の回答は，営業，経理職能の部長，課長

図表 12-2　勤続年数に占める職能内経験年数の割合（%）

			25%以下	26～50%	51～75%	76%以上
人事職能	部長	(58)	3.4	22.4	34.5	39.7
	課長	(106)	3.8	32.1	23.6	40.6
経理職能	部長	(183)	2.2	15.3	30.6	51.9
	課長	(321)	0.9	16.5	29.0	53.6
営業職能	部長	(87)	2.3	21.8	27.6	48.3
	課長	(161)	0.6	19.9	27.3	52.2

注：（　）は回答者数。
出所：日本労働研究機構（1998）より筆者作成。

図表 12-3　仕事経験の効果（「かなり役に立った」とする割合，%）

	人事部長 (148)	人事課長 (260)	経理部長 (282)	経理課長 (451)	営業部長 (157)	営業課長 (269)
他の職能の仕事経験	60.8	48.5	36.2	29.7	40.1	31.2
職能内のいろいろな仕事経験	59.5	58.5	69.1	66.3	62.4	49.8

注：（　）は回答者数。
出所：日本労働研究機構（1998）より筆者作成。

に比べ，「他の職能の仕事経験」がかなり役立ったとする割合が高くなっている。それに対して，経理職能の部長，課長は，職能内の幅広い経験を評価する割合が高く，職能により，どのような仕事経験が効果をもたらすのかが異なる。

　そして，飛田（2023）は日本の大企業における人事部の管理職80名に対して質問票調査を行い，入社からのキャリアを調べている[2]。その結果，他職能を経験した者が多く，「営業・マーケティング」「製造・生産管理」などライン部門からの異動が多いことを明らかにしている。

　これらの調査から，人事職能の部長，課長のキャリアをみると，他職能の経験が多く，その経験が人事の仕事を進める上で効果をもたらしていることがわかった。

図表 12-4 人事部長・課長の人事職能内経験領域（複数回答，％）

		募集・採用	教育訓練	給与	福利厚生	異動・昇格	人事計画・要員管理	人事制度の企画立案	海外人事	組合との折衝	その他	実務経験なし
日本	(406)	71.2	62.6	55.2	43.1	68.0	62.1	70.0	26.6	61.3	3.4	5.7
アメリカ	(225)	67.1	75.6	44.9	40.0	52.4	60.0	52.9	19.6	34.2	17.3	4.0
ドイツ	(281)	70.2	85.7	50.7	39.3	27.9	62.5	59.6	26.8	37.5	23.2	2.9

注：（　　）は回答者数。
出所：日本労働研究機構（1998）より筆者作成。

(3) 人事職能内の経験

　つぎに，人事職能内での仕事経験の幅についてみることにしたい。先の日本労働研究機構（1998）は，人事職能内の領域を募集・採用，教育訓練，異動・昇格，給与等にわけ，人事部の部長，課長に対して，これまでに経験した領域を聞いている。その結果を日米独の大企業で比べると，図表 12-4 のように，3 カ国とも人事職能の中でさまざまな領域を経験しているが，とりわけ日本が多くの領域を経験していることがわかる。

　なかでも特に差がみられるのは，「異動・昇格」の経験である。日本では，「異動・昇格」を経験した部課長の割合がおよそ 7 割であるのに対して，アメリカは 5 割強，ドイツでは 3 割弱となっている。

　以上のように，人事職能担当者は他職能の経験，そして職能内では複数領域の経験が多いことがわかった。人事職能担当者に他職能の経験が多い理由としては，つぎのことが考えられよう。たとえば，さまざまな職能から人材を集めた人事部では，それぞれの職能の実情，特性，そしてそれぞれの職能で働く人材をよく知る人事担当者がいるため，個別人事，たとえば異動，昇格，人事評価などに関与しやすくなるからである。特に日本企業では，異動や昇格の担当に配置させることが多かったが，こうした経験が多いことは，人事部にそうした業務があり，そしてそれらに人事部が関与することを重要視しているものと考えられる。また，そうした業務には，他の職能を経験した人材が担当すると異動などが円滑に進むことにつながることもある。

(4)　人事スタッフの構成

　人事部の部長，課長は，他職能の仕事経験を持つ割合が高い特徴がみられた。さらに，人事部はどのようなキャリアを経験した人材から構成されているかみてみよう。

　関西経営者協会（1994）は，264社に対するアンケート調査により，人事スタッフのキャリア・パターンを探っている[3]。この調査では，キャリアを「一筋型」（人事部一筋型），「復帰型」（人事部→他部門→人事部復帰型），「異動型」（他部門→人事部への異動型），「社外型」（社外の人事部経験）の4タイプにわけ，一番目に多いキャリアと二番目に多いキャリアを聞き，その組み合わせを明らかにしている。

　その結果，「一筋型＋異動型」の組み合わせをとる企業が最も多く，企業規模が大きくなるほど，その割合は高くなっている。つまり，人事部では，人事職能一筋の人材と，他の職能を経験した人材を混ぜて配置していることになる。そして，本社人事スタッフの育成方針についても聞いており，「他部門に一定期間在籍した者の中から，適性を見て人事部へ配置転換し，育成していく」が最も多い回答となっている。以上から，人事部は，人事業務を専門とする人材と，他の職能を経験した人材から構成されている割合が高いことがわかった。

(5)　海外企業の人事担当者のキャリア

　つぎに，海外企業の実態をみよう。Kelly and Gennard（2000）は，人事部長に昇進するまでに，どのようなキャリア・パスを辿るのかを，イギリス企業の人事部長60名に対してアンケート調査を行い，明らかにしている[4]。この研究は，人事部長に到達するまでのキャリアのパターンを「職能内タイプ」「人事と他の職能間を異動するジグザグタイプ」「人事の経験がないパラシュートタイプ」の3つのタイプにわけて分析している。その結果，「職能内タイプ」は21名，「ジグザグタイプ」は34名，「パラシュートタイプ」は5名となり，「ジグザグタイプ」が多いことを明らかにしている。

　最も多い「ジグザグタイプ」のキャリアには，たとえば初めは人事部からキャリアがスタートし，その後に子会社でマネジメントを経験し，そして人

事部に戻ってくるパターンがある。「ジグザグタイプ」は平均3職能を経験
しており，こうしたキャリアを積むことにより，企業を幅広い観点からみる
ことができ，組織内のさまざまな問題がわかるメリットがあるとしている。
そのため，特に幹部候補（high flyer）には，こうしたキャリアを積む者が
多い特徴がある。

　そして，Ulrich et al.（2013）は，多くの国々の企業の人事担当者を対象
に，1987年から2012年の間に6回の大規模な調査を行っている。これらの
調査では，質問項目の一つとして，人事職能の経験年数を毎回尋ねている。
結果を時系列でみると，近年，人事担当者の人事職能での経験年数が短くな
る傾向が示されている。それは，他職能から人事職能への異動が増えたこと
があるのではないかと指摘する[5]。

　海外企業では，人事担当者がスペシャリストとして育成されるため，他職
能からの人事職能に異動することは少ないと思われるかもしれないが，実態
は他職能と人事職能の間で異動が行われており，近年それが増加していると
いえる。

5. 人事部とラインの関係

(1) 人的資源管理の担い手
　人的資源管理の担い手として，人事部とラインの役割はともに欠かせな
い。人事部は経営戦略に連動させ，採用から始まり，配置・異動，教育訓
練，選抜，人事評価，報酬などの人事制度を企画立案，制度設計を行うだけ
でなく，ときには実際に現場で行われている人的資源管理に対して，関与す
る必要がある。そして，ラインは日常の人的資源管理を行う主体となる。そ
こで以下では，各人的資源管理施策を実施するために，人事部とラインには
どのような役割があるのか考察することにしたい。

(2) 採用
　まず，人材を採用する必要がある。採用については，必要とされる人材像
を明確化し，採用者数の決定，応募者の選考，さらには，初任配属先の決定

などを行う。こうした採用プロセスにおいて，人事部とラインにはそれぞれの役割がある。

　採用人数の決定においては，ラインで実際に業務を遂行するに必要な人数を算出する必要もあるが，中長期的，全社的な観点も必要である。現在必要とされる人員数だけではなく，将来の定年退職者数の予定から，中長期的に必要な人員数を確保しておく必要がある。こうした中長期的，全社的採用計画は，ラインで立てることは難しく，人事部が行う必要がある。

　つぎに，採用した人材を社内のさまざまな部門に配置させるが，具体的には本人の適性や希望，人事部が行った採用試験や面接，各部門の配属人数の希望などにもとづき，適した人材を振りわけることになる。こうした作業は，全社的な観点，バランスを考慮に入れる必要があるため，人事部が担う企業が多い。そして，部門内で具体的にどのような仕事に配置させるかについては，現場が初任の担当業務はどこが適しているのかを良く知るため，ラインに配置を委ねる企業が多い。

(3) 配置・異動，キャリア形成

　人事部が個別従業員の配置・異動に関与することは，社内さまざまな部門の従業員が対象となるため，異動歴などの情報収集や，異動先を探すなどの対応に関するコストが高い。それよりもラインが行う方が，日ごろの働きぶりをみているため，本人に適した配置先がわかりやすく，配置・異動が効率的に行われる。

　しかしながら，配置・異動の決定をラインにすべて委譲してしまうと，優秀な人材を上司が異動させるのを避ける「人材の抱え込み」という問題が起きてしまう。抱え込みが起きると，その従業員のキャリア形成の機会が阻害されてしまうことになる。こうした抱え込みが企業の中で多く行われると，企業の競争力を低下させることにつながる。そのため，長期間異動が行われていない従業員の情報を人事部が把握し，そうしたケースがあれば，異動を促すようラインに働きかけを行う対応が必要となる。

　さらに，将来の経営者層の候補となる企業の中核的な人材には，職能間異動や海外経験など，企業の主要な部署を経験させて育成，選抜していくこと

が欠かせない。こうした育成は部門を超える異動が多いため，それぞれのラインでプランすることは難しく，また実際の配置・異動も部門間だけの話し合いで決めることは難しい。そこで人事部が全社的観点から取り組むことが必要となる。

(4)　評価

　従業員の評価は，人事部が行うよりも，ラインで行う方が，従業員の日々の働きぶりをみているため，適正な評価を行うことができると考えられる。しかしながら，ラインで実施した評価を人事部が全社的観点からチェックする必要がある。それは，部門間で評価のつけ方に差が生じることがあるからである。たとえば，全体的に従業員に対して寛大な評価を行う部門もあれば，厳しく評価を行う部門もあり，同じような働きぶりでも配属された部門によって評価結果が異なってしまうことが起きる。人事部には，社内にそうした評価の不公平が生じていないかをモニターし，必要があれば調整を行う役割がある。こうした取り組みが行われれば，配置による不公平を感じる従業員は少なくなり，モチベーションの低下を防ぐことにつながる。

(5)　昇格・昇進・選抜

　昇格・昇進の対象者を決定するには，従業員の働きぶりをよく知る現場のライン管理職が決める方が，適正な判断ができると考えられる。一般社員層の昇格については，「上司の推薦」「過去の評価」が要件とされ，ラインで決定されることが多い。そして管理職への昇進については，「試験」「面接」を実施する企業もある。これらは人事部が主体となり実施することが多い。これには昇格・昇進の候補となる各部門の人材を横並びに比較し，能力，実績，年齢等に差が生じ過ぎていないかチェックする機能がある。

　なぜ，こうした機能が必要となるのか。たとえば，企業内にいくつか事業部があり，ある事業部だけ昇格・昇進のスピードが速ければ，他の事業部で不公平を感じる従業員が出てしまい，モチベーションの低下を引き起こしてしまうからである。また事業部により，昇格・昇進のスピードが異なれば，事業部間の人材のシフトも難しくなる。どの事業部においても，同じような

図表 12-5　人事部とラインによる人的資源管理

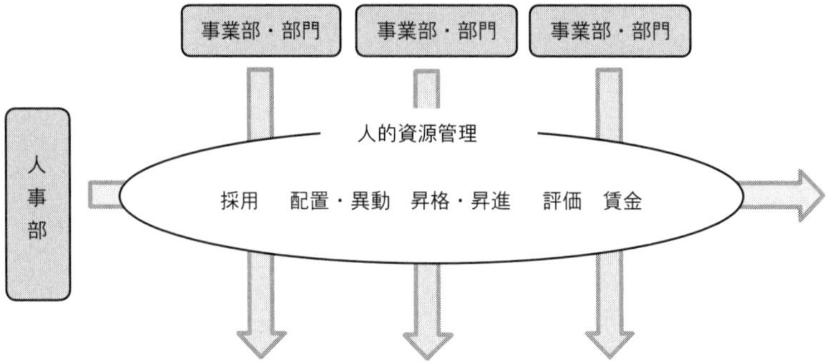

出所：筆者作成。

条件であれば，社内でフレキシブルな人材の異動が可能となる。

　以上のように，人的資源管理において人事部とラインにそれぞれの役割がある。図表 12-5 のように，各事業部・部門において日常の人的資源管理が行われるが，人事部はそれぞれの人的資源管理に対して，全社的観点から，適正・公平に運用がなされているのかをチェックし，必要があれば現場に戻し修正をかけるなど，調整作業を担当する。このように，ラインが「縦」の人的資源管理を行うとすれば，人事部は「横」の人的資源管理を行い，両者は「縦」と「横」の関係にあるといえよう。

6. 人事部とラインの役割に関する実態

(1)　一般社員の配置・異動

　前節では，人的資源管理各施策における人事部とラインの関係についてみてきたが，つぎに，企業における両者の役割について，調査研究から実態をみていこう。

　まずは，一般社員レベルの配置・異動を主に対象として，詳しく聞き取りを行った研究から取り上げよう。藤本（1999）は，日本の大手電気通信機器メーカーを対象とし，全社的な人材配分のメカニズムを探っている[6]。その結果，① 部門内異動に関して実質的な人事権が各部門に相当委譲され，本

社人事部が介入するケースは少ないこと，② 中核的な人材の囲い込みが各
事業部門で行われるため，本社人事部は囲い込みの対象となる人材を部門間
異動の案件にあげることに手腕が問われるとしている。

　日本労働研究機構（2001）は，日本の大企業 4 社（食品メーカー，輸送用
機器メーカー，鉄道会社，百貨店）の課長職相当までの異動の決定に関し
て，人事部とライン管理職への聞き取り調査により，権限の実態を明らかに
している[7]。その結果，人事部が異動を一元的に決定している企業はなく，
事業部やラインに人事権がある事例が多いとしている。

　そして平野（2006）は，日本の大手総合スーパー 2 社，チェーンストア 2
社（うち 1 社アメリカ系企業日本法人）の聞き取りにより，日本の企業は，
事業部内であれば異動の権限がラインに委譲されているが，系統を越える異
動（たとえば店舗から商品部）は，人事部が調整を行うことを明らかにして
いる[8]。

　以上の事例研究を合わせてみると，日本の大企業では，一般社員レベルの
事業部内や部門内の異動に関しては，ラインの役割が強い結果となった。

(2)　管理職の配置・異動

　つぎに，管理職の配置・異動に焦点を当て，その関係を明らかにした研究
をみよう。先にみた日本労働研究機構（1998）は，日米独の大企業 378 社の
アンケート調査から，課長と部長への昇進に関し，決定主体はどこかを聞い
ている。課長への昇進については，日本では人事部とする割合がおよそ 3
割，ライン長が 4 割強，直属上司が 1 割強となっており，ライン長が最も多
い。それに対してアメリカでは，人事部とする回答がわずか数パーセント
で，ライン長が 4 割，直属上司がおよそ半数となっており，ラインの決定権
限が強いことが明らかとなっている。このように日米で人事部の権限の割合
に差が出ていることは特徴的である。そして部長職への昇進については，日
米ともに CEO や役員会が決定主体とする回答が多く，人事部とする回答は
少ない結果となっている。

　Jacoby（2005）は，日米の大企業 374 社にアンケート調査を行い，管理職
層の配置に関しては，特にアメリカで，この 5 年の間にラインの役割が増加

しているとしている[9]。管理職の配置の権限をみると，日本企業は，ライン
に責任があるとする割合が2割強であるのに対し，本社人事部とする回答が
半数強と，本社人事部の責任が強い結果となっている。

　それに対して，アメリカ企業では，本社人事部とする回答が1割強で，ラ
インとするのは6割強とラインの責任が強い結果となっている。以上の調査
からは，管理職レベルでは日米共にラインの決定が強いが，日本では人事部
の決定も多いことがわかる。

⑶　海外企業における配置・異動の決定

　欧米企業では配置・異動において，社内公募（internal job advertising,
job posting）を用いる企業が多い（Baruch and Peiperl, 2000; CIPD, 2003）[10]。
社内公募は，従業員本人の希望を配置・異動に反映させる仕組みである。こ
れがどのように決定されるのかをみた研究には，たとえば Hirsh et al. (2000)
がある。この研究は，イギリスの大企業6社を調査し，社内公募が増加して
おり，人事部の役割としては，空席ポストの承認や募集，ラインに対して応
募者の選考にアドバイスを与える役割があるが，候補者の絞り込みと最終決
定についてはラインに権限を委譲しているとしている[11]。

　また，日本労働研究機構（1997）の海外企業に対する人材開発の聞き取り
調査によれば，社内公募は課長レベルくらいまでとなっている[12]。しかも，
異動の距離が遠い場合，たとえば事業部間の異動などによく用いられてお
り，それ以外の異動，たとえば部内の異動については，上司の計らい，つま
りラインで決定していることを明らかにしている。

⑷　幹部候補・ハイ・ポテンシャル人材の育成

　上級管理職（senior management），ハイ・ポテンシャル（high-potential）
人材，幹部候補（fast track, high flyer）の育成は，どこが関与し，責任を
持つのか。将来企業の中核となる人材層には，企業の主要な部署，職能間異
動，海外などを経験させ，育成，選抜していくことが必要である[13]。

　上級管理職の選抜に焦点を当てた Kelly (2001) は，多国籍企業23社の
トップ・マネジメント層と人事部長に対する聞き取り調査をもとに，本社人

事部の役割が上昇していることを明らかにしている[14]。その理由として，① 経営層において人事担当者の占める割合が上昇してきていること，② 海外子会社の人事部に自立性はあるが，重要な変更の際に本社人事部の了承を必要とすることや，本社人事部は，海外子会社に対して人事戦略，人事施策が実行されているかをモニターする機能があること，③ 上級管理職層の選抜には本社人事部が関わっていることを挙げている。

　先の Jacoby（2005）は，上級役員層（senior executives）の選抜における人事部の役割についても聞いている。その結果，日米ともに人事部は，情報提供などの役割よりも，最終決定に参加する割合が最も高く，特にアメリカではその割合が高くなっている。先にみたように，一般社員層の配置については，人事部が決定する割合が日本企業の方が高かったが，上級役員層の選抜においては，アメリカ企業の方が人事部に権限があるとする割合が高くなるのは興味深い発見事実である。

　Larsen et al.（1998）は，ヨーロッパ 10 カ国，2,888 社のアンケート調査をもとに，人事機能の集権度が高い企業では，幹部候補育成制度を導入する割合が高いことを発見している[15]。さらに，こうした制度を持つ企業では，計画的なジョブ・ローテーション，管理職の内部昇進についても実施する割合が高い結果となっている。

　そして，Scullion and Starkey（2000）も同様な結論を導き出す[16]。この研究は，海外展開を行うイギリスの大企業 30 社における上級管理職とハイ・ポテンシャル人材の選抜，育成に焦点を当て，人事部の権限，役割について，聞き取り調査をもとに実態を探っている。

　その中で，人事部の権限の度合いを分類し，「集権人事タイプの企業」（centralized HR companies）においては，人事部が海外のさまざまな拠点からハイ・ポテンシャル人材を選び出し，育成することが可能になっているメリットを指摘している。

　それに対して，「分権人事タイプの企業」（decentralized HR companies）では，計画的なキャリア形成が行いにくい問題が起きたため，これらの企業のなかには，上級管理職層の育成機能を高めるために，人事機能の再集権化（re-centralization）を図る企業が出てきているとする。

　以上の調査研究からは，欧米企業における幹部候補人材，上級管理職，ハイ・ポテンシャル人材，つまり上位レベルの人材の配置，選抜に関しては，企業内のさまざまな部門の異動や，海外拠点からも人材を選び育成するために，全社的に人材の管理ができる人事部の役割が強い実態がわかった。

⑸　賃金・評価

　賃金については，まず Huchinson and Wood（1995）の研究をみる[17]。イギリス企業 27 社の人事部長とライン部長に聞き取り調査を行い，個別の賃金決定は，ラインが決定権限を持つが，それ以外の外部との賃金比較などは人事部が決定していることを明らかにしている。賃金について最も細かく調査しているのは，Pool and Jenkins（1997）の調査である[18]。この調査は，イギリス企業を主に対象とし，909 社のさまざまな職能の管理職層に対するアンケート調査から，賃金，評価などについて，実際の実行責任をどこが持つのかを探っている。賃金については，14 項目に分けて分析をしており，従業員の成果給・業績給（payment by results/performance）やボーナス（individual bonus schemes）についての実際の実行責任は，ラインの責任が最も大きく，つぎが人事部とラインが共同となっている。それに対して，役員層の賃金に関しては，人事部が責任を持つとしている。

　そして，評価については，日米を比較する Jacoby（2005）は，管理職層に対する評価の決定責任について，日本ではラインと本社人事部が，それぞれおよそ 4 割で同じくらいの割合であるが，アメリカではラインとする割合が 6 割強で，人事部は 1 割強となっており，ラインの責任の割合が高くなっている。

　また，先にみた Hall and Torrington（1998）も，評価が人事部だけで決定するという割合はごくわずかで，人事部は情報提供のみの割合が多く，ラインの役割が強い結果となっている。

　以上の調査からは，個別従業員に対する賃金，評価の決定は，特に海外企業でラインの役割が強いことが明らかとなった。

⑹　**小括**

　人的資源管理に関する人事部の機能と役割に関する実態を明らかにしたこれまでの研究をまとめよう。日本企業，そして海外企業では，ラインが単独で決定しているのではなく，人事部との共同により決定が行われていた。

　配置・異動に関しては，従業員のレベル別，国別に違いがある。日本企業においては，課長職レベルまでの部門内の異動に関して，ラインの役割が強いが，日本と欧米を比べると，欧米の方がラインの役割が強い。

　ハイ・ポテンシャル人材や上級管理職層，役員層の選抜，配置などについては，日本企業よりも欧米企業の方が，人事部の役割が強く，とりわけ集権人事タイプの企業では，そうした人材の管理を行なう割合が高い結果が得られた。そして，各事業部・部門において日常の人的資源管理が行われるが，人事部は，それぞれの人的資源管理に対して，全社的観点から，適正・公平に運用がなされているのかをチェックし，必要があれば，現場に戻し修正をかけるなど，調整作業を担当する。

　賃金は，欧米の研究では，個別従業員の賃金決定はラインが強い結果が得られ，評価についても，欧米企業ではラインの役割が強い実態が明らかとなった。

7.　まとめ

　日本の大企業の人事部は，人事業務を専門とする人材と，他の部門を経験した人材が組み合わさり構成されている実態がみられた。それは他部門の経験が人事業務にプラスの効果をもたらすからである。たとえば，事業特性や働き方を知っている人材が，人事制度の企画業務を担当すれば，事業の実情，実態，特性を勘案した人事制度の構築につながるであろう。それゆえ，人事部の部長，課長は，他の職能の部長，課長に比べて，他職能の仕事経験を評価していたと考えられる。そして，人事部内では，さまざまな人事の領域を経験させる育成が行われている実態がわかった。

　人的資源管理を進める上で，日本企業，そして海外企業では，ラインのみで行っているのではなく，人事部とラインにはそれぞれの役割が存在し，

「縦」と「横」の関係にある。そして国ごと，対象となる従業員レベルにより人事部の役割が異なることがわかった。たとえば，海外企業では，幹部候補人材，上級管理職，ハイ・ポテンシャル人材，つまり上位レベルの人材の配置，選抜に関しては，人事部の役割が強い特徴がみられた。

　本章では，人事部の役割，そして人事スタッフをどのように育てるのかについてみてきた。人事部がどのように，そしてどこまで個別従業員の人的資源管理に関わるのか，そして，どのような経験を持つ人材で人事部を構成させるかは，「人的資源管理の力」に大きな影響を与えることになろう。

注

1　日本労働研究機構（1998）『国際比較：大卒ホワイトカラーの人材開発・雇用システム—日，米，独の大企業(2)　アンケート調査編』日本労働研究機構。

2　飛田正之（2023）「人事担当者のキャリア形成・育成—日本の大企業の人事部門，管理職に対する質問票調査—」『福井県立大学経済経営研究』第45号，福井県立大学。

3　関西経営者協会（1994）『本社人事部門の機能と将来像に関する調査』関西経営者協会。

4　Kelly, J. and Gennard, J. (2000) "Getting to the top: Career paths of personnel directors", *Human Resource Management Journal*, Vol.10 No.3. pp.22-37.

5　Ulrich, D., Younger, J., Brockbank, W. and Ulrich, M. D. (2013) "The state of the HR profession", *Human Resource Management*, Vol.52 No.3. pp.457-471.

6　藤本雅彦（1998）「日本の大企業の人材配置メカニズムに関する一考察—戦略的人事部の構築に向けて」『経済学』第60巻1号，東北大学。

7　日本労働研究機構（2001）『大卒ホワイトカラーの昇進・配置と人事部の役割』日本労働研究機構。

8　平野光俊（2006）『日本型人事管理—進化型の発生プロセスと機能性』中央経済社。

9　Jacoby, S. M. (2005) *The Embedded corporation: Corporate governance and employment relations in Japan and the United States*, Princeton, Princeton University Press.（サンフォード・M・ジャコビー（2005）『日本の人事部，アメリカの人事部』鈴木良治・伊藤健一・堀竜二訳，東洋経済新報社。）

10　たとえば，Baruch and Peiperl (2000) (Baruch, Y. and Peiperl, M. "Career management practices: an empirical survey and implications", *Human Resource Management*, Vol.39 No.4. pp.347-366) は，イギリスの194社を対象に，キャリア開発の実態を調べ，キャリアに関する取り組み（17項目）のなかで，社内公募（job posting）の導入割合が最も高くなっているとしている。また，CIPD (2003) (Managing employee careers: Issues, trends and prospecst, London, CIPD.) がイギリス企業732社に対して実施した調査では，93％の企業が社内公募（open internal job market）を導入しており，社内公募が普及していることがわかる。

11　Hirsh, W., Polland, E. and Tamkin, P. (2000) *Free, fair and efficient? Open internal job advertising*, IES report 371, Brighton, The Institute for Employment Studies.

12　日本労働研究機構（1997）『国際比較：大卒ホワイトカラーの人材開発・雇用システム—日，英，米，独の大企業　事例調査編』日本労働研究機構。

13　たとえば，白木（2006）（国際人的資源管理の比較分析—「多国籍内部労働市場」の視点から』

有斐閣）は，欧米の多国籍企業の聞き取り調査から，ハイ・ポテンシャル人材は，30 歳台前半くらいのキャリアの早い段階で，子会社の海外勤務をさせたり，企業内の異なる事業グループや職能を経験させたりしていることを明らかにしている。

14　Kelly, J. (2001) "The role of the personnel/HR function in multinational companies", *Employee Relations*, Vol.23 No.6. pp.536–557.

15　Larsen, H. H., London, M., Weinstein, M. and Raghuram, S. (1998) "High-flyer management-development programs: Organizational rhetoric or self-fulfilling prophecy?", *International Studies of Management and Organization*, Vol.28 No.1. pp.64–90.

16　Scullion, H. and Starkey, K. (2000) "In search of the changing role of the corporate human resource function in the international firm", *International Journal of Human Resource Management*, Vol.11 No.6. pp.1061–1081.

17　Huchinson, S. and Wood, S. (1995) *Personnel and the line: Developing the new relationship*, Institute of Personnel and Development.

18　Poole, M. and Jenkins, G. (1997) "Responsibilities for human resource management practices in the modern enterprise: Evidence from Britain", *Personnel Review*, Vol.26 No.5. pp.333–356.

［さらに学びたい人のために］

・サンフォード・M・ジャコビー（2005）『日本の人事部，アメリカの人事部』鈴木良治・伊藤健一・堀竜二訳，東洋経済新報社。

第 *3* 部

HRM のマクロ的視点

第 *13* 章

労使関係と人的資源管理

1. はじめに

　使用者にとって，人的資源としての労働者といかなる関係を築くかということは，企業経営上重要な課題である。つまり，良好な労使関係であるか，対立的な労使関係であるかによって，経済活動における生産性に多大な差が生じる。また，労働者にとっても，労使関係は，まさに仕事のあり方のみならず生活にまで直結する問題である。したがって，労使関係は，単に一企業，一産業の問題に留まらず，その時代の社会のあり方を規定するものである。

　そこで，本章では，労使関係について，まず，集団的労使関係として中核的な役割を担ってきた労働組合について学ぶ。次に，日本の労使関係の特徴を理解し，その後，昨今，重要性を増している個別労働関係について考察する。そして，最後に，労使関係の近年の課題について検討することとする。

2. 人的資源管理と労使関係

　使用者と労働者は，協力して経済活動に従事することにより，経済目的を達成することが可能となる。労働者は，労働力を提供し，使用者は，モノ，カネ，情報とともに，ヒトつまり，労働力を人的資源として活用することによって，経済活動を行う。

　しかし，使用者と労働者の立場は異なるため，そこには利害対立の要素も含んでいる。使用者は，労働者に支払う賃金，すなわち人件費コストを最小

限に抑え利潤の最大化を図ろうとする。他方，労働者にとっては，賃金は生
活を支える源であり，労働の対価として最大の賃金を得ようとする。そのた
め，両者は経済活動のために協力関係を築くことが必要ではあるが，それが
対立関係となることも少なからずあった。産業革命後，賃金労働者が増加
し，その中には悲惨な生活状況に陥る労働者も多数発生したため，労使関係
は深刻な社会問題となった。そして，使用者と労働者との激しい紛争の歴史
が展開されてきた。

　両者の厳しい対立は，経済活動に大きなマイナスをもたらし，使用者，労
働者双方にとって大きな痛手となった。そのため，両者の協調的関係の構築
が社会的に重要な課題となり，良好な労使関係を築くための試行錯誤が繰り
返されてきた。つまり，使用者にとっても，協調的な労使関係を築くこと
が，貴重な人的資源を有効に活用し，自らの経済目的を達成するために不可
欠なのである。そこに，人的資源管理における労使関係を理解する大きな意
義が存在していよう。

3. 労使関係の概念

　労使関係とは，元来英語では "industrial relations" のことであり，産業に
おける諸関係である。つまり，労使関係は，近代社会における産業の成立と
ともに生まれたものであり，産業社会における基本的社会関係の1つであ
る。ダンロップ (1958) は，『労使関係システム』[1]の中で，労使関係は，個
別企業の使用者と労働者との関係にとどまらず，マクロ分析の1つの枠組み
として，広義に捉えている。そして，経済学のみならず，社会学，経営学，
法学，政治学など社会科学のさまざまな分野からの学術的接近が必要である
とも述べている。

　この考え方は，日本でも広く受け入れられ，大きな影響を与えてきた。中
山伊知郎 (1974) は，労使関係は，もともと人間と人間との関係，あるい
は，人間の1つの集団と他の集団との関係であると述べている[2]。森五郎
(1981) は，使用者階層と労働者階層との間の秩序を形成している社会的諸
関係とし，その関係を ① 企業レベル，② 産業レベル，③ 国レベルに分け，

それぞれについて解明することの必要性を述べ，労使関係を大きな主題として捉えている[3]。

　しかし，多くの研究において，労使関係の基幹を，企業（団体）と労働組合との関係として考えることが一般的となっていく[4]。それは，実質上，労働者の団体である労働組合と企業との関係が，労使関係のあり方に多大な影響を与え，その姿を規定していったからである。そして，両者の協調と対立の歴史は長い間大きな社会的問題となってきたのである。

　また，昨今では，労働者個別の労働問題が増加していることもあり，労使関係を "labor-management relations" とすることが多くなっている。

　では，次に，労使関係の中心的役割を担ってきた労働組合について，その内容を理解しよう。

4. 労働組合

(1) 労働組合の定義

　19 世紀にウェッブ夫妻が『労働組合運動の歴史』[5]の中で，「労働組合とは，賃金労働者が，その労働生活の諸条件を維持または改善するための恒常的な団体である」と定義しており，この定義が社会的に定着してきた。つまり，労働者が生活の維持・改善の目的をもって自主的に作った組織である。そして，労働組合の成立には，産業社会の成立とともに発生した雇用関係に基づく使用者と労働者との歴史がその背景にある。

　産業革命後，増加した賃金労働者の中には，低賃金で人間としての最低生活を送ることも困難な，不当な扱いを受けた者も少なくなく，その悲惨な歴史は多くの国に存在している。経済学的に見れば，雇用関係とは，労働者と使用者とが市場において労働力の売買契約を締結することではあるが，双方には情報量において非対称性があり，交渉力において労働者は使用者に比べ弱い立場にある。労働者は，日々の労働によって生計を立て，生命を維持していくこととなるため，一般商品のように値上がりを待って労働力を売るということは現実には難しい。また，総じて，一労働者が，他の労働者の労働条件や交渉状況等の情報を得ることは困難で，交渉力は弱い。しかし，それ

は，労働者がそれぞれ個別に使用者と交渉するところに弱さがあるのであって，使用者にとって労働力は不可欠な生産要素であることから，労働者が集団を作り対応すれば大きな力となり，対等な立場に立ち得る。ここに，労働者が労働組合という組織を形成する意義がある。

⑵　労働組合の種類

労働組合は，社会的，経済的諸条件によってさまざまな性格のものがある。そして，労働組合の組織形態には，労働者の加入資格によっていくつかの種類に区分することができる。

①　職業別労働組合（craft union）

労働組合の歴史の中で最も古い伝統を持ち，同一職種の有資格熟練労働者が共通した職業を基盤に組織したものである。有資格熟練労働者の利益を守るため，徒弟数制限や職業資格などの統制を行い，熟練労働力の供給を制限することによって自らの労働条件の維持・向上を図ろうとした。

しかし，機械化による大量生産体制が進むに伴い，熟練に基づく職業別労働組合は弱体化していくこととなった。

②　産業別労働組合（industrial union）

欧米諸国では，最も中心的な労働組合である。熟練度や職種によらず，同一産業の労働者が企業横断的に加入するものである。大規模大量生産体制の発展に伴い，大きく成長してきた。欧米では，産業別労働組合は，産業別使用者団体や主要大企業との間で，産業内の労働条件について直接交渉を行っている。具体的には，鉄鋼産業，自動車産業や電機産業などがある。

③　企業別労働組合（enterprise union）

日本において，最も中心的な労働組合である。企業または事業所ごとに，そこで働く正社員が中心となって職種の別なく組織するものである。そこにおいては，企業あるいは事業所ごとの経営状況を反映した労使交渉が実施される。

欧米諸国が企業の枠を超えた産業別労働組合が中心であるのに対し，日本は企業別労働組合が中心的存在であり，日本の労使関係の一特徴と言われている。戦後，労働組合が発足した当初，日本社会には，イエ社会の考え方や

慣行が広く存在しており，企業を 1 つの「イエ」として考える人間関係が存在していた。そして，後に述べるが，厳しい企業間競争の中においても，企業別労働組合は合理的な組織であったのである。

④　一般労働組合

職業，産業，企業の違いを問わず，あらゆる労働者が加入できる労働組合である。一般には職業別労働組合，企業別労働組合，産業別労働組合等の加入から外れる労働者が組織化されていることが多い。

一定地域を基盤に，中小企業労働者が加入することが多い合同労組には，労働者個人でも組織でも失業者でも加入できる。昨今は，管理職ユニオン，女性ユニオンなど特徴あるコミュニティーユニオンも組織化されている。

(3)　労働組合員

一般に，労働組合に加入できる労働者は，一般労働者である。日本企業では，通常，管理職（課長以上が多い）は，労働条件の決定や部下の人事考課に関与し，労務管理について経営者と一体的立場にあると見なされるため，組合員の対象となっていないことが多い。そして，企業別労働組合の組合員資格は，定年等によって企業を退職すれば失うこととなる。

なお，従業員と労働組合員資格との関係を示すショップ制がある。

①　オープン・ショップ

従業員個々人の自由な意思によって労働組合に加入する。

②　ユニオン・ショップ

企業や事業所の従業員になると共に組合員になるものである。

③　クローズド・ショップ

労働組合員であることが雇用の条件となっているものである。日本においては，ほとんど見られない。

組合費は，給与から自動的に天引きする制度であるチェック・オフが広く普及している。また，組合役員も，従業員籍を持つことが多く，使用者との雇用関係を保持したまま組合業務を行う。そのうち，組合業務に専念する者が，在籍専従役員である。専従役員も就業規則は適用されるが，使用者が給

与を支払うことは労組に対する経理上の援助に当たるため，労組組合法第7条の不当労働行為として禁じられている。そのため，専従期間中は休職扱いになることが一般的である。

⑷　労働組合の役割

① 団体交渉

労働者が団結し，使用者ないし使用者団体と交渉することである。個々人が交渉に当たったのでは，交渉力が弱いことから，団結することによって対等な立場に立ち交渉を行おうとするものである。日本では，憲法第28条によって，団体交渉権，団結権，争議権が保障されている。そして，労働組合法第7条において，正当な理由なく，使用者が団体交渉を拒むことを不当労働行為とし，禁止している。

そして，団体交渉では，労働条件や労使関係のルール，使用者の諸権限に対する労働組合の関与などが決定され，そこで締結される協定が労働協約である。

また，公務員およびその他の公共的職務に従事する職員は，公共の福祉の観点から，争議行為は禁止または制限されている。

② 春闘

日本では，企業別労働組合が中心的存在となっているが，個々の企業別労働組合が各々交渉を実施したのでは，企業間の激しい競争の中で労働者が劣勢になりかねない。そのため，交渉を一時期に，一斉に行うシステムとして春闘がある。連合（日本労働組合総連合会の略称）などのナショナルセンターが全体方針を示し，産業別労働組合（日本の場合は，産業ごとに企業別労働組合が結集した連合体であることが多い）が，産業ごとの状況を踏まえた賃金の引き上げ水準や労働条件等の交渉内容を明示する。それを受けて，各企業別労働組合が同時期に賃上げ等の交渉を行う。その際に，リーディング産業，現在は主に自動車総連，電機連合，情報労連等であるが，これらが春闘相場を形成し，それが他の産業に波及していく。そして，中小企業や労働組合の未組織労働者，また公務員等を含め，日本社会全体の賃金相場の決定に大きな影響を与えてきたのである。

　近年，未曽有の物価高騰の下で，春闘による賃上げは，社会的に大きな期待が寄せられており，その重要性は増している。

　③　交渉内容

　団体交渉での具体的交渉内容は，一般に，「賃金」についてが最も多く，次いで「労働時間，休日・休暇」等となっており，基本的な労働条件が中心的な交渉事項になっている。また，その他に，「職場環境」，「健康管理」などもあり，さらには，事業部門の分社化・再編成等，経営方針に関する内容や福利厚生，教育訓練について含まれることもある。

　④　労使協議制

　企業や事業所で，労使の代表が経営，生産，労働条件，福利厚生等について話し合う制度である。団体交渉が，労使対立を前提とした制度であるのに対して，労使協議制は団体交渉を補完する労使間の自主的手続きで，労使のコミュニケーションを図り，情報共有，意思疎通，合意形成する手段である。労働協約の多くが，労使協議後の団体交渉，または労使協議手続きのみで締結されており，重要な制度となっている。そして，労働組合のない企業にも存在することは少なくない。

⑸　労働組合の組織率

　労働組合の組織率とは，労働組合に加入している従業員の全雇用者数に占める割合である。企業の従業員規模により，その組織率には大きな差があり，大企業ほど高くなっている。

　そして，北欧諸国など一部の国を除き，世界的に労働組合の組織率は長期的に低下傾向を示し，米国では約10％，独は16％，英国は22％となっている。日本においても，戦後は組織率が高く，1949年に55.8％とピークを示したが，その後長期的に低下し，今日では16％台にまで落ちている（図表13-1）。その理由として，主に以下のことが指摘されている。第1に，産業構造が変化し，重厚長大型産業が衰退したことから，ユニオン・ショップ制の企業が減少した。第2に，企業の分社化や民営化が進む中，労働組合の組織化が図られなかった。第3に，雇用形態が多様化し，非正規従業員の割合が高まり，企業内に未組織従業員が増加した。第4に，組合員のニーズが多

図表 13-1　労働組合員数，推定組織率

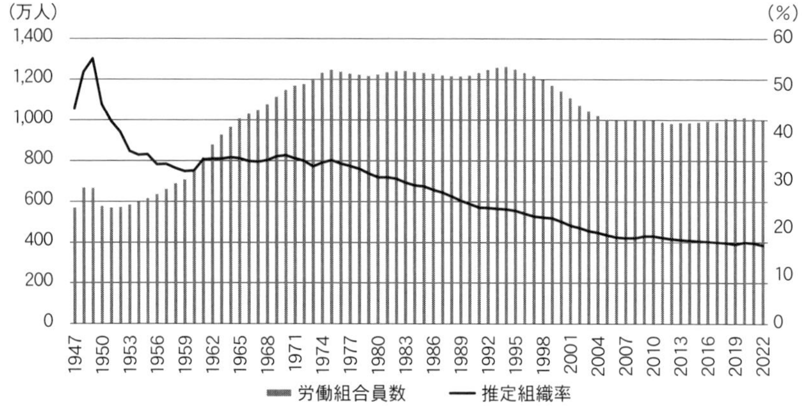

出所：厚生労働省「労働組合基礎調査」。

様化したことから組織化が困難になり，またオープン・ショップ制の企業で
は加入しない従業員も多くなった。等々である。

5. 日本の労使関係

　これまで見てきたように，労働組合のあり方には，いくつかの日本の特性
が現れていた。そこで，次に，日本の労使関係の特徴について，歴史を振り
返りながら，概観しておくこととしよう。

(1)　日本の労働関係法規

　第二次世界大戦以前，労働組合は法律では公認されておらず，悲惨な労働
条件のもとで働く労働者が多く存在していた。そして，戦後，民主化の導入
に伴い，1945年12月に労働組合法が制定される。翌年1946年には，労働
組合法を補完し，労働争議の予防，解決を図る労働関係調整法が制定され
る。争議行為の一部制限を規定し，労使間の集団的紛争の調整手続き等を定
めている。さらに，翌年の1947年には労働基準法が制定され，労働条件等
について一定のルールが規定された。これらの3法がいわゆる「労働三法」

として，日本の労使関係のあり方を規定する中心的法律となった。

(2)　戦後の厳しい労使対立

法制度が成立した後，日本では，長く，激しい労使対立の歴史が展開された。当時，経済はどん底にあって混乱を極めており，労働組合は，困窮する労働者の生活を守るため，「賃上げ」，「職場の民主化」，「首切り反対」をスローガンに労働運動を進めた（図表 13-2）。他方，経営者側は，1948 年に日本経営者団体連盟を創設し，「経営者よ，正しく強かれ」と宣言し，企業再建に取り組んだ。

1950 年代前半，朝鮮戦争の特需を契機に，経済は復興の軌道に乗り，企業業績の回復，雇用者数の増加など，景気は急速に改善した。しかし，その後も，ストに明け，ストに暮れる激しい労使紛争が続いた。そして，この対立は，労働者にとっても，経営者にとっても大きな痛手となり，そのため，労使対立の打開が社会的に強く求められることとなったのである。日本企業は，未だ国際競争力を持てず，日本経済は，国際社会の中で極めて弱小であった。労使がパイを奪い合い対立し消耗するよりも，生産性を向上させて，より大きなパイを生み出すことが両者にとって必要であるとの認識をもつようになり，そこにおいて，1955 年に「生産性運動」が生まれたのである。

図表 13-2　労働争議件数と総参加人数（千）

出所：厚生労働省「労働争議統計調査の概要」。

「生産性運動」には，3つの原則が立てられている。その3原則の主な内容は，以下のとおりである。1，生産性向上は，究極的には雇用を増加させるが，過渡的には過剰人員を発生させる。そのため，失業を防止するよう，国民経済的観点に立って官民が協力して努める。2，生産性向上のための具体的な方法は，各企業の実情に即して労使が協議する。3，生産性向上の諸成果は，経営者，労働者および消費者に，公正に分配される。ここに，その後の日本の労使関係の基本的性格を見ることができる。そして，この生産性向上運動は，国民運動として展開していった。もちろん，すぐに，この原則に則した労使関係が成立したわけではない。そこには，労使間に存在する難題に対し，長期にわたる厳しい労使の対立や交渉があり，その結果として確立していったものである。

(3)　日本的労使関係

　生産性向上を推進するということと，それによって生じた過剰人員の雇用の維持を図るということは，一見矛盾することではあるが，これを先の三原則に基づく労使関係の仕組みによって克服したのである。自社の生産性を向上させ，競争力を持ち，シェアの拡大を図り，企業の事業を拡大することによって，労働者の雇用を維持するものである。企業の発展は，労働者にとって雇用の安定と生活向上につながるため，労働者は積極的に企業の発展に貢献しようとした。ここに労使は，それぞれの企業の実情に即し，協力して生産性向上に努めることとなったのである。つまり，企業と労働者は，企業の存続・発展を経営運営の共通目的とすることにより，利害を共有し，協力して経済活動に取り組む運命共同体となった。そのため，労使関係も，対立関係を乗り越え，協調的関係となり，いわば，「一体化した労使関係」の構造を構築したのである。

　日本の企業は，このような一体化した労使関係をもつことによって急速に発展を遂げ，日本の高度経済成長を実現した。そして，ここに，日本経済が発展した以降も，依然として欧米とは異なって企業別労働組合が，日本の労働組合の中心的役割を担うことになったのである。

　戦後しばらくの間，日本の労使関係は，産業別労働組合が中核となってい

ないことから，前近代的であると低く評価されてきた。しかし，アベグレン[6]やOECD[7]等がその特徴を高く評価し，また，日本が高度経済成長を遂げて以降，日本の労使関係は内外から脚光を浴び，日本の経済成長の一因と評されるようになった。

　いわゆる日本的経営の3本の柱として指摘される「終身雇用」，「年功賃金」，「企業別組合」は，いずれも日本の労使関係の特徴である。すなわち，日本の安定的かつ協調的な労使関係こそが，経済発展を支えた重要な要因として理解されるようになったのである。

(4)　1990 年代半ば以降

　これまでの安定していた日本的労使関係は，バブル経済崩壊後，大きく動揺することとなる。厳しい経済環境において国際競争は一層激化し，多くの大企業はコスト削減を迫られ，早期退職優遇制度による大幅な人員削減を横並びに実施した。また，倒産も続出したことから，一気に雇用状況は悪化し，日本社会に雇用不安が広がったのである。

　他方で，企業は，生き残りをかけ，人件費の高い日本での生産を縮小して，海外に工場や事業所を展開するところも少なくなく，ここにおいて，企業の発展が日本の労働者の生活向上に繋がるこれまでの構造に破綻が生じることとなった。

　さらに，労働者の価値観が多様化し，企業と労働者との関係は市場における労働力の売買関係であり，短期的なものであるという考え方も広がった。事実，非正規従業員が増加し，離職率も高まり，雇用の流動化傾向は以前より強まった。そこにおいては，長期的に1つの企業に勤め，企業の発展のために努力し，そのことによって自らの生活の安定・向上を図るという，企業と運命を共にすることに，必ずしも価値を置かなくなったのである。

　つまり，一方で，従来までの「一体化した労使関係」も存在するものの，他方で，企業の発展が必ずしも労働者の雇用の安定につながらない，「疎隔化した労使関係」が発生したのである。

6. 昨今の動向（2000年代以降）

　労使を取り巻く環境変化の中で，企業と労働者との疎隔化した関係が発生し，労働者自身も個々人がそれぞれバラバラになり，個別化が進んだ。多様な雇用形態，多様な価値観が広がり，労働者が統一した利益を追求すべく団結し，使用者と交渉することが難しい面も顕著になった。また，成果主義が導入され，労働者一人ひとりが個別にしかも短期間の実績によって評価され，それが賃金や処遇等に反映されて，所得格差も広がった。そのため，その評価に対する不満も少なからず発生し大きな労働問題であるが，これもまた個々人個別に生じる問題であることから，労働者が団結して取り組むことが難しい問題となったのである。

　これらの状況は，先にも述べた，労働組合の組織率低下の一因にもなっているところである。

　そこで，次に，近年，個別化した労働者が増加する中での労使関係の動向について見ておく。

⑴　非正規従業員の労働組合

　労働組合が，労働者の代表として交渉力を高めるためには，高い組織率が不可欠であるが，今や16％台にまで落ち込んでおり，労働者の組織化は緊要な課題である。中でも，雇用者の非正規従業員比率が高まっており，非正規従業員の組織化が大きな課題となっている。しかし，正規従業員と非正規従業員との間には，利害の異なる要件や，さらには対立する要件も多く，これまで基本的には正規従業員を組合員としてきた労働組合において，雇用形態の違いを超えた統一見解を持って，使用者と交渉に当たることが困難な点も少なくなかった。しかし，近年，徐々にではあるものの，非正規従業員の労働組合加入が図られている。

①　パートタイム労働者

　パートタイム労働者の労働組合への組織化は，少しずつ進んでいる。労働組合に加入しているパートタイム労働者数は，2005年には40万人を切って

図表 13-3　パートタイマーの組織率（単位：％）

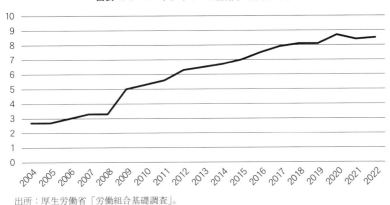

出所：厚生労働省「労働組合基礎調査」。

いたが，今や増加し続け，140 万人を超えており，全組合員に占める割合も
およそ 14％となっている。推定組織率も，まだわずか 8％超えではあるが，
着実に増加している（図表 13-3）。

②　派遣労働者

派遣労働という 1 つの雇用関係に共通した雇用問題に取り組む労働組合が
ある。「UA ゼンセン人材サービスゼネラルユニオン」は，2004 年に派遣労
働者によって結成された。1990 年代後半から，規制緩和の影響によって，
派遣労働者の数は急増した。間接雇用という特有の雇用形態において，短期
間の契約期間のもと，不安定な雇用や低賃金等の厳しい労働条件で働いてい
る労働者も少なくなく，さまざまな労働問題を発生させてきた。しかし，
個々の派遣労働者がそれぞれ使用者と交渉しても力関係は弱いことから，派
遣労働という雇用形態の労働者が労働組合を組織したのである。

(2)　個別労働関係

労働組合や従業員組織などの労働者団体と使用者との労使関係が集団的労
使関係であるのに対し，個々の従業員と使用者，または上司との労使関係が
個別労働関係である。労働組合の組織率が低下したこともあって，労働争議
等の集団的労使関係の紛争は，長期にわたり大幅に減少傾向を示してきた
が，他方で，個別労働関係における紛争は，急激に増加している。

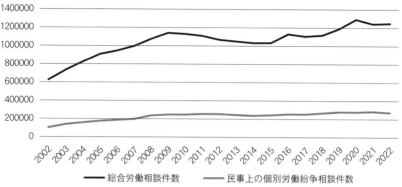

図表 13-4　総合労働相談件数と民事上の個別労働紛争相談件数

出所：厚生労働省「個別労働争議解決制度の施行状況」。

① 個別労働関係の紛争の増加

　各都道府県労働局や主要労働基準監督署内で実施している総合労働相談
コーナーへの相談件数は増加し，近年はやや横ばいではあるが125万件にも
上っている。そのうち，民事上の個別労働紛争に関する相談が27万件を超
えている（図表 13-4）。また，その相談内容は，「いじめ・嫌がらせ」が最
も多く，続いて「自己都合退職」，「解雇」となっている。

② 個別労働関係の紛争処理

　企業内での自主的な問題処理は，上司を通じての解決が多くなるが，その
他，労使の代表からなる苦情処理機関を設置している企業もある。また，労
使協議制や団体交渉を用いて解決を図る方法もある。

　ただ，企業内だけでは解決しない問題も多く，企業外での紛争処理制度も
重要性を増している。とりわけ，労使関係が変容し，雇用の不安定化やメン
タルヘルスの問題も生じる中，個別労働紛争は深刻化している。そして，
2001年に個別労働関係紛争解決促進法が施行され，都道府県労働局長によ
る助言・指導，ならびに紛争調整委員会による斡旋が行われている。さら
に，2004年には，労働審判法が制定され，専門的知識，経験を持つものが
裁判官とともに個別労働紛争を簡易・迅速に解決する労働審判制が設立され
た。その他，労働委員会による相談，あっせん，訴訟がある。

7. おわりに：労使関係の今日的課題

　労使関係ならびにそこに発生する諸問題について，戦後から現在に至るまで簡単に概観してきた。その時代の環境条件により，それらはさまざまな様相を呈してきたことが分かる。昨今は，多様化，個別化が進み，雇用関係を形成しない働き方も増加している。労働組合の組織率は低下傾向を示しているが，多様な労使関係のあり方は，今日大きな社会問題となるところである。

　そして，世界的に未曽有の物価高騰の中で，今日，米国では，いくつもの大規模のストライキが発生し，賃上げ要求がなされている。他方，日本では，これまで同様，集団的な労使紛争は極めて少なく（図表 13-2），概して協調的な労使関係が維持されている。しかし，図表 13-5 に示したように，日本は，長期にわたり実質賃金が上昇しておらず，昨今の物価高への対応な

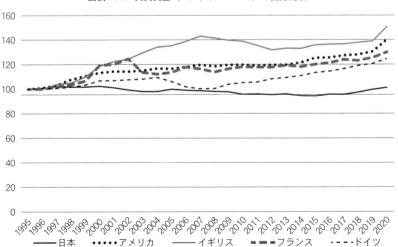

図表 13-5　実質賃金（マンアワーベース）の国際比較

注 1：野村フィデューシャリー・リサーチ＆コンサルティング株式会社の協力のもと，「OECD.
　　　STAT」を用いて厚生労働省年金局数理課にて作成されたもの。
注 2：1995 年を 100 としている。消費者物価上昇率により実質化されている。
出所：厚生労働省「社会保障審議会資料」より作成。

ど，この危機的な事態に対して，日本の労使が如何に取り組み克服していくのか，社会的な重要課題となっている。

注

1　Dunlop, John. T. (1958) *Industrial Relations Systems*, Harvard Business school.
2　中山伊知郎（1974）『労使関係の経済社会学』日本労働協会。
3　森五郎編著（1981）『日本の労使関係システム』日本労働協会。
4　津田眞澂（1980）『労使関係』日本経済新聞社などがある。
5　ウェッブ夫妻著，飯田鼎・高橋洸訳（1979）『労働組合の歴史』日本労働協会。
6　J. C. アベグレン（1958）『日本の経営』ダイヤモンド社，占部都美訳。
7　OECD（1972）『対日労働報告書』。

［さらに学びたい人のために］

・戎野淑子（2006）『労使関係の変容と人材育成』慶應義塾大学出版会。
・戎野淑子（2018）『労使関係と職場の課題』生産性出版。
・荻原登（2019）『平成の「春闘」史』経営書院。
・佐藤博樹・八代充史・藤村博之（2015）『新しい人事労務管理』有斐閣。
・白井泰四郎（1993）『労使関係論』日本労働研究機構。

第 *14* 章

セーフティーネットと人的資源管理

1. はじめに

　近年，少子高齢化の急進展や経済成長の長期停滞を背景に，セーフティーネットに対する関心が高まっている。セーフティーネットは安全網とも訳される。その訳語からわかるように，予期せぬ出来事によってわれわれの雇用や生活が脅かされる際に，セーフティーネットが機能することによって，その被害を最小限に抑えること，またはその被害に補償を行うこと，さらに安心感を与えることなどが可能になる。本章ではセーフティーネットは私たちが生活を営むうえで，社会保障ないし社会保険の諸制度の組み合わせによって作り上げた安全網ととらえる。

　実は，社会保険関係の事務仕事は人的資源管理の重要な部分である。総務部や人事部は給与計算や人事採用などの業務のほかに，労働保険や社会保険の手続き等煩雑な社会保険関係の事務を担当している。これらの部署で普段行われる諸手続きには，雇用保険・健康保険・厚生年金保険などの資格取得・喪失手続き，労災保険・雇用保険の労働保険料の年度更新手続き，健康保険料（個人によって介護保険料を含む）と厚生年金保険料の決定のための算定基礎届，月額変更届，各種保険の給付手続きなどがある。

　以下は，現代日本の社会保障制度，とりわけ人的資源管理と関係深い社会保険制度の仕組みを考察していく。

2. 社会保障とは何か

　日本においては，1950年に社会保障制度審議会勧告において示された社会保障制度の定義が最も正統なものとなっている。今日まで，日本の社会保障制度の範囲および定義はこの勧告に従っているといわれている。

　1950年の社会保障制度審議会勧告によれば，「社会保障制度とは，疾病，負傷，分娩，廃疾，死亡，老齢，失業，多子その他の困窮の原因に対し，保険的方法又は直接公の負担において経済保障の途を講じ，生活困窮に陥ったものに対しては，国家扶助によって最低限度の生活を保障するとともに，公衆衛生および社会福祉の向上を図り，もってすべての国民が文化的成員たるに値する生活を営むことができるようにすることをいうのである」とされている（社会保障制度審議会（1950），総理府社会保障制度審議会事務局監修（1980），253頁）。

　この定義に従い，日本の社会保障制度は大別して2つの仕組みがつくられた。1つは，国が国民から集めた税金を用いて，国民に対して現金給付や現物給付（サービス）を提供する仕組みである。その典型は貧しい人を助けるための公的扶助制度（生活保護制度）であるが，障害者福祉，児童福祉といった社会福祉サービスや，児童手当をはじめとする社会手当など，事前の拠出を必要としない制度も含まれる。もう1つは，加入者が自らお金を出し合い，病気になったときや年をとって働けなくなったときに，医療サービスや生活資金をもらう社会保険制度という仕組みである。今日の日本には医療保険，年金保険，介護保険，雇用保険および労災保険という5つの社会保険制度がある。この2つの仕組みを合わせて，われわれの生活と雇用を守ってくれるセーフティーネットである。

3. 社会保険制度の構造

(1) 職域保険と地域保険

　働き方の違いによって社会保障・社会保険の対応も異なる。社会保障制度

の歴史を振り返って見ると，最初期の社会保険制度は雇用労働者を保護するためにつくられたものである。例えば，ドイツでは 1883 年に疾病保険法が制定され，病気になって賃金を得られなくなる労働者に対して無料の治療と疾病手当を支給する疾病金庫が設置された。それは世界最初の社会保険制度といわれている。また，日本においても，最初につくられた社会保険制度は，1922 年の健康保険法により制定された雇用労働者のための健康保険（1927 年から実施）である。その後，社会保険制度は経済成長にともない，対象者の範囲や給付内容を大きく拡大し，普遍的な制度となっている。

　日本の社会保険制度においては，年金保険制度と医療保険制度が大きなウエイトを占めているが，それら諸制度はしばしば職域保険と地域保険に分けられている。文字通り，職域保険は職についている者，すなわち雇用労働者に適用するものであるが，地域保険は雇用労働者ではなく，自営業者や農業者および無職の者に適用するものである。第 5 節で述べる医療保険を例にとり，説明しておこう。医療保険における地域保険とは，自営業者や農業者などの非雇用労働者が加入する国民健康保険である。それは同一地域内で形成される保険集団であり，地域のまとまりに着目している。職域保険とは，企業などに雇用されている労働者が加入する健康保険や共済組合のことである。それは，職業ごと，企業ごとに形成される保険集団であり，職業のまとまりに着目している。職域保険のなかに，さらに一般被用者保険としては大企業が作る組合管掌健康保険と中小企業の被用者が加入する全国健康保険協会管掌健康保険（略称：協会管掌健）がある。特定被用者保険としては，国家公務員共済組合，地方公務員共済組合と私立学校教職員共済組合がある。

(2)　職域保険と地域保険の違い

　職域保険と地域保険との間には，加入に関する規定，財源調達の方法，給付水準のいずれにおいても大きな違いがある。また，保険料の算定方法，負担方法および支払い方法に関しても大きく異なっている。保険料の算定方法に関しては，職域保険では標準報酬月額に所定の保険料率をかけて算出されるが，地域保険では所得に応じた定額負担が多い。負担方法に関しては，職

域保険では労使折半の負担方法となっており，保険料には非扶養家族の分も
計上される家族単位となっているが，地域保険では被保険者個人が負担する
個人単位となっている。支払い方法に関しては，職域保険では給料から天引
きされるが，地域保険では保険者である市町村に自分で支払うようになって
いる。財源調達に関しても異なっている。職域保険では労使共同拠出する保
険料が主要な財源となっているが，地域保険においては財政資金の割合が大
きい。

4. 雇用労働者のための労働保険制度

　前述したように，今日の日本においては社会保険制度には医療・年金・介
護・雇用・労災という5つがある。ここでは，働くことと深くかかわる労働
保険，すなわち，労災保険と雇用保険の両制度の仕組みについて説明する。

⑴　労災保険制度の仕組み

　労災保険と雇用保険は，いずれも業務上の理由によって，労働力として労
働市場において，一時的か長期的に排除されるというリスクに対応するもの
である。ここではまず労災保険について考察する。
　農業社会と比べて，産業社会では，機械化・工業化によって仕事場での労
働災害の可能性が高くなった。仕事が原因で労働者は病気やけがになり，障
害を負い，場合によって死亡してしまうことは，労働者およびその家族に
とって大変大きなリスクの1つである。そのようなリスクに遭った場合に，
当該労働者や遺族に対して必要な医療サービスの提供および所得の補償を行
うのが労働者災害補償保険（略称：労災保険）という制度である。労働者災
害補償保険制度の「補償」は社会保障制度の「保障」とは違って，リスクに
よって発生する損害を補うという意味合いが強い。
　①　労災保険制度の被保険者
　労災保険への加入に関しては，原則適用事業所に勤める雇用労働者はすべ
てが労災保険に加入しなければならないと定められている。すなわち強制的
に加入させるという仕組みである。雇用労働者には常勤の正規労働者とパー

トタイム労働者のような非正規労働者がいる。労災保険の場合は，パートタイム労働者（アルバイトも含む）も加入対象者になる。ただし，国家公務員や地方公務員等に対しては，もし業務上の災害に遭った場合は労災保険ではなく，それぞれ国家公務員災害補償法，地方公務員災害補償法で対応される。また，農林水産業のなかで，労働者が 5 人未満の小規模な事業の場合は，希望に応じて加入することが認められる。さらに，雇用労働者と言い難い中小企業のオーナー社長や，大工，個人タクシーの運転手など個人で仕事をしている者も，申請すれば特別加入することができる。なお，船員の業務上の災害については，以前は船員保険法で適用されていたが，2010 年 1 月より労災保険の対象となった。

②　労災保険制度の保険者

労働基準法第 8 章「災害補償」の第 75 条には，「労働者が業務上負傷し，または疾病にかかった場合においては，使用者は，その費用で必要な療養を行い，または必要な療養の費用を負担しなければならない」と明確に規定されている。この規定に従えば，労働災害に対する責任は個別の事業主にあると解釈することができる。しかし，すべての責任を個別の事業主に負わせるならば，大きな事故の場合には該当会社がそれによって倒産してしまうかもしれない。また事業主に支払い能力がなければ，被災労働者の権益は損なわれる。このような実情を考慮し，労災保険は個別事業主の災害補償責任を公的に運用する社会保険の仕組みにした。そのため，労災保険の保険者は国＝政府となっている。しかし，被災労働者に関わる労働災害の認定や労災保険の給付などの実際業務は，事業所の所在地を管轄する労働基準監督署が行うことになる。

③　労災保険制度の保険料

労災保険では，本来追及されるはずの個別事業主の災害補償責任が保険化されたが，事業主の災害補償責任の追及という観点から，保険料に関しては雇用労働者本人はまったく負担せず，すべては事業主が負担するようになっている。また，雇用労働者は療養補償給付を受ける際にも一切負担はしない。これらの措置はほかの社会保険に見られない労災保険制度の特徴である。

　労災保険料率は事業の種類によって異なる。それは事業の種類によって労働災害の発生率と危険度が異なるからである。金属鉱業，非金属鉱業等の場合は，保険料率が一番高く（2023年度では8.8％），通信業，金融業等の場合は，保険料率が一番低い（2023年度では0.25％）。なお，労災保険の保険料率は法改正により変更されることがある。業種別の具体的な保険料率については，厚生労働省のホームページで確認することができる。

　労災保険においては，事業主の労災防止に対する認識や努力を促進するために，メリット制を設けている。それは一定規模以上の事業所については，過去3年間の事故発生の実態に基づき，翌年度からの労災保険料率が一定範囲内で増減されるというものである。労働災害の減少は，労働者の健康確保に大きく貢献するだけではなく，企業の社会的地位の向上や生産コストの削減にもつながる。

　④　労災保険制度の保険給付

　労災保険の給付には，療養補償給付，休業補償給付，傷病補償年金，障害補償給付，遺族補償給付などがある。ここでは主要な給付である療養補償給付について簡潔に説明しておこう。

　業務上の病気やけがにより療養が必要となる場合は，労災保険から療養補償給付が支給される。給付の対象となるのは，治療費，入院費用，看護料，移送費など通常療養のために必要なものである。この療養補償給付には現物給付の性格をもつ「療養の給付」と現金給付の性格をもつ「療養の費用の支給」という2種類がある。療養の給付とは労災指定医療機関において無料で診療を受けられることをいう。一方，特定の事情により労災指定医療機関での診療が受けられない場合は，療養の費用の支給という制度を利用することができる。具体的には，償還払いの方法で，いったん医療費用を立て替えで支払い，その後労働基準監督署に請求して払い戻してもらう。

　⑤　通勤中の災害について

　1947年に労働基準法と一緒に制度化された労災保険は，その後，数回の改正を重ね，通勤途上の災害についても給付を行うようになり，給付の種類や水準も拡大されてきた。

　労働者は通勤中のけがなどについても業務上と同様の給付を受けることが

できる。ここで，通勤の概念を把握しておこう。通勤とは「労働者が就業に
関して，住居と就業場所との間を合理的な経路および方法により往復するこ
と」と定義されている。そのため，例えば仕事の帰りに居酒屋などに寄った
り，通勤前にフィットネスクラブに通うなど，労働者が当該経路を逸脱した
り，中断したりした場合は，通勤に含まれない。

⑥　過労死問題について

1980 年代半ばごろから，過労死が社会問題としてますます注目されてい
る。過労死とはサービス残業を含む長時間労働や激務を強いられる結果，労
働者が脳血管障害や心臓疾患等の健康障害を起こして死亡することである。
また，激務によって重度のうつ病やストレスを原因とする過労自殺も存在す
る。過労死問題が指摘され始めた 1980 年代当初では，過労死の労災認定が
大変難しかったが，最近労災認定の割合が 3－4 割程度になってきた。過労
死の労災認定率が低いという背景には，境界線が難しいという問題のほか
に，業務に起因するものであることを証明するために，企業の協力はなかな
か得られないからだともいわれている。

(2)　雇用保険制度の仕組み

2023 年現在，日本の完全失業率は 2％台半ばとなっているが，2000 年代
初頭では 5％台で推移していた。1990 年代後半から，退職勧奨や配置転換な
どのリストラや準リストラが増えてきた今の日本では，もはや解雇や失業と
は他人事ではなくなっている。このような状況のなかで，雇用労働者（また
は雇用労働者になる学生の皆さん）は失業保険（正式名称＝雇用保険）の基
本知識を身につけるべきであろう。

失業者のなかに，会社が倒産することによって失業する人もいれば，働い
ている職場にどうしても合わないという理由で離職する人もいる。雇用保険
制度はどのような離職者に対しても適用する。

①　雇用保険制度の被保険者

雇用保険の被保険者には，一般被保険者，高年齢被保険者，短期雇用特例
被保険者と日雇労働被保険者の 4 タイプがある。ここでは，一般被保険者に
ついて説明しておこう。適用事業所で働いている 65 歳未満の正規労働者

（一般被保険者）であれば，皆が雇用保険に加入しなければならない。パートタイム労働者に関しては，所定労働時間が週 20 時間以上で，かつ連続 31 日以上の雇用が見込まれる場合は，一般被保険者として雇用保険に加入することができる。なお，2017 年 1 月から，65 歳以上の雇用労働者（高年齢被保険者）も雇用保険が適用される。

②　雇用保険制度の保険者

雇用保険の保険者は国＝政府である。具体的な業務は，例えば失業の認定，雇用保険の給付手続きと仕事の紹介など，居住地を所管する公共職業安定所（ハローワーク）が担当する。雇用労働者は職を失い，給付を受けたい場合は，かならず居住地を所管する公共職業安定所に行き，求職の申込みなどの所定の手続きをしなければならない。

③　雇用保険制度の保険料

雇用保険の保険料は通勤手当や賞与も含めた賃金総額に所定の保険料率をかけて算出されるが，労災保険と異なり，労使共同で負担する仕組みとなっている。しかし，事業主と被保険者本人が負担する保険料率は異なる。求職者給付（失業給付）に当てる部分に関しては事業主と本人が折半で負担するが，雇用安定と能力開発などの事業に当てる部分は事業主のみが負担する。例えば，2023 年度一般事業の雇用保険料率は 1.55 ％である。そのうち事業主負担が 0.95 ％，本人負担が 0.6 ％であった。事業主負担の 0.95 ％のうち 0.6 ％は求職者給付の原資となるが，0.35 ％は雇用安定と能力開発事業に当てる部分である。雇用保険の保険料率も経済情勢の変動に応じて，法改正により変更されることがある。保険料率に関しては，厚生労働省のホームページで確認することができる。

④　雇用保険制度の保険給付

雇用保険の給付（求職者給付）を受けるためには，まず原則として離職日前の 2 年間に 12 カ月以上の被保険者期間を有することが必要である。ただし，会社の都合によって失業した場合は，失業した日より前の 1 年間に，被保険者期間が合計で 6 カ月以上あれば，給付が受けられる。

給付を受けるための手続きの流れは以下の通りである。離職した後，まずは公共職業安定所に行き，離職票の提出と求職申込みをして，受給資格の認

定を受ける。この手続きを済ませない限り，保険給付を受けられない。離職
票を提出した日から，「失業している状態」が通算 7 日間（待期期間）経過
してから初めて保険給付の支給対象と認められ。離職票を提出した日から
28 日ごとに失業認定日があり，その日に失業給付が支給される。ただし，
初回目の失業給付金は待期期間の 7 日を差し引いた 21 日分が支給される。

　現金給付が中心となっている保険給付には求職者給付，就職促進給付，教
育訓練給付，雇用継続給付などがある。そのなかで，求職者給付は主要なも
のであり，その中心が基本手当である。基本手当は基本手当日額に所定給付
日数を乗じて算定する。基本手当日額は，退職前 180 日間の 1 日当たり平均
賃金の 80〜50％（給付率）の範囲で決定される。平均賃金の算出に当たっ
ては賞与や報奨金は除外されるが，残業代や通勤交通費などの手当は含まれ
る。基本手当日額は年齢や賃金に応じて分類され，賃金が高い人ほど給付率
が低くなるほか，上限額も決まっている。詳細については図表 14-1 を参照
されたい。

　所定給付日数に関しては，離職の理由，離職者の年齢および被保険者期間
によって 90 日から 330 日（障碍者等の就職困難者の場合は 360 日）の間で
決められる。基本的に，一般離職者より，倒産・解雇等による離職者が給付
日数は長い。また，倒産・解雇等による離職者より障害者等の就職困難者が
給付日数は長い。さらに，年齢が高い人ほど，または被保険者期間が長い人
ほど給付日数が長い。給付日数の詳細については，図表 14-2 を参照された
い。

　基本手当日額や給付日数は法改正により変更されることがある。それらの
情報ついては，厚生労働省のホームページで確認することができる。

　以上，労災保険と雇用保険について検討してきた。この 2 つの公的保険に
おける最大の特徴とは，医療保険や年金保険と違って，雇用労働者のみが加
入するようになっていることである。

図表 14-1　基本手当日額の算出（2023 年 8 月 1 日から）

賃金日額（退職前 180 日間の 1 日当たり賃金平均額）		給付率
離職時年齢が 30 歳未満	2,746 円以上　5,110 円未満	80%
	5,110 円以上 12,580 円未満	80 〜 50%
	12,580 円以上 13,890 円未満	50%
	13,890 円以上	基本手当日額上限額 6,945 円
離職時年齢が 30 歳以上 45 歳未満	2,746 円以上　5,110 円未満	80%
	5,110 円以上 12,580 円未満	80 〜 50%
	12,580 円以上 15,430 円未満	50%
	15,430 円以上	基本手当日額上限額 7,715 円
離職時年齢が 45 歳以上 60 歳未満	2,746 円以上　5,110 円未満	80%
	5,110 円以上 12,580 円未満	80 〜 50%
	12,580 円以上 16,980 円未満	50%
	16,980 円以上	基本手当日額上限額 8,490 円
離職時年齢が 60 歳以上 65 歳未満	2,746 円以上　5,110 円未満	80%
	5,110 円以上 11,300 円未満	80 〜 45%
	11,300 円以上 16,210 円未満	45%
	16,210 円以上	基本手当日額上限額 7,294 円

出所：厚生労働省資料より筆者作成。

図表 14-2　基本手当の給付日数

区分	被保険者であった期間				
	1 年未満	1 年以上 5 年未満	5 年以上 10 年未満	10 年以上 20 年未満	20 年以上
30 歳未満	90 日	90 日	120 日	180 日	—
30 歳以上 35 歳未満		120 日	180 日	210 日	240 日
35 歳以上 45 歳未満		150 日		240 日	270 日
45 歳以上 60 歳未満		180 日	240 日	270 日	330 日
60 歳以上 65 歳未満		150 日	180 日	210 日	240 日

注：本表は倒産・解雇・雇止め等による離職者に対する給付日数である。
出所：厚生労働省資料より筆者作成。

5. 雇用労働者のための健康保険・年金保険・介護保険

　第 4 節に続き，この節では雇用労働者のための健康保険，年金保険と介護保険の仕組みについて説明する。

(1)　健康保険制度の仕組み

　1961 年に確立された「皆保険」体制は 60 年以上の年月を経て，今日では図表 14-3 のように複数の制度によって構成されている。国民は働き方の違いによって，異なる公的医療保険制度に加入している。非雇用労働者である自営業者や農家などの人は，地域保険の性格を持つ国民健康保険制度が適用されている。一方，雇用労働者およびその被扶養家族らは職域保険の性格を持つ健康保険，船員保険（2010 年 1 月より協会管掌健康保険に統合された）と共済保険に加入している。2008 年 4 月 1 日から，これまでに国民健康保険制度や老人保健制度に加入していた 75 歳以上の高齢者は，新たに作られた独立した医療制度である後期高齢者医療制度に加入するようになっている。以下，雇用労働者が加入する健康保険制度を中心に考察する。

　まず，雇用労働者の公的医療保険制度の必要性について考えてみる。業務上以外の病気やけがというリスクは雇用労働者にとって，安定した生活に危

図表 14-3　公的医療保険制度の種類

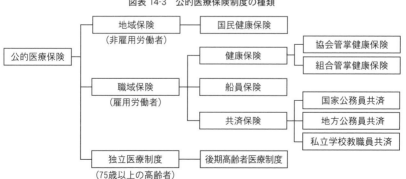

出所：厚生労働省資料より筆者作成。

機をもたらすかもしれない大きなリスクである。病気やけがというリスクに遭った雇用労働者は，その病気やけがを治療するために，まず診療費用を捻出しなければならない。その費用は雇用労働者の賃金＝生活資金から出すことになる。しかし，労働力の提供によって得られた賃金には傷病というリスクを配慮して用意された部分が含まれるとは当然考えられない。高額な医療費が発生する場合は，該当労働者の生活が維持できなくなる恐れがある。そのため，治療費用はどこかから調達しなければならない。さらに，病気やけがの状況によって，それを治癒するために，一定の療養と休養の期間が必要になるかもしれない。そうなると，雇用労働者は一時的に労働力の提供を中止し，労働市場から離れなければならない。労働力の提供が中止となっている期間においても，その対価である賃金＝生活資金の保障が必要であろう。以上述べたような理由で公的医療保険制度のなかで，最初に雇用労働者を対象とした健康保険が創られたのである。

　①　健康保険制度の被保険者

　「皆保険」体制のもとでは，日本国民のみならず，日本で働いている外国人や日本に適法に居住している外国人はすべて公的医療保険制度に加入しなければならない。図表14-3に示されているように，雇用労働者が加入する医療保険制度は健康保険，船員保険と共済保険の3つである。健康保険にはさらに全国健康保険協会管掌健康保険（略称：協会管掌健保）と健康組合管掌健康保険（略称：組合管掌健保）がある。前者は，2008年9月末日まで社会保険庁が運営する政府管掌健康保険制度だったが，同年10月から新しい民間組織として設立された全国健康保険協会が運営する「協会管掌健保」に変わった。協会管掌健保の被保険者は，主に中小企業に勤めている雇用労働者である。なお船員保険は2010年1月より協会管掌健保に統合された。後者の組合管掌健保の被保険者は主に大企業に勤めている雇用労働者である。また，共済保険に関しては，国家公務員共済・地方公務員共済・私立学校教職員共済に加入する被保険者は，それぞれ国家公務員と地方公務員および私立学校の教職員である。労災保険や雇用保険と異なり，健康保険と共済保険の場合は，雇用労働者の被扶養家族（配偶者や子供など）も被保険者になる。被扶養者の認定基準は，年収130万円未満（60歳以上の者と障害者

の場合は 180 万円未満）で，被保険者本人の年収の半分未満であるということである。

②　健康保険制度の保険者

協会管掌健保の保険者は全国健康保険協会であるが，具体的な業務が協会の都道府県支部で行われている。組合管掌健保では，保険者は企業ごとや産業ごとに組織された各健康保険組合である。実務上の事務手続きは各健康保険組合の事務所で行われている。

③　健康保険制度の保険料

健康保険や共済組合の場合は，保険料を決めるベースとなるのは，標準報酬月額というものである。保険料は原則被保険者本人と保険者の折半負担となっており，被保険者の標準報酬月額に所定の保険料率を乗じて算定され，毎月の給料および賞与から天引きされる。

所定保険料率に関しては，同じ健康保険であっても，協会管掌健保と組合管掌健保とは異なる。協会管掌健保の場合，2008 年 9 月末日までの政府管掌健保のときに，保険率は全国統一の 8.2％となっていたが，協会管掌健保に変更してからは地域ごとに保険料率にバラつきが出るようになった。2023年度では全国平均は約 10％である。組合管掌健保の場合は，保険料率は各健康保険組合によって異なっており，3％から 9.5％（被保険者本人負担は4.5％以下）までと変動幅が大きい。健康保険の場合は保険料に上限が設けられている。それは標準報酬月額の場合は第 50 等級の 139 万円となっている。月給 135 万 5,000 円以上の報酬に対しては，健康保険料はかからないのである。標準賞与額に関しては，年 573 万円が上限となっている。

なお，健康保険の保険料率も法改正などにより変更される可能性があり，また各組合では独自の負担方法もある。保険料率に関する情報は厚生労働省，協会管掌健保および各健康組合のホームページで確認することができる。

④　健康保険制度の保険給付

医療保険給付は，被保険者が医療機関で外来診療を受けたり，入院治療を受けたり，あるいは保険薬局で薬を調剤してもらったりするときに受ける医療サービス（現物給付）である。それは被保険者の一部負担を除く部分を保

険者が負担する仕組みである。今現在，健康保険をはじめ，すべての公的医療保険においては，保険給付は義務教育就学後から70歳未満の被保険者に対して，医療サービスを受ける際に7割の療養給付を負担するようになっている。義務教育就学前の児童に対しては，療養給付が8割となる。70歳から75歳未満の者に対しても8割給付（所得や年齢に応じて9割給付や7割給付もある）を行っている。

　健康保険や共済保険の現物給付のほかに，傷病手当金，出産手当金，出産育児一時金，葬祭費などの現金給付もある。

(2)　年金保険制度の仕組み

　労働者は加齢につれて，労働能力が低減していく。特に雇用労働者の場合は，定年制度があるため，労働市場から退出しなければならない。自らの労働力が労働市場において商品として提供することができなくなると，労働力の提供の代わりに受け取れる生活資金（賃金）ももらえなくなる。生活資金がもらえなくなると，生活の維持に支障を生じかねない。このように，雇用労働者が高齢により労働市場から引退してからの生活を守るために，どうすればよいかという問題が生ずる。それを解決するために公的年金制度が用意されたのである。日本の場合は，職域保険に属する厚生年金保険制度や共済年金は雇用労働者の老後生活を守るものである。

　①　2階建ての公的年金保険制度

　日本の公的年金制度はしばしば3階建ての建物に例えられるが，実は，3階部分は大企業などにある企業年金と国民年金基金などである。それらの年金制度は強制加入ではなく，公的年金制度には入らない。ここでは，2階部分までの公的年金保険制度を中心に説明していく。

　公的年金制度には，国民年金，厚生年金，共済年金（「被用者年金一元法」の施行によって2015年10月より厚生年金に統一された）がある。図表14-4に示しているように，1階部分は国民年金＝基礎年金であるが，日本に居住する20歳から60歳未満の人は必ずこの部分に加入しなければならない。2階部分は雇用労働者を適用対象者とする厚生年金（共済年金を含む）である。この2階部分の厚生年金と共済年金に関しては，1階部分と2階部

図表 14-4　公的年金保険制度の構造

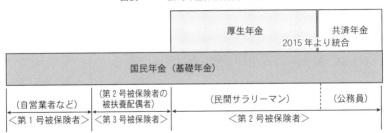

出所：厚生労働省資料より筆者作成。

分を通して成り立つ制度である。そのため，雇用労働者の年金制度に関して
は，国民年金と厚生年金・共済年金を一緒に検討するとより分かりやすい。

②　年金保険制度の被保険者

前述したように，国民年金の被保険者とは，雇用労働者であるか否かに関
わらず，日本に居住する 20 歳から 60 歳未満のすべての人である。厚生年金
や共済年金の被保険者とは雇用労働者である。

言い換えれば，雇用労働者とその被扶養配偶者に関しては，厚生年金や共
済年金に加入すると同時に，国民年金にも加入している。なお，厚生年金に
加入するための年齢上限は 70 歳未満となっている。

国民年金の被保険者は職業などによって 3 種類に分かれている。学生，自
営業者および農業者などは第 1 号被保険者と呼ばれている。民間サラリーマ
ンや公務員など厚生年金・共済年金に加入している者は第 2 号被保険者と呼
ばれている。さらに，第 2 号被保険者に扶養されている配偶者は第 3 号被保
険者と呼ばれている。それぞれの加入手続きや保険料の納付方法は異なる。

厚生年金と共済年金の被保険者について見てみよう。一般民間サラリーマ
ンは厚生年金に加入するが，公務員や私立学校教職員等は共済年金に加入す
る。国家公務員は国家公務員共済，地方公務員は地方公務員共済，そして私
立学校教職員は私立学校教職員共済にそれぞれ加入する。

他方，雇用労働者であっても，パートタイマーやフリーターなどで労働時
間が正規雇用労働者の 3／4 未満（週間労働時間が 30 時間未満）の人に対し
ては，厚生年金制度は適用されていなかったが，2016 年 10 月以降週間労働

時間が 20 時間以上で，一定条件を満たした短時間労働者も厚生年金制度に適用されるようになった。派遣労働者の場合は，厚生年金制度の適用対象者であるが，加入に関しては実際に勤務している会社ではなく，派遣元の会社に加入義務がある。

③　年金保険制度の保険者

国民年金と厚生年金の保険者は国＝政府となっているが，実務手続きなどは 2010 年 1 月より旧社会保険庁の代わりに発足した日本年金機構が担当するようになった。

④　年金保険制度の保険料

公的年金の保険料は医療保険と同様に，被保険者の加入する制度によって負担方法が異なっている。第 1 号被保険者の場合は，保険料免除等を受けている人を除いて，すべての被保険者は同一額の保険料を納めるようになっている。2023 年度の保険料額は毎月 1 万 6,520 円となっている。

厚生年金や共済年金の場合は，健康保険と同じように標準報酬月額および賞与に所定の保険料率をかけて算定され，原則被保険者本人と保険者の折半負担となっている。厚生年金の保険料率は 2004 年の改正により，毎年 0.354％ずつ引き上げられ，2017 年 10 月以降 18.3％で固定された。厚生年金や共済年金の場合も，保険料に上限が設けられている。それは，標準報酬月額に関しては第 32 等級（65 万円），賞与に関しては 1 回に 150 万円となっている。

⑤　年金保険制度の保険給付

年金給付に関しては，退職後の所得保障だと思われがちだが，実際は年金には老齢年金，障害年金と遺族年金の 3 種類がある。名称から分かるように，障害年金とは生計維持者が病気等によって障害が残り，仕事ができなくなった場合に支給される年金（障害基礎年金・障害厚生年金・障害手当金）のことであり，遺族年金とは生計維持者が死亡した場合に，その遺族に対して支給する年金（遺族基礎年金や遺族厚生年金）のことである。ここでは，年金給付の中心となっている老齢年金について見てみよう。

年をとった後の所得保障である老齢年金には，老齢基礎年金と老齢厚生年金がある。国民年金の被保険者であれば次の条件を満たせば，誰でも老齢基

礎年金を受給することができる。すなわち，その条件とは資格期間と支給開始年齢のことである。資格期間とは保険料の納付済期間が 10 年以上（2017年 8 月より施行，これまでは 25 年以上）ということである。支給開始年齢とは 65 歳になってから国民年金を受け取ることができるということである。資格期間には，保険料の納付済期間のほかに，保険料免除期間や合算対象期間も加算できる。老齢基礎年金額は次の式によって算定される。

老齢基礎年金額＝老齢基礎年金額×保険料納付済月数÷480 カ月

上記の式からも分かるように，満額老齢基礎年金を受け取るためには，40年間の保険料納付期間が必要である。

老齢基礎年金額は適宜見直されるが，2023 年度は 795,000 円（満額）となっている。金額に関しては厚生労働省などのホームページで確認することができる。

老齢基礎年金の支給開始年齢は原則 65 歳であるが，支給開始年齢を繰り上げたり（前倒しさせたり），繰り下げたり（遅らせたり）することができる。繰り上げは最長 5 年間，繰り下げは最長 10 年間となっている。すなわち，繰り上げる場合は 60 歳までに繰り上げられ，繰り下げる場合は 75 歳までに繰り下げられるということである。繰り上げの場合は，1 カ月繰り上げるごとに年金額が 0.4％（1962 年 4 月 1 日以前生まれの者は 0.5％）カットすることになる。逆に繰り下げの場合は，1 カ月繰り下げることに年金額が0.7％アップすることになる。年金額は一度減少したり，増えたりした場合は，生涯その額のままで受け取ることになる。

雇用労働者には老齢基礎年金のほかに老齢厚生年金も支給される。老齢厚生年金を受け取る条件は 3 つある。つまり，① 老齢基礎年金の資格期間を満たすこと，② 厚生年金保険に加入していたこと，③ 65 歳になったことである。厚生年金の支給開始年齢は，2000 年の法改正によって段階的に 60 歳から 65 歳に引き上げることになった。完全に 65 歳から支給されるのは，男性が 2025 年度，女性が 2030 年度からとなっている。

老齢基礎年金の場合は，定額負担・定額給付という方式をとっているが，老齢厚生年金の場合は，老齢厚生年金の金額は現役時代の所得と保険料納付済期間（被保険者期間）に比例する。つまり，現役時代の所得が高く，保険

料の納付済期間が長い人ほど高い老齢厚生年金を受け取れる。具体的な金額は老齢基礎年金額ほど簡単に計算できない。なぜなら，被保険者本人のこれまでの支払った保険料の詳細を把握する必要があるからである。

(3)　介護保険の仕組み

介護保険制度が創設される以前は，日本においては高齢者の介護は主に家族によって担われていた。しかし，急激な高齢化社会の形成，核家族化の加速化および共働きや女性の社会進出の増加（労働形態の多様化）によって，家族介護の限界がますます明らかになり，介護サービスを社会保険方式にしたわけである。

① 介護保険制度の被保険者

40歳以上の日本に住居を有するすべての人は原則的に介護保険制度の被保険者になる。被保険者は第1号被保険者と第2号被保険者に分かれる。第1号被保険者は65歳以上の者で，第2号被保険者は40歳以上65歳未満の公的医療保険に加入している者である。

② 介護保険制度の保険者

介護保険はこれまで述べてきた公的医療保険や公的年金保険と違い，地域保険と職域保険の分類はなく，保険者は住民に一番近い行政機関である市町村である。

③ 介護保険制度の保険料

保険料に関しては，被保険者の分類によって異なる。まず，第1号被保険者の場合は所得に応じて段階別の定額保険料を徴収する。徴収方法としては，一定額以上の年金を受給している者は年金から天引きされるが，それ以外の者は自ら市町村に支払う。第2号被保険者の場合は，各医療保険を通して保険料を支払う。自営業者など国民健康保険の加入者の保険料は居住地の市町村の算定方式により計算され，医療分保険料や後期高齢者支援金分保険料と合わせて市町村に支払う。

サラリーマンや公務員など健康保険や各共済組合に加入している者は，標準報酬月額に所定の保険料率をかけて算定され，労使折半の形で給料から天引きされる。健康保険に加入している者の保険料率は協会管掌健保と組合管

掌健保とで異なる。組合管掌健保の場合は，保険料の負担率が各組合独自のものとなっており，負担額が異なっている。なお，介護保険の保険料率は 3 年ごとに見直されるようになっている。保険料率の情報について，厚生労働省や協会健保，および組合健保などのホームページで確認することができる。

　④　介護保険制度の保険給付

　被保険者は保険給付を受ける際に，要介護認定を受けなければならない。但し，要介護認定の申請理由に関しては，第 1 号被保険者と第 2 号被保険者は異なる。第 2 号被保険者に対しては，脳血管疾患や初老期の認知症などの原因（所定の特定疾病）に限定されている。認定された要支援と要介護のレベルに基づき，介護保険の給付が行われる。保険給付には，施設サービス，居宅サービス，居宅介護サービス，予防支援サービスなどがある。これらのサービスを受ける際に，年金収入等年間 280 万円未満の者は費用の 1 割を負担する。サービスの価格には上限があり，それは介護報酬で決まっている。

6. おわりに

　本章においては，人的資源管理と関係の深い現代日本の社会保険（労災保険・雇用保険・健康保険・厚生年金・介護保険）制度に関して，制度の必要性，被保険者，保険者，保険料と保険給付という順番で考察した。最近，短時間労働者（非正規労働者）に対する厚生年金保険と健康保険の適用拡大の取り組みが進んでいる。2016 年 10 月から 501 人以上の企業，2022 年 10 月から 101 人以上の企業で働く短時間労働者の適用も義務化になったが，2024 年 10 月から 51 人以上の企業も義務化される。短時間労働者の社会保険適用を拡大していくことの背景と狙いとは，言うまでもなく社会保険財政の改善と年金代替率の向上と考えられる。本来なら，ここでは社会保険財政についても詳細に検討したいと考えていたが，しかし，紙幅の制約によって，やむを得ずその部分を割愛した。関心のある方はぜひ考えてほしい。

［さらに学びたい人のために］

・国立社会保障・人口問題研究所編（2002）『社会保障と世代・公正』東京大学出版会。

・宮島洋・西村周三・京極高宣編（2009）『社会保障と経済』東京大学出版会。

・権丈善一（2009）『社会保障の政策転換』慶応義塾大学出版会。

・土田武史（2015）『社会保障論』成文堂。

・椋野美智子・田中耕太郎（2023）『はじめての社会保障　第20版』有斐閣アルマ。

第 *15* 章

企業の国際化と人的資源管理

1. はじめに

　企業の国際展開に伴い資本，機械設備，原材料・部品のみならず，個人・労働者も国境を越えて移動する。具体的には，企業が，海外での事業経営（ビジネス）を目的とする海外直接投資（FDI; Foreign direct investment）を行うことにより，海外の子会社（現地法人のこと。ここでは法人格のない駐在員事務所，支社・支店も含む）が生まれ，そこへ親会社や別の現地法人（兄弟会社）から人材が派遣され，他方で，その子会社に労働者が雇用される。親会社や別の現地法人（兄弟会社）から子会社に派遣される人材は海外派遣者（Expatriates）と呼ばれ，子会社で雇用される人材は現地スタッフ（Local staff）やナショナル・スタッフと呼ばれる。現地スタッフの中には，現地で採用された日本人や日系人も含まれる。

　本章では，国境を越えてビジネスを展開する多国籍企業（MNC; Multinational Corporation）[1] に特有の人的資源管理（HRM）の諸課題について検討する。多国籍企業における人的資源管理のことを，特に国際人的資源管理（International Human Resource Management）という。

　最初に，企業の国際展開の内実を経営資源（ヒト，モノ，カネ）の国際化と捉える視点と論理を簡単に整理する。その後で，HRM の諸課題について論じる。同時に，日系企業の構造的問題がその根底に存在するのではないかという問題意識もいくつかの観点から論じよう。

2. 海外直接投資とその諸形態

(1)　海外直接投資と経営資源の国際化

　海外直接投資とは，既述のように，海外でのビジネスへの参画による利益獲得を目的とする長期的資本移動のことである。この海外直接投資という資本の国際間移動に伴い，カネ（資金的資源）のみならず，他の経営資源であるヒト（人的資源），モノ（物的資源）を超えて，情報，技術，経営ノウハウ等の移動も生じる。以下の議論では，投資先企業への経営の参画を目的としない海外間接投資（株，社債，国債などの売買）ではなく，もっぱら海外直接投資を取り扱うのは，国内外の事業経営と人的資源管理に直接関連するのが海外直接投資であるためである。

　海外直接投資を促進する要因には，長期的なものと短期的なものがある。長期的な促進要因には，世界的な平和の拡大と持続，国際間の投資に対する規制緩和や法的保護，移動手段や情報通信手段の発達（スピード化，安全性の向上，価格低下）などが考えられる。

　短期的な促進要因としては，自国通貨の価値の増大が考えられる。例えば日本の場合を取り上げてみると，円高の場合には，海外の投資物件が相対的に安価となり，海外直接投資が促進されるであろう。逆に円安の場合には，海外直接投資が抑制される。

　日本の海外直接投資は，趨勢としては増大傾向を示しながらも，1970年代以降，円の為替相場の変動に大きく影響を受けて，増減を繰り返してきた。とりわけ，ドル高是正のための1985年のG5（Group of Five; 先進5カ国蔵相・中央銀行総裁会議）におけるプラザ合意（Plaza Accord）の後の急激な円高誘導によって，日本企業の海外直接投資は1980年代の後半に激増し，日本企業全体のグローバル化を一気に進めた。

(2)　海外直接投資の諸形態：参入方式の決定

　海外直接投資を実際に行うにはさまざまな形態・参入方式が存在する（図表 15-1 参照）。まず参入方式を大きく分けると，「新規の拠点設立」（Green

図表 15-1　海外直接投資の諸形態

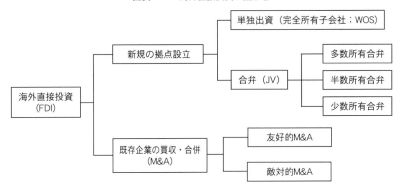

field investment）と「既存企業の買収・合併（M&A; Merger and acquisition)」
とに分かれる。

　新規の拠点設立が，例えばメーカーの場合，用地の取得，建屋の建設，機
械設備の納入・据え付け，原材料の購入などから従業員の採用と訓練まで，
何から何まで一から始めなくてはならず，大変な苦労が付きまとう。既存企
業の M&A であればそのような必要はない。

　他方で，M&A の場合は，買収企業と被買収企業との関係が重要となる。
買収企業・被買収企業双方で M&A のメリットを認め，双方納得の上で行
われる M&A を「友好的 M&A」，そうではなく被買収企業の意向にかかわ
らず，株式公開買い付け（TOB; Take-over bid)[2] による企業買収などを通
じて行われる M&A を「敵対的 M&A」と呼び，区別する。

　M&A の後，2 つの異なる組織がその統合を成功裏に導くプロセスのこと
を PMI（Post Merger Integration）と呼ぶ。

　新規の拠点設立による参入方式は，当該企業の資本の所有政策により，
「単独出資」（完全所有子会社；WOS; Wholly owned subsidiary）と「合弁」
（JV; Joint venture）とに分かれる。さらに合弁企業は，当該企業の株式持
ち分の多少により「多数所有合弁」（マジョリティ），「半数所有合弁」（50：
50），「少数所有合弁」（マイノリティ）に 3 分される。合弁による場合は
パートナーとの経営方針の方向性や折り合いが重要なこととなる。

　単独出資と合弁とをメリット，デメリットという観点から比較することができる。単独出資による場合のメリットは，① 投資収益が独占できる，② 海外子会社の統制・支配（Control）が確保できる，③ 経営理念・方針，技術・経営管理ノウハウなどの移転がスムーズに行える，などである。対照的に，合弁による場合は，これらのメリットは生まれず，逆の論理が働く。

　他方，単独出資による場合のデメリットは，合弁による場合と比べて ① 多大な経営資源が必要となる，② 多大なリスク（Risk）負担がある，③ 進出先国のナショナリズム（民族主義）を刺激する確率が高まる，④ パートナーがいれば得られるかもしれない相乗効果（シナジー効果；Synergy effect）が得られない，などである。対照的に，合弁による場合は，これらのデメリットが解消され，逆のメカニズムが働く。

　資金力に劣る中小企業では，大企業と比べて合弁による参入が多くなりがちである。また，外資に対する規制が厳しい発展途上国では単独出資は認められず，合弁による参入しか選択肢がない場合が歴史的に多かった。

3. 海外子会社の統制と組織

　本国を超えて政治・経済・社会・文化的に多様な諸国や地域で展開される多国籍企業の特徴は，組織内部で「統合」（Integration）と「分散」（Differentiation）という相対立する力が働くことである。とりわけ複数のビジネスを展開する多国籍企業には，ワールドワイドにビジネスを展開するに際して組織能力を同一方向に効率よく集中すべく内部の統合が必要である反面，具体的に現地でビジネスを展開し，現地のマーケットや顧客に直面する子会社では地域特性に十分適応できる感応性（Responsiveness）や柔軟性（Flexibility）が不可欠である。子会社は親会社からある程度自律的な権限が付与されないと，現地マーケットへのきめ細やかな対応ができないともいえる。統合と分散のどちら側に重点を置いたオペレーションを行うかは，産業，製品，地域，文化特性などにより異なる。

　多国籍企業による子会社の統制（Control）はいくつかの方法により行われる。第1が「規則や規定」（Rules and regulations）による方法であ

る。多くの企業では「海外子会社管理規程」など海外子会社に関する諸規定を決めており，海外子会社はそれに則って投資，事業分野，人事などを決定する必要がある。第2の方法が，海外派遣者を通じた「直接的監視」（Surveillance）による統制である。第3が，同じく監視による方法であるが，この場合は人でなく，利益などの財務データを通じてチェックする「間接的監視」による方法である。第4の方法は，経営理念，社是などの「規範」（Norms）を通じて，世界に広がる従業員の考え方を同一方向に向けてコントロールする。多くの企業が，"The HP Way" と同様に，「ザ・○○社ウエイ」を策定しているのはこのためである。

　人を通じた海外子会社の統制のあり方は，どの国籍の人がその中心を構成しているかにより，いくつかのタイプに分類することができる。パールミュッター（H. V. Perlmutter）は，海外子会社の統制のあり方は経営者の考え方によるとして3つのタイプに分けた。

　第1のタイプは「本国人中心型」（Ethnocentric control type）である。このタイプでは，親会社の所在する国籍の人間が，海外子会社の中心的地位を独占的に占める。日本企業の場合，日本人が中心となって海外子会社をコントロールし，アメリカの企業であればアメリカ人が中心となり海外子会社を統制する。

　第2のタイプが「現地人中心型」（Polycentric control type）である。このタイプの場合，親会社から海外子会社への権限委譲が進み，現地の事情を最もよく知る現地国籍の人材が子会社を統制する。したがって，「本国人中心型」と異なり，親会社からの派遣者もほとんど存在しない。

　第3のタイプが「地球全体型」（Geocentric control type）である。このタイプでは，地球全体的な視野のもとに資源配分を行い，さまざまな国籍の人材が適材適所で子会社の主要ポストを占めることになる。この場合，重要なことは優秀な人材がグループ企業全体で有効に活用されているかどうかであり，その人材がどの国籍の人であるかは問題とならない。

　パールミュッターはさらに，「現地人中心型」と「地球全体型」との中間型として「地域中心型」（Regiocentric control type）を第4のタイプとして提示している。このタイプは，多国籍企業の地域本社（Regional

headquarters）がヨーロッパやアジアや北米に置かれているように，それら
の地域本社に人材や権限を集中させ，そこを中心に地域内の海外子会社をコ
ントロールする。したがって，地域内の複数の国籍の人間が，地域内の子会
社をコントロールすることになる。

　既述の通り，多国籍企業は，グローバル・マーケットでの効率性を求めて
組織を統合し，他方で現地のマーケットや顧客のニーズに柔軟に対応すべく
分散化した組織である必要がある。バートレット＆ゴシャール（C. Bartlett
and S. Ghoshal）は，これらの効率性と柔軟性に加えて，世界中に広がるさ
まざまな環境に直面し，さまざまな経営資源や情報に接することができる多
国籍企業が各種のイノベーションを生みだし，それを組織内で移転・学習す
ることにより競争優位をもたらす組織のあり方を提示した。それが，「トラ
ンスナショナル（Transnational）組織モデル」である。彼らは，日米欧の9
社の多国籍企業を詳細に分析し，以下の4つの組織形態を示している。

　第1が，「マルティナショナル（Multinational）組織モデル」である（図
表15-2）。この組織形態は，各国・地域ごとに異なるマーケットや顧客の
ニーズに柔軟に対応すべく，各国・地域の子会社が独立的に事業を行い，世
界本社はそれら分散化された子会社を，財務データを通じて統制する。ちょ
うど国連と各主権国家との関係に示されるような国連型の組織形態であると
いえる。この組織形態は，顧客の嗜好やニーズが各国ごとに異なる消費財産
業や食品産業に適していると見られる。バートレット＆ゴシャールが取り上
げた9社のうち，ユニリーバ（イギリスとオランダに本社のある消費財メー

図表 15-2　マルティナショナル組織モデル

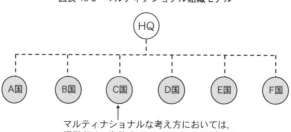

マルティナショナルな考え方においては，
経営者は，海外オペレーションを国ごとの
独立的ビジネスの集合体と見る。

図表 15-3　グローバル組織モデル

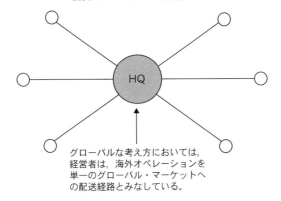

グローバルな考え方においては,
経営者は，海外オペレーションを
単一のグローバル・マーケットへ
の配送経路とみなしている。

図表 15-4　インターナショナル組織モデル

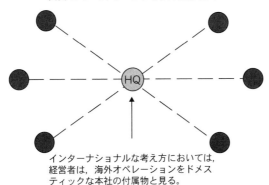

インターナショナルな考え方においては,
経営者は，海外オペレーションをドメス
ティックな本社の付属物と見る。

カー），フィリップス（オランダの電機メーカー），ITT（米国の電気通信
サービス・メーカー（当時））の3社が「マルティナショナル組織モデル」
に当てはまっている。

　第2が，「グローバル（Global）組織モデル」である（図表 15-3）。この組
織形態は，世界の市場を単一であると見て，経営資源と権限をもっぱら本社
に集中し，規模の経済により効率性を追求する。このため海外子会社の意思
決定等の権限はきわめて制約され，海外子会社は親会社の意思決定を忠実に
実行することが主たるミッション（任務：Mission）となる。業種では，親
会社で開発された製品を輸出してきた半導体などの電子部品産業などが典型

的である。バートレット＆ゴシャールは，取り上げた9社の中で花王，松下電器（現在のパナソニック），NECの日本企業3社を「グローバル組織モデル」に分類した。

　第3の組織形態は「インターナショナル（International）組織モデル」である（図表15-4）。この組織形態は，「グローバル組織モデル」よりは経営資源と意思決定権を海外子会社に配分するが，重要な経営資源と意思決定権は依然として親会社に集中するため，「マルティナショナル組織モデル」ほどには分散化されていない。このモデルは，親会社で開発された技術や製品を，海外子会社での移転と学習を通じて，海外市場に投入することにより競争優位を保持したアメリカ系多国籍企業に良く当てはまる。実際，バートレット＆ゴシャールにおいて，「インターナショナル組織モデル」に分類されたのは，GE（米国の総合電機メーカー），P&G（米国の消費財メーカー），そしてエリクソン（スウェーデンの通信機器メーカー）であった。

　第4の究極的な組織形態は「トランスナショナル（Transnational）組織モデル」である（図表15-5）。この組織形態は，「マルティナショナル組織モデル」の柔軟性，「グローバル組織モデル」の効率性，そして「インターナショナル組織モデル」にその萌芽が見られたイノベーションの組織内移転・学習の3つの長所をすべて兼ね備えるものと考えられている。すなわち，各子会社には独自の専門的能力が構築されるように経営資源が配分さ

図表 15-5　トランスナショナル組織モデル

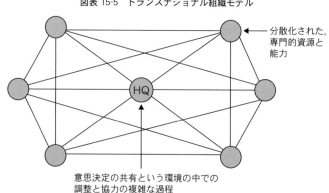

れ，自立化が進み，そこでイノベーションが生まれた場合，あるいはそこに特定製品・事業のセンター機能が付与された場合，当該子会社から親会社へ，あるいは兄弟会社へと技術知識・ノウハウが移転されていくと同時に，当該子会社は特定製品の研究開発からグローバルな販売戦略までを担当する。このように，「トランスナショナル組織モデル」においては，親会社から子会社へという流れに加えて，親会社と子会社，子会社間で双方向的な連携が図られ，イノベーションや新技術が縦横に移転され，学習されていく。親会社はそれらの動きの調整と統制を行う。「トランスナショナル組織モデル」には特定の制度や組織が存在するわけではなく，将来の多国籍企業の理想的組織形態のイメージを示したものである。

4. 人材調達と多国籍企業の優位性

　多国籍企業は，オペレーションが世界各地に広がり，全世界から人材を調達・活用できるという点で，ドメスティックな企業に比べて比較優位を有している。しかし，これは必要条件であり，十分条件を満たしているかどうかは別途問われなくてはならない。優秀な人材を採用・確保しながら，その人たちの才能なり，能力なりを活用しきれず離職を招き，さらには内部で人材の劣化をもたらしている場合には，個別企業の大損害にとどまらず，社会にとってもそれは大きな損失となる。

　日系企業の人材構成の特徴とそのインプリケーションを考えるために，図表15-6を見てほしい。これは，アジアにおける欧米系企業と比べた場合の多くの日系企業の人材構成上の特徴をイメージ的に示したものである。トップ・マネジメントを含む派遣者の国籍は多国籍で，欧米企業では現地国籍人材（HCNs; Host country nationals）と外国からの派遣者とから成っており，しかも派遣者の国籍は，必ずしも本社所在の国だけというわけではない。とりわけヨーロッパ企業は第三国籍人材（TCNs; Third country nationals）を多く含み，文字通り多国籍人材の育成と活用が進んでいる。

　他方，アジアでの日系子会社の人材構成は，日本人という本国籍人材（PCNs: Parent country nationals）と現地人材とにほぼ限定されており，実

図表 15-6　多国籍企業における人材構成とキャリア

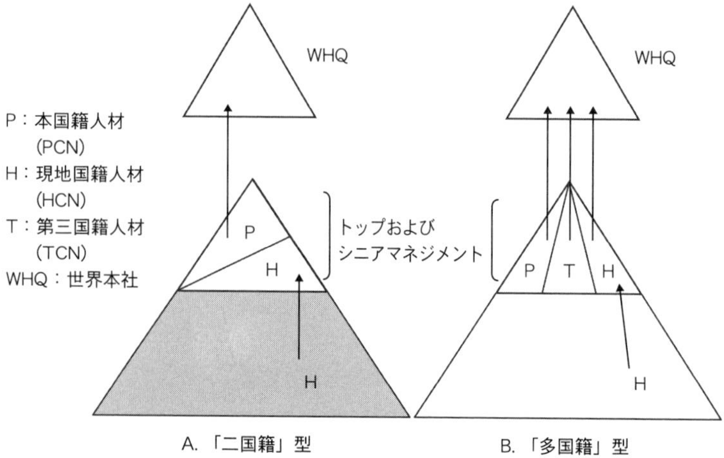

P：本国籍人材
　　(PCN)
H：現地国籍人材
　　(HCN)
T：第三国籍人材
　　(TCN)
WHQ：世界本社

トップおよび
シニアマネジメント

A.「二国籍」型　　　　　B.「多国籍」型

態として「二国籍企業」（これは筆者の造語である）の域を出ていないといいう特徴を持つ。こうして，海外子会社の日米欧間の違いは，派遣者の数や比率ではなく，その国籍構成において大きく異なる点にある。こういう二国籍型の人材構成となったのは，多国籍な組織形態やコミュニケーションに対し日本企業が不慣れであったことや言語の壁があることなどが影響を与えているとみられる。

　二国籍企業においては，本社－子会社間を日本人同士で効率的な意思疎通ができるというメリットを有する反面，他方で，潜在的な人材プールが小さくなってしまうというデメリットを伴う。図表 15-6 に示されるように，日系企業における現地国籍人材のキャリアは最高で子会社のトップ，下手をすると子会社の中間管理職ポジションが天井となっている。これに対し，欧米企業におけるローカル・スタッフのキャリアは，基本的には本国籍人材（PCNs）と同様，親会社や世界本社（WHQ で表示），あるいは他国の兄弟企業にまでキャリアが伸びており，自他ともに優秀かつ上昇志向の強いグローバル人材にとってはその方が魅力的な職場と映るであろうことが想定される。というのも，人材を引きつけ，定着・確保にプラスの影響を与えるのは，キャリア形成を通じた動機付けの成否にかかっているためである。二国

籍企業における変化の兆しについては，本章の第 8 節で論じる。

　国際化と人的資源管理という枠組みで考えるには，現地スタッフの募集・採用，育成，評価，処遇，キャリア形成などの諸点について網羅的に論じる必要があるが，本章の紙幅が限られているため，網羅的な議論については章末の参考文献に基づき，より深く勉強してほしい。本章の以下では，国際人的資源管理のうち，日本人派遣者にかかわるいくつかの論点についての議論に限定したい。まず，海外派遣者（Expatriate）の役割から検討を始めよう。

5. 海外派遣者の役割

　親会社から海外オペレーションを預かる海外派遣者には，子会社の統制，本社との調整，本社からの技術・経営ノウハウの移転，ならびに，本人と後継者の育成というミッションが与えられている（ブラック（J. S. Black）他著（2001 年）参照）。しかも海外派遣者は次のような環境下での舵取りをしなくてはならない。

　すなわち，多国籍企業の現地のオペレーションでは，海外子会社が現地でHRM システムを構築するに際しては，図表 15-7 に示されるように 4 つの

図表 15-7　海外子会社に対する 4 つの同形化への圧力

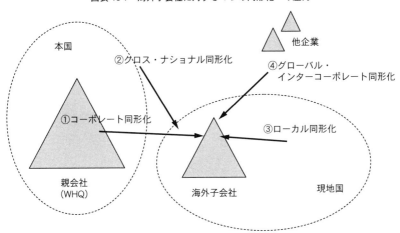

出所：白木三秀著『国際人的資源管理の比較分析』有斐閣，2006 年参照。

「同形化」（Isomorphism）の影響を受ける。ここで「同形化」とは，「ある組織が，別の組織と同じ構造やプロセスを取り入れる度合い」のことを意味している。こうして，同形化の影響力が日常的に作用し，それをどのように調整しながら，適切に意思決定を行っていくかという課題がある。

　1つ目は，親会社のシステムを導入させようとする親会社からの圧力がかかる。親会社が持つシステムを導入させようとする「コーポレート同形化」がそれである。そして，それに関連する2つ目の「クロス・ナショナル同形化」がある。これは，日本の多国籍企業が海外オペレーションに，あるシステムを導入する場合には，その企業独自のものと，例えば日本なら日本の社会システムや歴史の中から育まれたものがそこにはおのずから含まれているというものである。これら同形化が海外オペレーションに両方分かちがたく影響を与えている。

　さらに海外オペレーションはその現地システムに適合しながら実施されなくてならない。その影響が3つ目の「ローカル同形化」である。これは，当該地域の法令遵守（コンプライアンス；Compliance）を超えて，社会慣行への配慮をも含む。

　4つ目に「グローバル・インターコーポレート同形化」という他企業をベンチマーク（基準；Benchmark）としての水準合わせがある。例えば日本のメーカーが中国でオペレーションする場合には，日系競合他社だけではなく，例えばGEやマイクロソフトをもウオッチングしながら，良いところは自社システムの中に導入していく。

　こういう4つの同形化のもとでオペレーションがなされている。そこで重要な点は，こういう複雑な影響力があり，さらにパートナーとも折り合いをつけていきながら，しかも各人それぞれに与えられているミッションの下にオペレーションのかじ取りをしているのが実は，海外派遣者であるという点である。これだけの複雑な諸影響の中で適切な意思決定ができる最優秀の人材を派遣する必要がある。

　では，そういう人材を選抜しているのだろうか。実際には，そうはなっていない場合が往々にしてあるのである。というのも，これまでのキャリアで職能的に能力が高いという人を選んでいるのは万国共通であるが，その人が

海外の特定の場でこれまでと同様に能力を発揮できる人であるかどうかは，未知数であるためである。

6. 海外派遣者の選抜と適性

　海外派遣者には，子会社の統制，本社との調整，本社からの技術・経営ノウハウの移転，ならびに，本人と後継者の育成という複数の，しかも各人に固有のミッションが与えられている。これらのミッションを十全にこなすには，それに応じられる適切な人材が選抜される必要がある。

　適性のある人材を選抜しないと，派遣の「失敗」，すなわち，任期途中での離職や帰任が発生するリスクがあり，またビジネス上はそれ以上に深刻な，他のスタッフのモチベーション低下，現地オペレーションの機能低下，それに業績低迷などが惹起されるであろう。

　このような派遣の「失敗」は，操業年数の長い現地法人に比べ，それの短い現地法人においては相対的に少なくなると見られる。というのも，新しい現地法人では本社からの派遣者には技術，経営ノウハウにおける絶対的優位性が存在するためである。逆に，例えば ASEAN（東南アジア諸国連合）諸国では操業期間の長い企業が多いが，そういう企業においては生え抜きで，技術・マネジメント能力に秀でたローカル・スタッフがシニア・マネジメントに上ってきており，それらのベテランを納得させられるだけの高いスキル・知識を保有していない日本人派遣者には厳しい状況が生まれるリスクが高くなる。

　もちろん，海外勤務への適性を事前かつ的確に判断することは難しい。しかし，問題は，海外派遣者の選抜において，異文化への適応能力とか国際的ビジネス・リーダーへの適性とかいう側面についての軽視が行われ，それらの能力の育成や適性の見極めについての発想や問題意識が日本企業で希薄になっているということである。

　2006 年 10 月現在，日本の多国籍企業の派遣者の平均年齢は 46.1 歳で，派遣元企業における平均勤続年数は 20.0 年である。また，国内における派遣前の職位は過半数が課長・部長クラスであるが，海外派遣に伴い職位は 1.9

ランク昇格してトップ・マネジメントに就任する場合が多くなり，その結果担当職務の範囲も格段に広くなっている。（以上のデータは，労働政策研究・研修機構『第7回海外派遣勤務者の職業と生活に関する調査結果』2008年3月による。）

　日本人派遣者が海外で指摘される最大の弱点は，コミュニケーション能力とリーダーシップ能力である。コミュニケーション能力は，長期にわたる課題であり，一朝一夕で解決できるものでもない。語学能力のみならず，方針やビジョンの提示・浸透能力，MBO（Management by objectives; 目標管理制度）などの実施能力を含めたコミュニケーション能力に秀でた人材を選抜することが当面，肝要となろう。

　他方，リーダーシップ能力の問題はどの程度に深刻で，またその能力はどのように養成できるのだろうか。各社はその企業規模に応じて，階層別訓練の中で管理者能力の育成コースを持っているものと考えられるため，リーダーシップ能力の開発問題は，研修の問題を超えたキャリア設計システムのあり方に関連していると考えられる。

　ポイントは，優秀な中間管理職に必要とされる要件とトップ・マネジメントに必要とされる要件とには，その職責の範囲と重さにおいて大きな差があるということである。年齢・勤続年数こそは約46歳・20年と十分な職能上のキャリアを積んでいるにしても，トップ・マネジメントとしての資質あるいは経験を持たずに派遣されている人が多いのではないか。

　そのため，海外派遣候補者のキャリア・パス（Career path）に長期・短期の実務研修，留学，ホームステイなどの異文化対応訓練に加えて，30代のうちから業務の1ユニットの経営責任者，あるいは他社・子会社への経営者としての出向を組み入れ，トップ・マネジメントとしてのリーダーシップ能力の開発を明示的に入れていくことが，結果として効率的な日本人グローバル人材の育成となるのではないかと考えられる。

7. 日本人派遣者比率

　日本人と現地人材のみから成る二国籍企業では，日本人海外派遣者に過剰

な負担がかかっていると考えられる。本章ではこれまで，海外派遣者をすべて日本人海外派遣者として両者を区別してこなかったが，海外派遣者は本来，日本人とは限らない。にもかかわらず，本章ではここまで日本人派遣者を前提にして議論をしてきたのは，日本企業からの海外派遣者はほとんど日本人にとどまっているという実態を反映してのことである。しかし，論理的には両者は区分されるべきである。

　通常，「現地化」という場合には，それは海外派遣者を減らすこと，つまり，日本人派遣者を減らすことと考えられている。しかし，この議論には疑問が残る。なぜなら，海外派遣者は先に述べたように，子会社の統制，本社との調整，本社からの技術・経営ノウハウの移転，ならびに，本人と後継者の育成という複数の重要なミッションを持っているわけで，海外派遣者を減らせば「現地化」がうまくいくというのはおかしいのではないか，むしろ，海外派遣者を派遣しないならば「母親からミルクをもらえない乳幼児」のように子会社は衰弱し，結局は利益が出ない組織となっていくのではないかという当然の疑問が生まれる。そもそも，多国籍企業が本社から人材を派遣するのは，現地経営を強くし，利益を生み出すためであり，企業の多国籍化の目的は「現地化」を促進するためではない。

　何を生産し，どのようなサービスを提供するか，あるいはどのような組織構造であるかによって，派遣者比率というのはまったく違ってくる。1 つだけ例を挙げよう（拙著『国際人的資源管理の比較分析』第 3 章の事例による）。1990 年代後半，マレーシアで半導体の生産を行っているドイツのシーメンスの現地法人を訪問したが，5000 人のオペレーションで，派遣者は 2 人であった。つまり，派遣者比率は 0.04% であった。ところがシンガポールのシーメンスではどうだったかというと，派遣者比率は 11.3% であった。同じシーメンスの子会社なのに，マレーシアとシンガポールのオペレーションで何故こんなに違うのか。単純な理由がこの背景にあった。それは，マレーシアでは 1 つの事業部，半導体事業部が責任を持っているため，派遣者は 2 人でよい。他方，シンガポールでは 10 以上の事業部が関連して進出している。そうすると，それぞれの事業部が人を派遣するわけで，いきおい派遣者の比率は高くなる。これは極端な例ではある。しかし，派遣者の比率が高い

か低いかだけで議論することの危うさを示している。しかも，派遣者比率の高低を「現地化」の代理指標とすることはさらに実態から乖離していることは明らかである。

　日本人派遣者に関して以下のような研究結果があり，その結果も派遣者比率の高低そのものを論じても生産的でないことを示している（拙著『国際人的資源管理の比較分析』第2章参照）。すなわち，現地スタッフの大卒比率が高くなり，経営管理職の蓄積が進むと，利益率が高くなる。ここで，現地スタッフの大卒比率が高いということは，高付加価値生産・サービス供給が行われていることの反映であり，またそうであるとすると，現地スタッフの大卒比率が高くなればなるほど本社からの技術・経営ノウハウの移転が必要で，派遣者も必然的に多くならざるを得ない。

　しかし最も重要な点は，本社からの技術・経営ノウハウの移転のためにそれ相応の派遣者数が必要であることは当然ではあるが，そのことが必ずしも「日本人」派遣者数でなくてはならないことを意味していないことである。派遣者は本社の経営管理理念・方針，技術・ノウハウを体現していることが重要であって，派遣者の国籍を本国籍に限定する必要がないということである。

　こうして，日本企業がグローバルに活動し，多国籍企業となるにしたがい，日本人を超えて多国籍の人材を日本本社ならびに現地法人においてその能力を十分に発揮できるシステムに移行していく必要があるといえよう。

8. 二国籍企業における変化

　日本在外企業協会が2014年に行った調査により日本企業の現地法人における外国人社長の比率を見ると，日本人75％，外国人25％と，3対1の割合で日本人対外国人となっている（有効回答114社の現地法人数5,093社。なお，同調査は2年に1度実施されているが，回答企業数の変動が大きく，時系列的比較は困難である。）。調達方法を同一にしてこれまでの調査結果と比べると，外国人社長比率は2010年調査の22％，2012年調査の22％と比べて高まってきている。なお，今回は，外国人を現地国籍人と第三国籍人とに区別していないが，以前の調査から類推すると，外国人という場合に，そ

の 9 割以上が現地国籍人であるとみられる[3]。

　さらにこれを地域別に検討すると，欧州・ロシア，オセアニア，北米で外国人社長比率が高く，とりわけ欧州・ロシアでは同比率は 42％と外国人社長が日本人社長より多くなっている。逆に，中国を除くアジアでは社長が外国人である比率がきわめて低くなっている（図表 15-8 参照）。操業年数の比較的短い現地法人が多い中国では，現地法人の統制と経営ノウハウ・技術移転等のため日本人比率がとりわけ高くなっているものとみられる。

　ただし，外国人社長を起用する場合の難点や課題をみると，最大の問題は，これまでの調査結果と同様，「本社とのコミュニケーションが難しくなる」（59％）という点である。同様に本社からみた問題点を指摘しているものとして，「自社の経営理念の共有が難しい」（25％），「本社主導の経営がやりにくい」（19％），「日本人派遣者との連携がとりにくい」（9％），「グローバルな経営戦略を理解してもらいにくい」（4％）などが指摘されている（選択肢 3 つまでの複数回答，回答企業数 103 社）。これらの問題群は，若干改善しつつあるとはいえ日本の本社がダイバーシティ・マネジメントに依然として不慣れであることを示している。

　こうして，日系子会社の人材構成の特徴は，図表 15-6 に示される「二国籍企業」であることに変わりはないが，徐々にではあるが，現地スタッフが

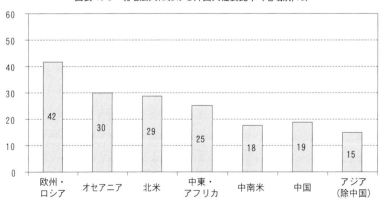

図表 15-8　現地法人における外国人社長比率（地域別, %）

注：日本本社 114 社（現地法人数 5,093 社）の回答による。

トップ・マネジメントに就任するケースも増大していることがうかがわれる。海外現地法人の外国人社長で本社の役員（執行役員も含む）となっている程度をみると，それは調査対象企業109社の22％である。同様に海外現地法人の日本人社長で本社の役員（同）は調査対象企業108社の71％の企業である。さらに海外現地法人の外国人社長が本社採用であるのは18％である（有効回答数24社）。海外の現地人経営幹部層に対する日本での経営研修も47％の企業で実施されており（調査対象企業128社），本社・現地法人間での人材面での統合と交流が徐々に進んでいることが示されている。さらに，本社の海外現地経営へのコミットメントの高まりを示す動向も本調査結果からうかがうことができる。海外現地経営幹部層の日本での経営研修の実施の有無であるが，実施している企業比率は47％と約半数を占めており，この比率は高まりつつある。

　このため，図表15-6に示された「二国籍企業」は図表15-9のような修正型「二国籍企業」に変化しつつあるといえる。欧米系多国籍企業との大きな違いは，日系企業においては第三国籍人材（TCNs）が依然としてほとんどいないという点に求められる。今後，海外の兄弟企業間での人事交流の動向が注目される。

図表15-9　修正型「二国籍企業」

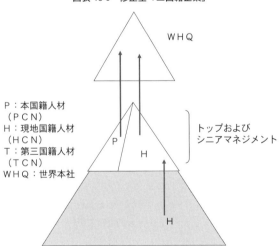

P：本国籍人材
　（PCN）
H：現地国籍人材
　（HCN）
T：第三国籍人材
　（TCN）
WHQ：世界本社

注

1　国連の定義では，2 カ国以上に生産設備や営業施設を所有する企業を指す（『経済辞典（第4 版）』有斐閣，2002 年による）。

2　M&A などの目的で特定の企業の株式の買集めについて，その意図を開示したのちに全投資家を対象に実施する制度（同上辞典による）。

3　白木三秀「グローバリゼーションへの企業対応の進展とグローバル・マインドセット」『月刊グローバル経営』（日本在外企業協会，2012 年 12 月号所収）ならびに「グローバル時代の HR部門の役割：日本在外企業協会調査からの考察」『月刊グローバル経営』（2015 年 3 月号に所収）参照。

［さらに学びたい人のために］

・Perlmutter, H. V. (1969), The Tortuous Evolution of the Multinational Corporation, *The Columbia Journal of World Business*, January–February, pp.9-18.

・バートレット＆ゴシャール，吉原英樹監訳（1990）『地球市場時代の企業戦略』日本経済新聞社。

・白木三秀（1995）『日本企業の国際人的資源管理』日本労働研究機構。

・ブラック他，白木・永井・梅澤監訳（2001）『海外派遣とグローバルビジネス』白桃書房。

・白木三秀（2006）『国際人的資源管理の比較分析』有斐閣。

・江夏健一・長谷川信次・長谷川礼編（2008）『シリーズ国際ビジネス　(2)国際ビジネス理論』中央経済社。

・白木三秀編著（2014）『グローバル・マネージャーの育成と評価』早稲田大学出版部。

第 **4** 部

特定テーマの掘り下げ

第 *16* 章

「働くことの意味」と人的資源管理

1. はじめに

　人的資源管理の中心は，文字通り「ヒトの管理」であり，より正確に言えば，「組織内部におけるヒトの労働をどう管理するのか？」という問題に答えることである。そうなれば，何よりも「人が働く根源的な意味」を理解しておく必要がある。

　「人はなぜ働くのか？」この「問い」に答えるためには，歴史的観点から「労働」という概念が，どのように使われて来たのかを概観してみる必要がある。現代的視点に立って「人が働くこと」の深き意味を考えていく。

　「人はパンのみにて生きるにあらず」という言葉があるが，その言葉は，「人間は，単に生きるために働くのではない」ということを表している。それでは働くということの真の意味はどこにあるのであろうか？すなわち，「満足を得る働き方」をするためには，何がどのように大切になるのか？そのことを多方面から考えてみることが，本章の目的である。

　そうした「問い」に答えるヒントを得るために，「労働」という概念がどのように考えられて来たのかを，歴史的に辿ってみることにする。まず，「西洋の労働」を概観し，それから，東洋の労働観，特には「日本に於いて労働が，どのように考えられて来たのか」を，具体的な事例から見ていくことにする。

2. ヨーロッパの労働観

⑴　奴隷と労働

　人間の労働に関して，最初に思索をめぐらせたのは，古代ギリシャの哲人たちであった。この時代の労働に対する考え方は「労働は卑しく，呪いに満ちたものである」というものだった。どうして，そのような考え方が出て来たのかと言えば，古代ギリシャの自由人たちは，労働などしなくても生活できる裕福な階層の人々で，その人々にこそ「徳が宿る」と考えられていたからである。

　古代ギリシャで労働に従事していたのは，「奴隷」と呼ばれる人々（厳密には「人間」とは認められていなかった階層）である。古代ギリシャにおいては，「市民」と「奴隷」の身分差別が厳然と存在し，労働をするのは，「呪われた人々」だけで，自由な市民は労働せずに，農業・手工業をはじめとする社会の労働全てを，その「呪われた人々」としての奴隷にやらせていた。

⑵　奴隷と自由な市民

　「奴隷」が「呪われた人々」と呼ばれ，「労働を強いられる」ようになったのには理由がある。そのことを理解するためには，当時のギリシャの戦争を考える必要がある。頻繁に起こった古代ギリシャ都市国家間の紛争に負けた国家の民は，戦勝国の支配のもと，奴隷とされてしまうのが常であり，一方，戦勝国の民は，自由な市民として，労働せずに「奴隷」の労働による成果を享受した。逆に考えれば，奴隷を働かせるのに彼らを「呪われた人々」とした方が，自由市民としては都合がよかったのであろう。

　古代ギリシャ社会においては，明らかに知識労働の方に価値が置かれ，自由な市民は，「労働」を奴隷のものとして軽んじていた。耕作をはじめ，モノをつくる仕事全般は，「肉体労働」としての奴隷の仕事であり，それに対して，上層の人々，自由な市民が担う仕事は「国のあるべき姿」や「戦争戦略を練る仕事」であり，肉体労働に従事していては，その思索に費やす時間がなくなると考え，知識労働を肉体労働よりは，一段高い格上の仕事である

と位置づけたのである。

3. キリスト教的労働観

(1)　古代ギリシャから中世へ（5 世紀〜15 世紀）

　一般的には，キリスト教会が絶対的な権力を有し，1000 年にも及ぶ「神絶対の中世」を迎えるようになる基盤には，ギリシャ・ローマの文化があると言われている。ローマ帝政は，平等主義のキリスト教は，政体を維持していく上で不都合だと考え，当初から，それを弾圧した。しかし，人々の生活は，宗教に大きな意味をもつようになっており，そうした弾圧は成功せず，弾圧にも拘わらず，その勢力は衰える気配を見せなかった。そうした状況下，ローマ帝政は，次第にキリスト教を認める方向に政策を転換させ，遂に4 世紀には，弾圧しきれないキリスト教を「国教」として認める国も現れた。先ず 301 年アルメニア王国が国家としては初めてキリスト教を国教とし，313 年には，コンスタンチヌス帝（Constantinus I, 274頃-337, 在位 324-337）がミラノ寛容令を発し，公認する。更には 327 年グルジア正教会が国教として認め，391 年には帝国の統一を達成させ「大帝」と称されたテオドシウス帝（Theodosius I, 346頃-395, 在位 379-395）が異端のアリウス派や異教を弾圧し，カトリック教会を擁護し，キリスト教を国教とした。弾圧に抗して潜在的な強い力をもつようになっていったキリスト教を国教として認めたわけだから，キリスト教は更に大きな勢力をもつようになり，ルネッサンスの始まりが 13 世紀だと考えれば，その宗教はそれまで，約 1000 年間にも及ぶ期間，絶大な権力を保ち続け，ヨーロッパ社会を支配することになった。

　国教として認められたキリスト教は，12 世紀に頂点に達し，それからは，堕落し始め「宗教改革」を必要とするような事態を生じさせ，ルネッサンス期を迎え，古代ギリシャの人間中心の文化を復興させ（文芸復興），やがて，人間に目が向けられる「近代」の幕があくことになる。

(2)　中世の「労働観」

　さて，キリスト教に影響された「中世」の「労働観」はギリシャにはなかった労働に対する新たなる側面を切り開くことになる。それは，古代ギリシャ社会のように，「労働」を罪悪視するのではなく，むしろ，それとは正反対に，労働を人間として大切なものとする考え方を生み出した。そうした考え方が出て来る基盤には，キリスト教の教義から来る「禁欲主義」の精神がある。中世の禁欲主義は，人々の労働観を変え，これから詳しく述べる「近代労働観の萌芽」を形成していくこととなる。

　中世の神学者たちは，その信仰から，ギリシャの哲人たちが，労働を蔑んだ考え方を批判した。そもそも神が天地を創造したこと自体が，優れた労働に他ならなかったわけで，天地創造の6日間の次の日は休息のために休まれたほど意義深い仕事であった。そのような神の尊い労働が卑しいはずはないのである。人間の労働も，森林を切り開き，新しい農地をつくり，更には，その農地から農作物を得る。また，工場では日用品が作られ，人々は生活に必要なものを得るために働き，労働は，生きる上での尊い営みと考えられるようになる。

　このようなキリスト教の考え方が根底にあり，中世では，農場で農作物を作ることや工場で日用品を作ることが普通に行われるようになった。そうして生産された商品は一般の市民の間で売買されるようになり，更なる生産活動，商業活動を促進させていった。ヨーロッパの都市の中心には，マーケット広場が多くあり，いまだに買い物客で賑わうが，その始まりは中世に端を発していた。このようにして，人々の働くことの意義が認められ，労働は，生きる上での尊い営みと認識され，やがて，その倫理も問われるようになっていくのである。

(3)　プロテスタンティズム的労働観

　ギリシャ社会では蔑まれていた労働の価値が，キリスト教の信仰のもとで転換され，中世では，その意義が認められ，市民も仕事に携わるようになる。そして，様々な職種が出て来るに及んで，職業に貴賎の意識が生じ，その差の認識から，労働に於ける倫理の意識が要求されるようになって来る。

また，奴隷の仕事として蔑まれていた肉体労働も次第に肯定されるようになり，勤労によって得られる報酬も正当なものと認められるようになっていく。

14 世紀から 17 世紀にかけて，富の蓄積に差が生じ，富をより多く蓄えた人々が出現し，富裕層が形成されることになる。それが資本主義誕生の始まりで，この時代，商業は活況を呈し，ヨーロッパの内外を舞台に貿易が隆盛を極めるようになる。

本来のキリスト教は，人格神であるにも拘わらず，金銭を支払うことにより極楽に行けるとする物質主義が一部の神父の精神を支配するようになっていくのは，明らかに長年のキリスト教支配にあぐらをかいた教会の驕りであったと言っていい。人々のなかには，「罪をお金で免れる切符（免罪符）」を買いさえすれば，極楽に行けると信じる人さえも出て，宗教は堕落していく。一方，絶大な権力を維持した教会の権威のもと，神に背いて悪事をはたらく聖職者たちも後を絶たず，キリスト教は堕落していき，カルバン (Calvin, Jean, 1509-64)，ルター (Luther, Martin, 1483-1546) という 2 人の宗教改革者の出現を必要とする事態に至る。

キリスト教から言えば，人間は神の本質たる精神と悪魔の本質たる物質の 2 つの性質を同時に有した存在なのである。もともと神は精神体であり，物質たる肉体をもっていない。肉体という物質を支配するのは，悪魔の仕事で，悪魔は神のように人間を精神的に高めることはできないが，物質の世界では，人間を堕落させるマイナスの力は神と同等に有している。そもそも，キリスト教における「禁欲」とは，物質に対する欲望を抑えて神に向かう信仰を前提にしており，神に向かう信仰心が不足する時，悪魔のそそのかしに負けてしまうことになる。従って，中世的な「禁欲主義」とは優れてキリスト教の概念であり，勤勉に働くなかでの神への信仰心を前提としなくてはあり得ない概念なのである。

(4) 近・現代的労働観

近代に成立した「絶対王政」は，フランス革命に代表されるような「市民革命」により倒され，その結果「ブルジュワジー（市民階級）」と呼ばれる

階層が支配権を握り，社会を統率することになる。この連関で，産業も興り，資本家が登場して来る。そのようにして出現した資本家にとって重要な課題は，従業員に労働者として，いかに勤勉に働いてもらうかということであった。

　すなわち，資本家として大切なことは，従業員に働くことが倫理的に重要なことであることを自覚させ，仕事の大切さを意識させながら，勤勉に働いてもらうことであった。その際に，大きな影響を与えたのが，既に説明したプロテスタンティズムの「禁欲」と「勤勉」の概念であった。

⑸　プロテスタンティズムの倫理

　資本家として，有能な労働者を育てるためには，従業員に労働の倫理的価値をしっかりと自覚させる必要があった。その時に，職業は神から選ばれ，神のもとに招聘される「聖職（calling）」だとみなすことが有効な手段となった。すなわち，労働者が自ら得た職業は実は，神が自らのもとに呼び出した尊いものだという意識をもつことにより，労働者の職業に対する意識は，神に対する絶大な義務感を伴うものとなるわけで，そのような意識は，もとより，動物にはない「神と出会うことのできる」人間に特有な能力なのである（人間の尊厳）。そのことから，さらに「禁欲」と「勤勉」が求められることになる。

　禁欲・勤勉，倹約は，プロテスタンティズムにとって神の教えに忠実に従う信仰の重要な要であり，そうしたプロテスタントの宗教倫理は，西洋資本主義の発展と不可分に結びついている。

　人間も動物には違いないが，考える源，前頭葉を有しており，神と悪魔との狭間で，どちらに向かうかを選択できる被造物中の唯一の存在なのである。人間の使命としては，もちろん，世俗的な悪魔の支配する「物質（肉体も含む）の世界＝地獄」に向かわずして，神の支配する精神の世界（天界）に向かわなくてはならないことは言うまでもないことで，それが「禁欲」であり，浪費せずに倹約をすることに通じる精神，経済的には貯蓄を可能にさせる源泉の精神，すなわち，資本の蓄積に寄与する精神なのである。大きく捉えて，このような考え方が，プロテスタントの宗教倫理となるわけである

が, このことを, 初めて学問的に唱えた学者がウエーバー (Weber, Max, 1864-1920) という人で,『プロテスタンティズムの倫理と資本主義の精神』という重要な書物を著している。

　ウエーバーは, 近代西洋で出現した資本主義を, 他の単なる利益追求という意味での「資本主義一般」から区別しているが, その視点は一体どこに置かれていたのだろうか？彼は, 近代西洋で出現した資本主義の特徴を, 働く人たちの「エートス」に求めた。「エートス」とは一般的には, 精神構造とか, 何かに向う時の精神的態度を指して言う言葉なのだが, ウエーバーが使用した「エートス」という言葉は, 「資本主義の精神」という意味であり, その精神は, プロテスタンティズムの倫理の中に見出せるという考えなのである。

　先にも述べたように, プロテスタントの考え方からは, 神に向かうことができなければ悪魔に向かうことになり, それは「堕落」に通じるわけであるから, 人間は, どうしても, それを避けて神に向かう必要があった。それは, あらゆる「世の楽しみ」を断念して, 神から授けられた使命としての義務を果たすことであり, 世俗的には, それが「禁欲」という生活態度を指すことになる。そして, その精神こそが, 職業労働に貢献する考え方に通じ,「資本主義の精神」を生み出す源泉となるとウエーバーは考えたのである。

⑹　意図せざる結果としての「資本主義」

　以上, 述べて来たように, ウエーバーは,「資本主義の精神」を, プロテスタントの「世俗内禁欲主義」から説明した。しかし, プロテスタントの教義を信じる人々は, みな近代資本主義を生み出すことを意図して「禁欲」的な生活をしたのだろうか？もちろん, そんなことはないであろう。だとすると「資本主義」は, プロテスタントの人々が意図しないところで, 結果として生み出されたことになる。

　欲望を前提とし, 肯定する近代資本主義が, 宗教的理想の実現のためには, あらゆる欲望を犠牲にしなくてはならないとするプロテスタントの「禁欲主義」から生みだされたのは, まさに歴史のパラドックスだったと言ってよいであろう（図表 16-1 参照）。

図表 16-1　プロテスタンティズムの宗教倫理と西洋資本主義の誕生

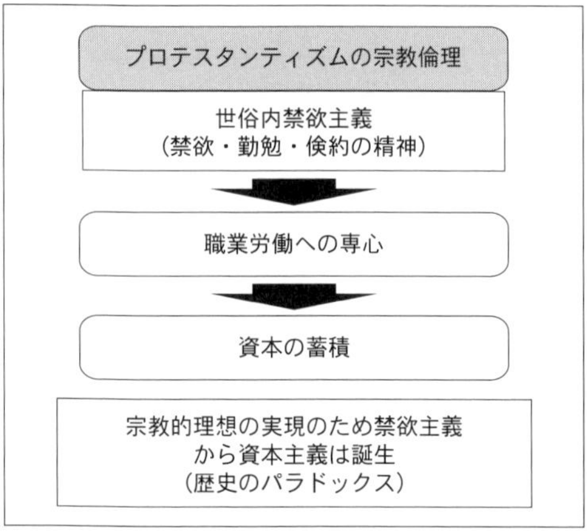

⑺　アメリカに於けるヨーロッパ資本主義の変質

　アメリカの資本主義は，第一次世界大戦前後から，最盛期に入り，プロテスタントの精神たる「倹約・世俗内禁欲」の精神は後退し，巨額な資産を保持する資本家が出現して来るようになる。

　そうした状況下で，ウエーバーは，アメリカの富の蓄積が宗教的・倫理的な意味を欠くようになったと批判したが，初期アメリカ資本主義は，大量消費を背景に，それまでのヨーロッパにおける資本主義とは違った道を歩むようになっていく。

4. 日本の労働観

⑴　日本型資本主義の精神

　日本は，アジア諸国の中で初めて近代化（工業化）に成功した国である。日本は，地理的には，西欧の先進文明圏からは遠い極東に位置し，近代化に成功するまでは，アジアでも文明の中心ではなく，むしろアジアの「辺境」とも言うべき地域にあった。中心は，中国・朝鮮半島の周辺地域であったといっていい。

　そのような日本が何故，他のアジア諸国に先駆けて近代化に成功できたのか？　そうした日本の経済に現在，陰りが出て来てしまっているのは，どうしてなのか？　日本は，この混迷から脱することができるのか？　更には，日本が，現代の混迷する国際経済社会の中で，何か果すべき役割があるとすれば，それは一体いかなるものなのか？

　これらの問いに答えるためには，日本経済の固有の発展を考えてみる必要がある。その際，キーワードとなるのが，「日本型資本主義の精神」なのである。

　実は，日本が近代化にアジアで逸早く成功したということは，他のアジア諸国にはなかった特有な経済的地盤が日本にのみ整っていたと考えられる。その地盤とは，資本主義を形づくる地盤のことで，ウエーバーは，「近代的な資本主義が成立するためには，欧米社会の近代資本主義と同様の精神的エートスが，その地盤に既に形成されていなくてはならない」ことを主張した。ここで言うエートスとは，広くは「社会的な精神，とりわけその社会的地盤に行き渡っている倫理的雰囲気」のようなものを指す。

　このように考えれば，日本が，アジアにおいて早くから近代資本主義経済体制を導入し得たということは，非西欧文明圏にありながら，西欧資本主義を生じさせたのと同様なるエートスを既に醸成させていたという推測が成り立つことになる。

　その時期が問題になるが，それは江戸時代の庶民社会にまで遡ると考えて，ほぼ間違いないであろう。すなわち，江戸時代の日本には，既に日本特有な資本主義の萌芽が生まれており，それが育っていったと考えられる。この日本型資本主義の精神について詳細に研究した人物が山本七平（1921-1991，筆名イザヤ・ベンダサン，Isaiah Ben-Dasan）なのであるが，ここで詳しく，その研究を紹介する余裕はないから，広く，神道・仏教・儒教というような思想的な分類から，日本型資本主義の精神を醸成したであろう要素を指摘してみることにする。

(2)　日本における労働の考え方

　日本における労働の考え方は，神道や仏教，儒教などの思想に大きな影響

を受けているが，日本には，「神道」という土着の宗教がありながら，早くに（552年ないし538年）仏教が移入され，更には儒教も渡来して，日本人の根底の精神を形づくるものが何なのかは，分かりにくくなっている。神道や仏教や儒教が日本人の精神に深く根づいていることは確かなのであろうが，どの影響がどの程度に作用しているのかを学問的に検証することは極めて難しく，様々な「日本人論」があるのも，そうした日本の歴史的な文化的な特別な事情と無関係ではないであろう。

(3)　仏教の影響下における働くことの意味

　先ず仏教的労働観から見ていくことにする。聖武（しょうむ）天皇（701-756）の治世は724年から749年であるが，この時代は律令国家の最盛期で，政治的には激しく動揺する，奈良時代の転換期であった。

　仏教では，人がもっている信仰，労働，技術などの諸能力を良き目的のために提供すること，多くの人が1つの目的のために，協力して働くことを「知識」というが，聖武天皇は，自発的に「知識」を提供することを世の人々に期待し，東大寺の大仏建立を計画した。仏教で「善知識」とは，智があり徳のある友人，指導者を意味するが，聖武天皇は，その大仏建立という大仕事の統率者として当時の僧侶，行基（668-749）を指名した。行基は，民間伝道に努めたのみならず，地溝の開発や病人のための介護施設を開設するなど，各地で貧民の救済を実践し，働くことの価値を認め，働く人々を賞賛し，人々に役立つ仕事と労働を，「知識」として実感させた。そのことにより，彼は民衆から「菩薩」と呼ばれるほどに信頼を集めることになる。

　空海（774-835）は，行基のそのような仏教からの教え・実践に賛同し，寺院・学校・堤防の建設を実施したし，また道元禅師（1200-1253）は，働くにあたり修行と作法が重要であることを説き，自由に他者に奉仕する仕事に従事することが人間にとって極めて大切で，それが人間に至福をもたらす近道だと説いた。

　行基も空海も，道元もみな，他者のために働くことを説いたのであるが，それは労働の目的を単に報酬を得ることにのみ求めたのではなく，「みなが幸せになることを求めた」と解釈することができ，ここに，日本の仏教的な

労働観をみることができる。次に，そうした仏教的な労働観を具体的に理解し易くするために，禅僧，江戸時代初期の曹洞宗僧侶，鈴木正三（1579-1655）の思想をみてみることにする。

⑷ 「鈴木正三」の思想

　天下分け目と言われた「関ヶ原の戦い」は，正三が 23 歳の時に起きている。それは悲惨な戦いであった。彼は，戦いの悲惨さから，世のはかなさを感じ，42 歳で出家し本格的に禅の教えを学び始め，修行を通じて独特の仏教思想を修得する。百年に及ぶ戦乱の世が治まり，数年を経て，徳川氏が幕府を築いたのであるが，政治は不安定で，多くの民が不安を抱えて，正三の寺に法話を求めてやって来た。

　そこで，正三は子供や老人にも分かるように，法話付きの絵本（仮名草子）を書いて，それを使い，民衆の前で法話をした。それは，深い思索と幅広い知識に裏付けられており，分かりやすく，人々を納得させる力をもっていた。

　「本当は，念仏を唱え修行したいのだが，農業の仕事が忙しく，そうする暇がないから，死んだらきっと地獄に落ちるだろう」と悩む農民に，正三は「念仏だけが，仏教の修行ではない。それより，心をこめて熱心に働き，鋤や鍬を打ち込むたびに念仏を唱えることこそ，すなわち，農業の道に一途に勤しむことこそが，仏の道に適うのだ」と諭した（「農事即仏行」）。お客の信用を守るために必死に仕事をしたのに，「金儲けは卑しい」と決めつけられた商人には，「商人には天下の物財を，あるべき場所に流通させる使命があり，その仕事に勤しむことは尊いことで，仏の道に通じる仕事なのだ」と諭した（「商業即仏行」）。また，「器用であれば，誰にでもできる仕事だ」と蔑まれた職人には，「職人の仕事は，人々の生活を幸せにする尊い仕事だから，作るたびに念仏を唱えて，人々の幸福を願いなさい」と諭した（「物作り即仏行」）。

　幼い頃から戦乱を見つめ，成人してからは世の中の秩序を見つめ続けた正三は，人生を「仏の心に適うための修行」と位置づけ，士農工商の区分は身分の序列ではなく，社会貢献の範囲を示す分類に過ぎないと解釈した。

図表 16-2　民衆の生活に根ざした鈴木正三の教え

　当時としては，新しく，かつ本質的な彼の教えは全国に広がり，人々は仏に近づくために，懸命に働いた。人々の幸福を願い，「働くこと」の意義を説いた正三は，ウエーバーが言った資本主義を受け入れる地盤，すなわち，その「エートス」を日本に醸成させることに成功した人ということができるであろう。苦しみをともなう「働くこと」を日本人の生き甲斐に変えた鈴木正三は，戦国の世を生き抜き，後世の私たちに，「働くことの意味」を深めてくれることで，未来的に生きる大きな希望を与えてくれたということができるであろう（図表 16-2 参照）。

(5)　儒教的労働観

　次に，儒教から影響を受けたと考えられる日本人の労働観を見ていこう。儒教を信奉した人の数はそれ程多くはないとはいえ，日本人の精神構造に与えたその影響はとても大きいと言える。儒教は，孔子（Bc.551頃-Bc.479）の教えを体系化したものであるが，「長幼の序の規定」など，規律重視の精神に貫かれ，「家族間の慈しみ」など，徳によって人を治めていく考え方が根底を流れている。

⑹　石田梅岩「石門心学」の教え

①　商人道

　石門心学の祖，石田梅岩（1685-1744）は，商人が社会的に低い扱いを受けている時代に，「商売による取引で利潤を得ることは恥ずべきことではない」として，商人の働く意義を力説し，商いの重要性を説いた。梅岩の言葉に「実の商人は，先も立，我も立つことを思うなり」というのがあるが，これは，日本に於ける CSR（コーポレート・ソーシャル・リスポンシビリティ＝企業の社会的責任）の原点であると言っていいだろう。

　梅岩は，江戸時代の学者で，農家の二男として生まれ，23 歳の時に京都に奉公に出，初め当時の主流であった儒学ではなく「神道」（当時は，儒教からの影響が強く，「神儒一致的傾向」が顕著）の勉強を始め，神道の普及を志した。その後，独学で儒教を学び，1729 年，45 歳の時，町人を集め，初めて心学の講席を開いたが，そこに参加するには，人の紹介など一切要らず，誰でも自由に聴講でき，聴講料は無料で，その精神は，現在にも通じる「生涯学習社会の理念」と一致するものがあった。

　彼は，その講話で，当時の「士農工商」という身分制度で，最も卑しいとされて自信を失っていた商人たちに，「商人の道」を説き，「農民は作物を作って禄を得る。武士は主君に仕えて禄を得る。それと同じように商人は売買を行って禄を得る，それは天下の道理である」として，商人にとっての利潤を，武士の俸禄と同等なものとし，商人の仕事に正当な意義を認め，商人蔑視の風潮を否定した。このような「商人道」を説く梅岩は，強い求道心の持ち主で，幼少の頃からの正直で律儀な性格は，生涯変わることはなかったという。彼の講話の内容から，商人たちは仕事に誇りをもち，未来に大きな勇気をもつようになった。

　梅岩の「倹約第一」の教えも，儒教倫理から発するもので，『都鄙問答』の中で，「倹約とは，3 つの財が必要であったものを 2 つで済ませるようにすることだ」と説き，必要なものまで出し惜しむ「吝嗇（ケチ）」とは明確に区別して「倹約」を定義している。梅岩は実践の人であり，講話における「倹約の精神」を「衣食住の全般において」自らも実践したと言われている。

② 倹約の精神

　古来「質素・倹約」は日本人の美徳とされてきたが，梅岩は，「倹約斉家論」を世に出した直後の1744年に世を去っている。その後，彼の思想は，弟子たちによって庶民のための生活哲学，「石門心学（儒教・仏教・神道に基づいた道徳）」として広められ，質素・倹約の思想は，「至誠」を最高の徳とする，日本独自の経営思想として現在にも受け継がれている。

　梅岩は，何も新しい思想を打ちたてようと気負ったわけではない。彼は，何よりも「心」を大切にし，先人たちの行いに学び，道にかなった人生を歩むべきことを説いた。

　梅岩の思想で特に注目されるのは，吝嗇（ケチ）とその動機となる「貪欲」とを区別して，消費の倫理としての「倹約」を説いたことである。つまり，欲の心にとらわれず一心に仕事に打ち込みなさい（奉仕しなさい），その際，第1に大切になるのが「倹約」であり，倹約を秩序の基本として守れば，資本は否応なく蓄積されると説いた。そうした説の背後には，奢侈（シャシ）と浪費によって多くの商家が没落する時代的背景があったのではあろうが，これは，先に述べたプロテスタンティズムの「世俗内禁欲」とも一致する。

　先に鈴木正三を日本型資本主義のエートスを作り出した人物として紹介したが，梅岩の教えが，武士階級よりも，草の根の処世訓として，町人，農民といった広く民衆に浸透していったことを考え合わせれば，梅岩もまた，日本型資本主義のエートスを形づくった先駆者，すなわち，早くに近代化を成功させた，日本に於ける資本主義の精神を育む地盤を築いた重要な先駆者であったと位置付けることができるであろう。

⑺　二宮尊徳

　二宮尊徳（1787-1856，本名＝金次郎）は，江戸時代後期に存在した人物であるが，儒教倫理に繋がる思想をもち，国民に勤勉と倹約を説いた教えの影響は大きい。明治時代から第二次世界大戦にかけて，多くの小学校において，薪を背負いながら書物を読む二宮金次郎の銅像が見られた。当時は戦時下で，物資も不足し，庶民には勤勉と倹約が求められたが，尊徳の銅像は，

そうした時勢のなか，庶民が質素に暮らすことへの期待が込められていたと言える。

　ウエーバーが，西洋キリスト教社会のなかにみた「禁欲・勤勉と倹約の精神」を二宮尊徳は物資の欠乏する戦時下の日本で実践したことになる。それでは次に「労働」が現代経営学のなかで，どのように捉えられて来たのかを，特にその創始者と言われるテイラー（Frederick Winslow Taylor, 1856-1915）の実践活動からみてみることにする。

5. 経営学のはじまりと「労働」

⑴　経営学の成立

　経営学の成立は，20 世紀初頭に遡る。ちょうど 19 世紀末の米国では，産業革命後の鉄鋼需要の増大にともない，企業規模が巨大化し，市場では，大規模企業間の競争が激化していた。そうしたなか，工場では，製造工程でのコスト・ダウンや作業能率の向上が喫緊の課題となっていた。こうした状況下，アメリカのエンジニアであったテイラーは，人間が組織で働く理由を，働くことの対価としての賃金に求め，科学的に人を管理する手法を考案した。それが「科学的管理法」と呼ばれる手法である。

　また，テイラーは，自身が鉄工所の作業員として働いている時，作業員がサボって 1／3 程度しか自らの能力を発揮していない現状に遭遇し，そのような組織的怠惰を打ち破らねばならないと考え，作業能率を向上させる方法として「科学的管理法（テイラーシステム）」と呼ばれる手法を考案した。

⑵　時間動作研究と計画部の創設

　作業員の効率を上げようとした時に，最も効果的な方法は，職場の優秀な労働者を選抜し，その動作を細かな要素作業に分解し，無駄な動作を省いた上で標準作業量を決定することだった。実際に彼は，ストップウオッチを使い，秒単位で作業員の効率的動作を観察し，合理的な動作を実現させようとした。このような作業員に対する時間動作研究に加えて，1 日にこなす作業量（タスク）の設定を行い，タスク管理の仕組みを整えようとした。当時，

作業員が1日にこなす作業量は，経験と勘に基づいて決められており，テイラーはそれを科学的に決定しようとしたのである。

そこで彼は，計画部という新しい部署をつくり，選抜された職場の優秀な労働者の作業を細かな要素作業に分解し，最終的に個々におこなわれたバラバラな仕事を統合して考え，作業効率が最も高まる手段を模索した。テイラーが意図したことは，作業に必要となる手順はすべて計画部で事前に作成しておき，実際に作業をおこなう時，作業員は，計画部から渡される作業指図票に沿って，できるだけ何も考えずに作業ができるような状態にすることだった。テイラーは，指示書を作る部門とその内容を実践する場を分けて効率化を図り，更にそのタスク管理の仕組を賃金付与システムと結びつけた。

⑶　賃金によるインセンティブ制度

科学的な方法を用いて設定された1日の作業量は，それまで怠惰に過ごしてきた作業員にとっては大変に厳しいものだったから，この厳しいタスクの目標達成のために更なる仕組が必要となった。それが，賃金によるインセンティブ制度である。テイラーは，賃率に差をつけることで，作業者のモチベーションを高めようとした。仕事をどれだけ達成したか，その出来高に応じて賃率に差をつけ，作業者のやる気を引き出そうとしたのである。その制度は，賃率に差をつけるという意味で「差率出来高賃金制度」と呼ばれている。その制度のもとでは，1日にこなすべき標準となるタスク量以上の生産量を達成できた従業員には，高い賃率を適用し，そのタスクに達しなかった場合には，低い賃率を適用する。そうすることで，彼は，従業員誰もが標準タスク以上の成果を達成させようと意欲し，怠惰な仕事態度が改まることを期待した。

重要なことは，テイラーが，作業者に，よりよい仕事をしてもらうためには，給料を上げて勤労意欲を高めることを考えたことで，これは，経済学の効率賃金仮説に通じる考え方で，労働生産性を高めるためには，勤労意欲を高めることが何よりも大切であり，そのためには，報酬を高めることが効果的であるという前提に立脚している。

その後，この分野では，勤労意欲を高めるものは単なる賃金だけではない

であろうことも言われ出し，勤労意欲を高める賃金以外の要素も研究されるようになっている。

6．おわりに：人的資源管理の前提としての「労働」理解

⑴　働くことをどう考えるか

　本章では，「働くことの意味」を問うて，その答えを歴史的に辿り，東西の歴史に現れた様々な労働観から「働くことに関連する」考え方を概観して来た。

　古代ギリシャの労働観から，中世を経てどのようにして近代・現代の労働観が出て来たのかを西洋では，プロテスタント，特にはウエーバーの考え方を参照することにより近代資本主義の成立の過程を見，紙面の関係から，それを詳細に論じることはできなかったが，更にそれがアメリカ型資本主義のなかで変質する側面をも概観した。

　また，東洋，特には日本における「日本型資本主義」の特徴を概観して，その基盤となった労働観を日本に古くから影響を与えた仏教・儒教という外来思想の影響も踏まえて概観した。

　更には「働くこと」は，経営学のなかで，どのように捉えられていたのか，主として経営学の租と言われるテイラーの「科学的管理法」から概観した。

　近代日本に於ける「働くこと（労働）」の意味は，もちろん時代による社会構造により異なる側面を有してはいたが，労働が「それ自体意味のある活動である」と受け止められるようになったのは，西洋世界と同様，近代社会になってからだった。

　人間の精神活動そのものも，生産的労働をモデルとして捉えられるが故に，労働は人間に固有の行為であり，自己を表現する創造的な営みとも考えられた。また労働は人間の生産活動を担う主体的で創造的な営みであり，その行為は，主体としての人間が，客体である自然に働きかける制作・生産の行為でもあると捉えられて来た。

(2)　労働の価値について

　西欧近代における労働に関する価値の意識は，それまでの「労働が人間にとって望ましくない活動であり，避けるべきものである」と考えられていた古代・中世の考え方からの逆転があった。すなわち，近代になり「労働とは人間にとって価値あるものを創り出す力」として肯定・称賛されるに至った。

　そのような近代に向かう過程においての「労働についての価値転換」，すなわち，労働に対する意味の転換が起こったのは，プロテスタンティズムの宗教改革と密接に結びついていた。具体的には，ウエーバーが宗教的な「禁欲」が勤勉なる質素な生活態度を生み出し，それが更に「倹約」を生み，富を蓄積させることに連なり，終局的に資本主義に通じていくという見解を示したことによる。キリスト教的「禁欲」による勤勉さが富の蓄積を促し，それが世俗的な幸福を約束するエートスとなると考えられたわけである。すなわち，労働は，宗教的救済の確信と結びつけられ肯定されることになった。そして，勤勉・倹約の精神が，産業の発展とともに，近代における中心的な労働倫理を形成するに至る。

　労働は，人類の創造力，生産力，自然に対する支配力とさえも考えられるようになり，単なる報酬を得る手段というような狭い意味での定義を超えて，広く「体を動かす象徴としての活動」と評価されるようにさえなる。ここにおいて，人間は，ホモ・ファーベル（工作人）として動物と区別される存在とされ，労働は人間の本質的活動（西洋においては，その根底に「神の天地創造の営み」との類推のあることが重要）とみなされるようになる。

(3)　人的資源管理の前提としての「労働」理解

　本章では，人的資源管理の前提となる「働くこと」の意味を明らかにするために，労働の歴史を概観し，日本型の資本主義精神がどこに見出せるのかを論じた。

　今日，新興国の台頭による国際競争力の激化，さらには国内経済状況の悪化が長引くなかで，労働を取り巻く環境は，非常に厳しい状況となっている。そうした時，日本の資本主義を支えてきた日本型エートスをもう一度みなおすことで，人的資源管理の仕組みや，その意義を考えることは，極めて

重要なことになるであろう。

　本章で取り上げた諸問題が，未来を生きる人々の「働くこと」へのより深い認識に通じ，現実に起こっている様々な問題を解く手がかりを与え，願わくは「働く生きがい」の指針にも繋がるならば，それは筆者の望外の幸せである。

［さらに学びたい人のために］

・橘木俊詔編著（2009）『働くことの意味』ミネルヴァ書房。

・芦川博通（2003）『いまなぜ東洋の経済倫理か』北樹出版。

・山本七平（2006）『日本資本主義の精神』ビジネス社。

・上林憲雄・厨子直之・森田雅也（2010）『経験から学ぶ人的資源管理』有斐閣ブックス。

・マックス・ヴェーバー著，大塚久雄翻訳（1989）『プロテスタンティズムの倫理と資本主義の精神』岩波文庫。

・フレデリック・テイラー著，有賀裕子翻訳（2009）『新訳　科学的管理法』ダイヤモンド社。

第 *17* 章

資源ベース戦略論と人的資源管理

1. はじめに

　本章の課題は，人的資源管理と経営戦略論の関係について資源ベース論
(Resource-Based View, RBV) の視点から考察することである。人的資源
管理論は，1980 年代から経営戦略論に接近して戦略的人的資源管理論
(Strategic Human Resource Management, SHRM) に発展した[1]。その背景
には 1980 年代のアメリカにおける経営環境の厳しさと組織変革があった。
これについて P. オスターマンらは，(1) 労働市場の賃金格差の拡大と二極分
化，(2) ブルーカラーと管理者の業務の伝統的な垣根がとれてきてキャリア
の中身が変化したこと，(3) 非正規雇用が増大して従業員と企業の関係が変
化したこと，(4) 労働市場は複雑化し，急激に変化したのに対して，労働市
場の制度は旧時代の安定的で均一的な時代のままであり，フレキシブルな制
度が求められる，と要約している[2]。こうした時代環境に適応すべく「現在
の企業は自らの "コア・コンピタンス" をより重視するようになっており，
その結果，かつて企業内部で遂行していた多くのサービスや機能をアウト
ソーシングしている」[3] という状況がうまれた。このコア・コンピタンスと
いう言葉は，資源ベース戦略論の鍵概念のひとつである。
　一般論としてアメリカ型経営といえば，短期志向の財務業績中心，レイオ
フとダウンサイジング，「選択と集中」，レバレッジ（ROE）経営などの特
徴が想起される。しかしこのような「アメリカ型」戦略や組織マネジメン
ト，従業員と企業の関係のあり方はオスターマンらが指摘する 1980 年代以
降の環境適応の産物である。20 世紀半ばのアメリカ企業の特徴は，チャン

ドラー的な大規模組織のマネジメントにあり，安定的な需要とそれに応える長期計画と設備投資の拡大，そしてそれを担う終身雇用のホワイトカラー従業員であった。企業は需要の拡大に多角化戦略によって適合し，多角化戦略を実行するための事業部制組織が採用されたのである。「雇用官僚制」[4] や「家族としての企業」[5] と呼ばれた社会契約としての長期雇用システムが確立したことがアメリカの経済力の源泉であった。ライシュ（2002）が論じているような「オーガニゼーション・マン」[6] の時代の終焉が 1980 年代だったのである[7]。

　「計画と組織の時代」に代わってビジネスの前線に登場したのが「経営戦略の時代」である。人的資源管理は戦略論と無関係なスタッフ部門どころか，むしろその中枢での役割を期待されるようになった。本章では，こうした背景を踏まえながら経営戦略論の基本的な枠組みを説明する。

2. 経営戦略とは何か

　環境の変化（オペレーションのグローバル化，「破壊的」な技術進化，予期しない需要変動など）に組織業績は影響される。組織は環境の変動を柔軟に受けとめて，方策を立てなければならない。経営戦略とは組織が環境にプロアクティブに適応するための手段である。

　組織の効率性は組織目標の達成度から測る。ここでは単純化したモデルで考えてみよう。図表 17-1 は，組織の効率性が経営環境に依存しつつ，経営戦略は二つの変数間を調整するモデレーターであることを示している。景気

図表 17-1　環境・戦略・組織

出所：筆者作成。

は循環する。どれほど優れた企業であっても，景気が低迷するときは業績は落ち込む。シリコンサイクルのような循環もあれば，自動車の買換需要のような循環もある。しかし同一業界にあるすべての企業が，同じように環境の影響を被るわけではない。需要動向に適応できる企業もあれば，需要予測を誤り，決算を下方修正したり倒産する企業もある。ここに調整変数としての経営戦略の意味がある。

　われわれのモデルでは，組織は人的資源管理と製品アーキテクチャーの二要素に単純化されている。その他の変数を捨象しているのは，それらが無価値なものだと主張しているのではなく，このモデルで扱いたい変数による「単純化」の結果である。

　モデレーターとしての経営戦略についてもう少し具体的に定義してみよう。経営戦略とは企業に持続的競争優位を提供するロジックのことであり，なぜある企業は業界平均以上の利益率（レント）を達成するのかについての因果推論である。

　経営者が「ゴッドハンド」として組織に君臨した時代は，企業の競争優位は経営者の個人的能力に決定的に依存すると考えられていた。「鉄鋼王」や「自動車王」には超人的能力（カリスマ）が備わっている，という素朴な神秘化が企業の競争優位を説明していたのである[8]。

　かつては工場の現場においても，熟練工（親方）の能力・威信は神秘化されていた。19世紀末頃まで，内部請負制度のもとでアメリカの工場は職長（foreman）の支配下にあった。職長は原材料や在庫の管理だけでなく，労働力も完全に統制した。産業によっては第一次世界大戦頃までは，職長は米国の工場における専制君主だった[9]。

　こうした「職長帝国」の時代は，生産工程が複雑化したこと，工員の人数が増大したこと，製造ラインが機械化したことなどの理由から終焉していった。新しい環境にふさわしい管理法を提供したのが F. W. テイラーの『科学的管理法』（1913年）であり，フランスの H. ファヨールの『経営管理』（1929年）であった。この新しいマネジメント理論が組織マネジメントの脱神秘化を推進し，課業（task）の客観的な計測とそれに相応する賃金制度（差別出来高賃金）を作った。ここに，マネジメントの原理を客観的，科学

的に追求する組織マネジメント理論がうまれた。課業，作業研究，分業，階層，集権化，権限と責任などについてテイラーらが体系化したことは，第一次世界大戦後，企業が巨大化するにつれて広く実践されるようになった。管理機構として大規模組織が成立したのである。

　1950 年代になると，アメリカ産業界はビッグビジネスの時代に入った。ここでは企業を日常的に管理しているのは中間管理職層，いわゆるマネージャー層であった。彼らは終身雇用を約束された「組織人間」であり，雇用の官僚制化（ジャコービィ，1989）は社会的に大きなメリットを伴った。「米国では，第二次大戦後に誕生した終身雇用モデル」[10] によって中間階級の社会が形成された。

　しかし，こうした「組織人間のパラダイム」（キャペリ，2010，p.333）すなわち「官僚的なモデル」（キャペリ，2010，p.14）は，事業予測の不確実性の増大とともに困難になった。そして戦略と「ジャスト・イン・タイム方式の人材開発」（キャペリ，2010，p.266）のシステムに移行していった。HR の部門計画はしだいに組織の経営戦略に接近した。では経営戦略とは何か，その理解を抜きにして SHRM の是非や効率性を語ることはできない。

　経営戦略論は，個別事業部が担う事業戦略（business strategy）と企業全体が対象となる企業戦略（corporate strategy）にわけられる。競争戦略においては，業界平均を超える利益（above-average returns）を長期的に達成することを競争優位（competitive advantage）といい，そのためのレントないし準レントを競争優位の源泉と呼んでいる。また今日では，多くの企業が複数事業部を持つ多角化企業であり，個別の事業戦略と全体としての企業戦略を別に考察するようになった。ポーターの競争戦略論（competitive strategy）の主眼は事業戦略にあり [11]，コリスとモンゴメリーやバーニーの資源ベース戦略論は企業戦略に重点がおかれている [12]。資源ベース論を有名にしたのはコア・コンピタンス論である [13]。その後，資源の運用能力（ケイパビリティ）を重視するダイナミック・ケイパビリティが発展した [14]。ポーター的な外部分析論とバーニー的な内部分析論は，かつて論争の的になったが [15]，今日では補完的なツールと見なされている。

　経営戦略論と戦略的人的資源論の関連は図表 17-2 に示されている。戦略

図表 17-2　経営戦略論と戦略的人的資源論の関連

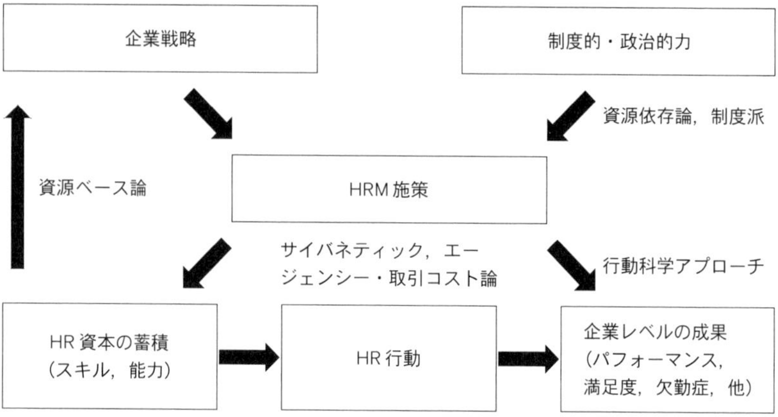

```
┌─────────────────┐              ┌─────────────────┐
│    企業戦略      │              │  制度的・政治的力  │
└─────────────────┘              └─────────────────┘
                                      資源依存論，制度派
            資源ベース論    ┌─────────────────┐
                           │    HRM 施策      │
                           └─────────────────┘
              サイバネティック，エー
              ジェンシー・取引コスト論        行動科学アプローチ
┌──────────┐      ┌──────────┐      ┌──────────────┐
│ HR 資本の蓄積 │ ─→  │  HR 行動  │ ─→  │企業レベルの成果  │
│（スキル，能力）│      │          │      │（パフォーマンス， │
└──────────┘      └──────────┘      │満足度，欠勤症，他）│
                                     └──────────────┘
```

出典：Wright, McMahan (1992), Theoretical Perspectives for Strategic Human Resource Management, *Journal of Management*, 18-2, p.299, Fig 1.

的人的資源管理論の研究課題は，コルバートによれば次の2つのポイントに集約される。第一に，企業はいかにして諸資源を現在の戦略を支援するように調整するのか，また戦略が新しくなったとき諸資源をいかにしてそれに適応させるのかという課題である。第二に，企業はいかにして戦略的人的・組織的資源を，継続的に企業の競争優位性に貢献させるかという課題である（Colbert 2001）。こうした研究課題の追求において，資源ベース論は戦略論と HRM の「生産的な理論的架け橋」（Colbert 2001, p.343）となってきた [16]。

　組織の内部資源を重視する資源ベース論は，企業の競争優位の源泉として人的資本の重要性を示唆した。具体的な論点としては，たとえば知識創造や学習組織論やあるいはリーダーシップやダイナミック・ケイパビリティ論である（Wright, Dunford, Snell, 2001）。本章は，図の中の資源ベース論戦略に焦点をあてて解説する。

3.　企業戦略論の考え方

　企業戦略は多角化された企業に適した戦略であり，資源ベース論（RBV）

　の命名者ワーナーフェルトの記念碑的論文にも多角化戦略における資源レバ
レッジが扱われている[17]。ポーターの競争戦略は，製品（product）＝業界
（industry）を分析単位としており，業界内の既存企業間の競争だけでなく，
参入・代替品の「脅威」とバイヤーおよびサプライヤーと自社の間の「交渉
力」を分析するものである。それに対して資源ベース戦略論は，「製品」は
組織内部の「資源」（resource）という源泉からうみ出されるというプロセ
スに戦略的な焦点をシフトした。ワーナーフェルトが述べたように「製品と
資源は同じコインの表裏」[18]だと考えるのである。

　RBV のいう「資源」は，複数の製品の源泉として定義される。多角化戦
略には価値ある「資源」を発見し，その育成にじゅうぶんな投資をして，そ
の結果としてうまれる複数の事業から利潤を獲得することが重要なのであ
る。ワーナーフェルトは「資源」をたとえば M&A 戦略と関連づけて説明
する。すなわち M&A は，市場では入手できない貴重な資源（技術，人材，
顧客など）を得る，自社の内部資源を補完する戦略的活動である。「製品」
は目に見えるものであり定義しやすいのに対して，「資源」を発見し，定義
するのは困難である。しかし，企業の成長戦略において鍵となる課題はつね
に資源に関することである。たとえば自社資源のうち，どの資源をベースに
多角化すべきか，ないしはどの資源を売却すべきか，などの課題である。こ
こで言われる「資源」とは，ブランドネームであり自社内に存在する技術知
識あるいは熟練技術者やマネージャーの経験知，業務上の効果的な手続き，
さらには資本や機械など有形・無形の資産（tangible and intangible assets）
で企業に半永久的に帰属するようなものと定義される[19]。

　資源ベース戦略論にとって資源概念は，多角化戦略と範囲の経済
（economies of scope）あるいはシナジー効果に強く結びついている。特定
のコア・コンピタンス（競争優位の源泉となるような資源と能力）が多角化
された製品・サービスを産み出し，新製品の開発（R&D）や M&A によっ
てダイナミックに企業を成長させる源泉となる，これが資源ベース論の企業
イメージである。したがって資源ベース論は，多角化戦略においていかに効
率的に資源を運用するかという形で議論する[20]。

　図表 17-3 は多角化企業において資源をどのように運用すべきかを示した，

図表 17-3　企業戦略のトライアングル

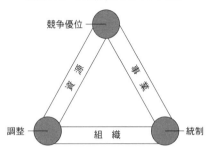

出所：Collis, David J. and Montgomery, Cynthia A. (1998), p.72.

コリスとモンゴメリーの枠組みである。バーニーなどの代表的な資源ベース論の議論を捕捉しながら，この枠組みを説明しよう。図表 17-3 の前提は，企業にビジョンと目的が存在することである。自社の経営理念が確立していると，従業員はそれを業務活動の基準とすることができ，主体的で自律的な組織づくりの基礎となる。強い企業文化（corporate culture）は採用やリテンションの際の誘因ともなる。コリスとモンゴメリーは，企業の資源（資産，能力）と事業（製品，業界）および組織（構造，プロセス）の三要素の適合から成るフレームワークを展開した。

(1)　資源

　資源ベース論の前提は，企業はその資源において異質性（heterogeneity）を持つということである。それぞれ異質な組織体である企業にとって，組織目的を達成するために価値ある資源を発見し，認識し，育成し，適宜配置することが戦略的出発点である。

　バーニーはその資源を，① 物的資本資源，② 人的資本資源，③ 組織資本資源の三つに分類した [21]。① は物的な技術，工場や設備，組織の地理的位置，資材へのアクセスのよさなどであり，② は従業員およびマネージャーの訓練，経験，判断，知識，人間関係と洞察力などを指す。③ は企業の公式的なレポートライン，公式・非公式の計画，統制，調整の制度，職場集団の非公式な人間関係などである。こうした組織内の資源の束は，事業に活用される程度によって競争優位のレベルが決まる。図表 17-3 は，資源と事業

のフィットの程度によって競争優位が決まることを示している。

　企業にとってもっとも価値の高い資源は，他社が模倣困難なものであり，他には移転不可能な（immobile）資源である[22]。その意味で，どの組織でも通用する従業員の一般的スキル（general skill）よりも企業特殊的スキル（firm-specific skill）のほうが「資源」としての価値が高い。また，転職する可能性のある個人的才能よりも，組織内部に企業文化として経路依存的に形成されてきたイノベーティブな集団の知識のほうが価値が高いのである。

(2)　事業

　図表 17-3 の事業とは，その企業が参入している業界のことである。企業は単一業界で活動するものもあれば，複数業界でシナジーを求める場合もある。どちらのほうが効率的な経営なのかは一概には言えない。日本のマブチモーターのように小型モーターという単一製品でグローバルに成長した優良企業が存在する一方で，1970 年代のゼネラル・エレクトリック（GE）のように 100 を超える事業に多角化して非効率化し，組織変革を余儀なくされた企業もある——その組織変革を実施したのがジャック・ウェルチ CEO であった。問題は自社の資源セットと事業セットがフィットしているかどうかなのである。マブチモーターの場合は，創業者の経営理念が現在も脈々と生き続けていて，安価で高性能な小型モーター事業に専念している。その事業を早期から海外展開して，グローバルな経営判断と俊敏な組織力（人材力）を武器に 2010 年頃の危機を乗り越えてきた[23]。GE は 1980 年代からジャック・ウェルチ CEO が組織のスリム化と事業のリストラクチャリングを強力に推し進めて高業績を続けたが，後任のジェフリー・イメルト CEO はビジネスモデルの混乱と株価の低迷が長引くなどの経営困難に直面し，2017 年10 月，予定より前に退任した。RBV 戦略論は，GE のような多角化戦略と事業部制の非効率性についてもしばしば言及している。

(3)　組織

　組織は構造とプロセスにわけて考察される。構造とは，権限が中央に集権しているか，あるいは現場に分権的か（集権的－分権的），職能部制

(functional structure) ないしは事業部制（multidivisional structure）を採
用しているか，などのアプローチがある。構造論はしばしば発展段階論とし
て分析される[24]。

　組織プロセス論は，組織の構造の内部で情報や知識がどのように運ばれ
て，どのように意思決定されるかに関する分析である。事業部制を持つ多角
化企業において，どのように現場情報や知識が組織のなかを流通するかは知
識マネジメントの論点である。また，複数の事業部が本社に提出する事業計
画（予算案）をどのように本社が調整するか，本社の調整能力も重要であ
る。組織と資源のフィットは調整能力に依存する。また組織と事業のフィッ
トは統制能力に依存する。

　こうして多くのM&Aが失敗している理由は，資源・事業・組織の一貫
性のなさ，コーディネーションの失敗が原因と推測できる。買収後の統合プ
ロセス（After M&A）は，新たな資源を組織に注入した後で「首尾一貫し
た統合体（coherent whole)」[25]を作り上げるための困難なプロセスである。
買収先の資源を十分に統合できない場合，M&Aは期待した利益をもたらす
ことができず，むしろ買収時の高いのれん代が負担となることは，多くの事
例が示すとおりである。チャンドラーが強調しているように，企業のイノ
ベーションというときわれわれは技術革新に目を奪われがちであるが，実際
にはそれをうみ出す基盤となる組織のイノベーションが重要なのである[26]。

　企業の持続的競争優位は経営戦略という設計図からだけでは実現できない
のであって，戦略を実行する組織のケイパビリティが不可欠である。そして
組織能力はなによりも「人」やチームの能力に依存する。

4. VRIO分析とコア・コンピタンス論

　産業組織論による経営戦略論は，業界（industry）と製品（product）ベー
スで競争優位を導き出すロジックを構築する。既存業界の競争構造と潜在的
な脅威と取引先との交渉力から，自社にとって重要な競争上の要因（force)
を分析して，それに対抗しようとする。それに対して資源ベースの経営戦略
論は，製品の根源的存在である資源から競争優位を組み立てるべきだと主張

する。製品や市場はめまぐるしく変化するものであり，企業は自社に内在す
る資源を発見し，開発して，その資源からさまざまな製品を生み出すという
ロジックがある。ワーナーフェルトは，資源は「半永久的に企業に帰属す
る」[27] と定義しており，バーニーは，競合他社から模倣困難な資源ほど競争
優位の源泉となるとしている[28]。

　産業組織論ベースの競争戦略論では，企業が保有する技術や資源は原則的
に同一である——時間とともに同一に収斂していくのに対して，資源ベース
の戦略論では企業の資源は長期的にも異質（heterogeneity）であるとされ
る。産業組織論ベースの戦略論は，ある企業の技術は（競争的市場であれば
あるほど）速やかに市場に拡散すると考えるが，資源ベース論では資源は組
織に固着性があり，容易に他社に移転できない（immobility）ものとみなす
のである。すなわち，個別企業の資源が異質で移動できないからこそ，同一
の業界で同じような環境変化に直面した企業間に業績格差が生じると考える
のである。

　人的資源は，競争優位にとって重要な根源的な資源である。では，どのよ
うにして資源から持続的競争優位を生みだすのであろうか。これに関して，
バーニーは図表 17-4 のような著名な枠組みを示している。

　企業が保有する異質的で移転困難な資源が持続的競争優位をもたらすた
めには，その資源が経済的価値があるもの〔V, value〕でなければならな
い（逆に言えば，組織には価値をもたらさない資源が存在する）。またそ
の資源は業界内で稀少性〔R, rareness〕があり，模倣するためにコスト
（費用と時間）を要するような代替困難なもの〔I, imperfect imitability or

図表 17-4　VRIO フレームワーク

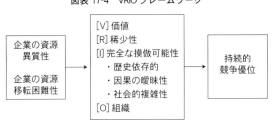

出所：Barney (1991), p.112; Barney and Clark (2007), p.69. より作成。

inimitability〕でなければならない[29]。このような特徴を持った自社資源やケイパビリティが，その潜在力を発揮できるように組織されているか〔O, organization〕によって企業業績は規定される。このバーニーのVRIO分析が定義した資源概念は，有名な資源ベース論の「コア・コンピタンス」概念の理論的基礎となった[30]。

　価値〔V〕についての定義は，外部環境に適応している資源であるかどうかを問う項目である。各企業にはさまざまな特質（attributes）が備わっている。これらの特質のうちで価値ある資源と呼べるのは，機会を活用し，脅威を和らげるような特質である[31]。たとえば組織文化が資源としての価値を持つか否かについて，バーニー（2003）はソニーとUSXを比較して次のように述べている。ソニーは独自技術にこだわり，新たな市場を自ら創造する組織文化をもっているが，USXは垂直統合型の製鉄プロセスから由来する組織文化のために，ニューコア（Nucor Corporarion）とは対照的に，製鉄業界の構造変革を認識できずにいた。

　ある組織文化が資源としての価値を有するかどうかは，産業構造の変化という環境適応との関連からみることができる。過去に成功の由来となった組織文化が，現在や未来もなお自社に競争優位をもたらしつづけるとは限らない。レオナード・バートンによれば「10年単位で見たときに，ある時期にコア・コンピタンスであったものが，次の時期には単なる能力の一つになってしまうことがある」[32]。この指摘は重要であり，コア・コンピタンスがコア・リジディティ（core rigidity）に転化するリスクがレオナード・バートンにより指摘された[33]。

　競合他社の追い上げに対抗して自社の資源の稀少性〔R〕を保ち続けるためには，資源への大胆なイノベーション投資を継続しなければならない。稀少性と模倣困難性〔I〕は，どちらも継続的な投資を不可欠としている。投資は将来の競争力の源泉であり，ハメルとプラハラードは，既存市場のために競争するのではなく未来の市場のために競争せよと主張した。そのためには製品よりも，それを産み出す資源とくにコアとなる資源に集中せよと述べたのである。これは，既存製品（今日の市場）の戦略がポーターの競争戦略（外部分析）であれば，未来の市場のためのイノベーション戦略がコア・コ

ンピタンス戦略だという主張である。人的資源という最重要な資源にもこの
ことは当てはまる。

　コア・コンピタンス論では４段階で競争が想定される。競争の第１レベル
はスキルや技術の開発競争である。個別のスキルや技術はいわばコア・コン
ピタンスの部品であり，企業はまずこの構成要素を手に入れなければならな
い。その入手方法は，「内製か外製か」（make or buy problem）の選択によ
る。従来の日本企業が得意としてきたのは人材を社内で長期的に育成する方
法である（内製 make）。これは自動車のアセンブラーが，系列サプライヤー
と綿密に情報交換しながら部品を内製する日本型のものづくり法である。人
材育成と製品戦略にはもちろん制度的な補完性がある。コリスとモンゴメ
リーが指摘した戦略的な一貫性がここにみられる。「外製」（buy）の戦略で
は，そのつどの環境が必要とする優秀なスキルや知識を外部から採用する
「ウォー・フォー・タレント」（マッキンゼー）がその典型となる。資源ベー
ス戦略論にも M&A や自社内の部門間を想定したさまざまな知識移転研究
があり，外部知識の評価・活用に関する吸収能力（absorptive capacity）な
どが論じられている。その理由は，現在の技術環境において自社内他部門の
みならず業界他社の知識のスピルオーバーが重要なイノベーション源となっ
ており，それをいかに吸収し，いかに活用するかによって競争優位に影響す
るからである[34]。

　経営戦略の「make or buy problem」は，戦略的人的資源管理では「人材
の内部育成か外部採用か」に相当する。需要予測の不確実性が高い現代のよ
うな環境では，企業はどのように製品や部品を製造すべきだろうか。たとえ
ば製品の供給過剰（在庫増）に直面すると製品の市場価格は低下するよう
に，キャペリ（2010）によれば，かつて IT 人材が供給過剰になったとき IT
人材の賃金は下がった。反対に需要過剰（品不足）は利益機会を逃すことに
なり，市場価格は上昇する。キャペリによれば，かつてアメリカで経営トッ
プ人材やハイポテンシャル人材が不足したとき，その階層の賃金の上昇率は
他の階層よりもはるかに高かった。製品需要の予測は難しい。しかし人材需
要の予測はさらに難しいとキャペリは述べている。そうであるならば内部育
成コストをかけるよりも，必要となったときに必要なスキルを持った人材を

他社から探してきて外部採用するほうが，合理的（コスト節約）である。「いまや経営戦略は，不確実性を回避するやり方があるという前提を離れて，新しい機会に迅速に反応し，対応する能力を重要なコア・コンピタンスと捉えるモデルへと向かっている。こうした新しい戦略の方向性を支えるためには，人材マネジメントも同じ方向へ舵を切る必要がある」[35]とキャペリは主張する。

キャペリは新しい環境に適応する「内製と調達」のバランスを説いている。彼の「ジャスト・イン・タイム」の人材戦略はロジックとしては理解できるが，モノの製造においても内製と外製のコストをバランスよく調整することは製品アーキテクチャーの根源とかかわっているために非常に困難である。まして人材は，よく言われるようにモノと違って自らの「足をもっている」。つまり自らの意思と感情を持って離職する可能性のある人材のマネジメントについて「make or buy」バランスをとることは芸術的なレベルの組織ケイパビリティが必要となる。

その組織ケイパビリティは膨大なデータ処理と統計モデルを必要とするだけでなく，有能なデータ・アナリストのグループとそのグループを効率的に管理する有能なミドルマネージャーを必要とする。さらに，ミドルをコーディネートできる有能なトップ経営層が不可欠である。この種の機密データはアウトソーシングできないから，正規社員の継続的雇用が不可欠となる。さらにまた，当該部署が予測確率を高めるためには学習過程が必要となり，その獲得した知識を部署内に蓄積しなければならない。専門集団が組織内で知識を蓄積・活用するためには，高コストな暗黙知（tacit knowledge）の開発も必要となる。競合他社からの高額報酬による引き抜きにそなえるためには，当該部署には単なる物的報酬ではなく自社に対する忠誠心も育成しなければならない。これはまさに伝統的な「組織人間パラダイム」と官僚制のモデルである。組織コストを減らすために重い組織が必要となる，このジレンマを「ジャスト・イン・タイム」の人材マネジメント手法はどう解決するのであろうか。

コア・コンピタンス競争の第2レベルは，内製か外製によって入手した資源を合成・統合する競争である。個別のスキル（技術，人材）を集めただけ

では持続的競争優位の源泉とならない。ハメルとプラハラードが述べたように「コア・コンピタンスはスキルや技術の糸から織りなされたタペストリーである」から，「幅広い，多様なスキルや技術を調和させる能力が欠かせない。求められるのは，狭い領域のスペシャリストではなくて，ゼネラリストである」[36]。ハメルとプラハラードは，ここで重要な指摘をしている。コア・コンピタンスを形成するためには 3 つの能力が必要だと述べて，発明能力，吸収能力（学習能力）だけでなく統合能力をあげている。

　発明能力はプロダクト・イノベーションの源泉となる因子である。発明能力に関して欧米企業に劣る日本企業に，その成功をもたらしたのは，吸収能力と統合能力がその不足を補ってあまりあるからである，とハメルとプラハラードは述べている[37]。模倣困難性という観点からみると，日本の製造業の成功要因は，そのコア・コンピタンスとして吸収と統合のケイパビリティが効いたという説明は妥当であろう。そうであるならば，今日，日本の製造業の多くが陥っている困難は，かつては企業業績に貢献した吸収と統合のケイパビリティが陳腐化した結果であると言えよう。

　垂直統合のケイレツ型「ものづくり」と制度的な補完性があった人的資源の長期雇用・内部育成戦略の陳腐化の問題はしばしば論じられてきた。現在の日本的経営の弱点として実務家から指摘されるのは次のような要素である。(1)利益率の低さ，(2)意思決定の遅さ，(3)終身雇用の慣行の残滓，(4)イエスマンのみ出世する組織内で派閥争いが激化していること[38]。この 4 つの変数のうち(2)から(4)までの 3 つは組織と人材に関する事柄であることに留意されたい。そしてこの 3 変数が(1)の低利益率という欠陥をもたらしているのである。

　しかし組織の制度には補完性があり，他の資源や戦略とのフィットや一貫性によってその効果が規定されることから，生産バリューチェーンはそのままにして人事制度だけを「グローバル化」する接ぎ木的 HRM は全体の組織能率を悪化させ，逆機能する。上の例で言えば，(2)から(4)までの変数はすべて相関関係にある。

　コア・コンピタンス競争の第 3 レベルは，コア製品をいかに活用するかの議論である。簡潔に説明すると，資源ベース論は1980 年代の非効率的な多

角化戦略に対する反省から出発していて，多数の非関連的な事業に参入した結果，逆シナジーが発生しているコングロマリット企業をいかにイノベーティブ組織に再生するかの研究にその本質がある。ゆえに，コア・コンピタンス論がもたらした最大の実務的なインプリケーションは「選択と集中」戦略の流行であった。第3レベルの議論では，ハメルとプラハラードはこれに関して注意を促している。

垂直統合を解体して，コアとなる分野を選択し集中投資せよというとき，何が自社のコアなのかを的確に見極める経営者能力が不可欠である。もしこの経営者能力を欠く企業が安易に「選択と集中」を行うと，肝心な自社のコア資源を他社にアウトソースしてしまいかねない。これは「未来を第三者の手に委ねてしまう」[39] ことにほかならない。事業の再構築（リストラクチャリング）とダウンサイジング，フラット化，組織の「中抜き」などはコア・コンピタンス戦略に付随するコスト・カット活動であるが，未来の競争のためにカットしてはいけないコア資源がある。物的資源や技術と異なり，人的資源は自分の意思と人生設計があって自分の足で会社の外に出てしまう資源である。とくにコア人材のリテンション，育成への投資がいかに重要かをRBVから知ることができよう。

最後の第4レベルは，一般的なマーケティング戦略であり，ほとんどの企業がここに99％の労力を費やしているとして，ハメルとプラハラードはあえて触れていない。彼らは，それ以前にすべき重要な戦略的活動があると暗示しているのである。ただしコア・コンピタンス論がマーケティング論を軽視しているのではない。むしろ「顧客はコア・コンピタンスを見分ける最終審の判事である」[40] として，顧客価値の増大および顧客コストの削減に貢献するかどうかを「資源」の見極めとしている。

5. おわりに

本章でみてきたように，組織の内部資源を持続的競争力の源泉として注目する資源ベース論は，知識マネジメントやリーダーシップなどに関連するHR施策において理論および実務に広範な影響を与えてきた[41]。最近の

SHRM 研究でも，資源ベース論が人材管理論において果たしてきた理論的
支柱としての役割が確認されている[42]。また，近年のプラットフォームに関
しても，ビジネス・エコシステムの進化とダイナミック・ケイパビリティ戦
略（資源ベース論の展開形）の親和性が指摘されている[43]。このように，資
源ベース論は生産と人材管理の両面において重要な枠組みとして機能してき
た。

　しかしながら，資源ベース論ひいては経営戦略論が HRM に接近したこと
で新たな課題も指摘されるようになった。理論的な課題としては，西村
（2020）が指摘したようなミクロ・マクロ関連の問題がある[44]。つまり個人
の能力あるいはユニットとしての従業員集団の能力がどのようにして組織全
体の成果（企業パフォーマンス）につながるのかは未解決のままである。ま
た，竹内（2023）が論じたように，HRM が企業戦略論に接近したことに
よって，評価指標が組織目標の達成という短期的な財務パフォーマンスに
フォーカスしたことは社会的多様性とサステナビリティの視点からは大きな
問題である。財務パフォーマンスの視座とは株主利益のそれである。広範な
ビジネス・エコシステムがプラットフォームとなる近年のものづくりにおい
ては，ビジネスにかかわる多様なステークホルダーの利益のバランスが重要
であり，短期的な財務パフォーマンスのみにフォーカスする戦略には限界が
ある。

　さらには資源ベース論戦略には，そもそもコア資源とペリフェラル資源の
線引きをどうするかという古い難問がある。資源ベース論のいう持続可能な
競争優位という概念は，競合他社が自社の資源を模倣できない期間継続する
という意味での「持続可能」である。既存資源 A（技術であれ人材であれ）
が，企業に模倣困難なレントをもたらすのはいったいいつまでなのかは誰に
も予想できない。この意味で，資源の企業特殊性はコア・コンピタンスから
コア硬直性に転化する可能性をもっている。内部化によって成長してきた大
規模企業は内部資源のコア・リジディティ化コストに直面する（たとえば年
功制）。また将来の資源について，あるイノベーションにいつまで投資すれ
ば模倣困難な資源になるのかはまったく不確実である。ダイナミック・ケイ
パビリティ戦略論では，技術進化の速い半導体業界などを例にこの問題を追

求しているが，依然として明確な答は出ていない。規模と範囲の両方の経済
性とネットワーク経済性および補完性に強く依存する今日の経営環境（ビジ
ネス・エコシステム）では，現場レベルの創意工夫よりもトップレベルの経
営戦略における「コーディネーション」能力が不可欠の競争優位の源泉とな
る[45]。トップ経営層の能力育成は，今日，とりわけ日本企業の持続的競争優
位にとって喫緊の課題である。

注

1　Devanna, M. A., Fombrun, C. and Tichy, N. (1981) "Human Resources Management: A Strategic Perspective", *Organizational Dynamics*, Vol. 9 Issue 3, Winter, pp.51-67.

2　P. オスターマン，T. A. コーキャン，R. M. ロック，M. J. ピオリ，伊藤健市・中川誠士・堀龍二訳（2004）『ワーキング・イン・アメリカ』ミネルヴァ書房，pp.50-51。

3　オスターマンら（2004），p.57。

4　S. M. ジャコービィ，荒又重雄・木下順・平尾武久・森杲訳（1989）『雇用官僚制』北海道大学図書刊行会。

5　P. オスターマン，伊藤健市・佐藤健司・田中和雄・船場俊展訳（2003）『アメリカ・新たなる繁栄へのシナリオ』ミネルヴァ書房。

6　R. B. ライシュ，清家篤訳（2002）『勝者の代償』東洋経済新報社。

7　ダウンサイジングの社会的影響については，ニューヨークタイムズが編集した『ダウンサイジング・オブ・アメリカ』日本経済新聞社（1996）からもわかるように，それは単なる雇用システムや経済構造だけの問題ではなく，政治的な問題でもある。

8　Barney, J. B. and Clark, D. N. (2007) *Resource-Based Theory: Creating and Sustaining Competitive Advantage*, Oxford: Oxford University Press.

9　D. クロースン，今井斉・百田義治・中川誠士監訳（1995）『科学的管理生成史』森山書店，p.133。

10　P. キャペリ，若山由美訳（2010）『ジャスト・イン・タイムの人材戦略』日本経済新聞出版社，p.13。

11　M. E. ポーター，土井坤・中辻萬治・服部照夫訳（1995）『新訂・競争の戦略』ダイヤモンド社。

12　Collis, D. J. and Montgomery, C. A. (1998) "Creating Corporate Advantage", *Harvard Business Review*, May-June, pp.71-83; Barney, J. B. (1991) "Firm Resources and Sustained Competitive Advantage", *Journal of Management*, Vol.17 No.1, pp.99-120; D. J. コリス，C. A. モンゴメリー，根来龍之・蛭田啓・久保亮一訳（2004）『資源ベースの経営戦略論』東洋経済新報社。J. B. バーニー，岡田正大訳（2003）『企業戦略論―企業優位の構築と持続』ダイヤモンド社。

13　Prahalad, C. K. and Hamel, G. (1990) "The Core Competence of the Corporation", *Harvard Business Review*, May-June, pp.79-91; G. ハメル，C. K. プラハラード，一條和生訳（2001）『コア・コンピタンス経営』日経ビジネス人文庫。

14　Teece, D. J., Pisano, G. and Shuen, A. (1997) "Dynamic Capabilities and Strategic Management", *Strategic Management Journal*, Vol.18No.7, pp.509-533.

15　Cf. Barney (1991).

16　Colbert, B. A. (2001) "The Complex Resources-Based View: Implications for Theory and Practice in Strategic Human Resource Management", *Academy of Management Review*, Vol.29, No.3, pp.341-358; Ray, G., Barney, J. A., Muhanna, W. A. (2004) "Capabilities, Business Processes, and Competitive Advantage: Choosing the Dependent Variable in Empirical Tests of the Resource-Based View", *Strategic Management Journal*, Vol25, No.1, pp.23-37; Wright, P. M., McMahan, G. C. (1992) "Theoretical Perspectives for Strategic Human Resource Management", *Journal of Management*, Vol.18, No.2, pp.295-320. なお資源ベース論の医療労働における好例としては羽田明浩編著（2023）『MBA のナースたち：9 つの事例にみる MBA 取得者のその後』文眞堂の第 2 章がある。

17　Wernerfelt, B. (1984) "A Resource-Based View of the Firm", *Strategic Management Journal*, Vol.5, pp.171-180.

18　Wernerfelt (1984), p.171.

19　Wernerfelt (1984), p.172.

20　Cf. Collis and Montgomery, 1998; バーニー，2003；コリスとモンゴメリー，2004。

21　Cf. Barney (1991)。

22　Cf. コリスとモンゴメリー（2004）。

23　マブチモーター株式会社については執行役員のプレゼンと筆者のヒアリングによる。

24　Cf. A. D. チャンドラー，三菱経済研究所訳（1967）『経営戦略と組織』実業之日本社。A. D. チャンドラー，鳥羽欽一郎・小林袈裟治訳（1979）『経営者の時代』上・下，東洋経済新報社。J. R. ガルブレイス，D. A. ネサンソン，岸田民樹訳（1989）『経営戦略と組織デザイン』白桃書房。

25　コリスとモンゴメリー（2004），p.156。

26　Cf. チャンドラー（1967, 1979）。

27　Wernerfelt (1984), p.172.

28　Cf. Barney (1991).

29　図表 17-3 の「組織」は Barney (1991) では「代替可能性 substitutability」という用語だった。これは non-substitutability のチェックを意味する。

30　Cf. Hamel and Prahalad (1990). 以下の説明は，バーニー（2003）上巻，ハメルとプラハラード（2001）第 9 章を参照。

31　Cf. Barney (1991).

32　ハメルとプラハラード（2001），p.336。

33　Cf. Leonard-Barton, D. (1991) "Core Capabilities and Core Rigidities: A Paradox in Managing New Product Development", *Strategic Management Journal*, Vol.13, pp.111-125.

34　Cohen, W. M. and Levinthal, D.A. (1990) "Absorptive Capacity: A New Perspective on Learning and Innovation", *Administrative Science Quarterly*, Vol.35, pp.128-152.

35　キャペリ（2010），p.335。

36　ハメルとプラハラード（2001），pp.341-342。

37　ハメルとプラハラード（2001），p.342。

38　岩崎博允（2017）「東芝の危機が映す『日本的経営』の根本的弱点」in 東洋経済 ONLINE, 2017 年 4 月 19 日。http://toyokeizai.net/articles/-/168051?page=3）。

39　ハメルとプラハラード（2001），p.350。

40　ハメルとプラハラード（2001），p.325。

41　Wright, P. M, Dunford, B. B., Snell, S. A. (2001) "Human Resources and the resource based view of the firm," *Journal of Management*, Vol.27, pp.701-721.

42　竹内規彦（2023）「持続可能性パラダイムにおける人的資源管理と人的資本：ミクロの視点からみた課題と展望」『組織科学』Vol.57, No.1, pp.39-50.

43　鈴木秀一，スコット・デイビス，佐々木宏（2019）「ビジネス・エコシステム：組織論と経営戦略論からの射影」『日本情報経営学会誌』Aug. 2019, Vol.39, No.2, pp.4-14.

44　西村孝史（2020）「戦略的人的資源管理におけるミクロ的基礎の実証研究：2014—2018年度のJ1リーグデータの分析」『組織科学』Vol.53, No.3, pp.49-61.

45　Cf. J. ロバーツ，谷口和弘訳（2005）『現代企業の組織デザイン』NTT出版。鈴木・デイビス・佐々木（2019）。

［さらに学びたい人のために］

・キャペリ，P.，若山由美訳（2001）『雇用の未来』日本経済新聞社。

・ラングロワ，R.，ロバートソン，P.，谷口和弘訳（2004）『企業制度の理論』NTT出版。

・ヘルファット，C. 他，谷口和弘・蜂巣旭・川西章弘訳（2010）『ダイナミック・ケイパビリティ――組織の戦略変化』勁草書房。

・Foss, N. J. ed. (1997), *Resources, Firms, and Strategies: A Reader in the Resource-Based Perspective*, New York: Oxford University Press.

・Langlois, R. (2003), "The Vanishing Hand: The Changing Dynamics of Industrial Capitalism", *Industrial and Corporate Change*, Vol.12 No.2, pp.351-385.

・Lazonick, W. (2010), "The Chandlerian Corporation and the Theory of Innovative Enterprise", *Industrial and Corporate Change*, Vol.19 No.2: pp.317-349.

・Wright, P. M., Dunford, B. B. & Snell, S. A. (2001), "Human Resources and the Resource based view of the Firm," *Journal of Management*, 27, pp.701-721.

索　引

編者・執筆者紹介 (担当章順)

白木三秀（しらき　みつひで）
担当章：序文，第 1 章，第 15 章
生　年：1951 年滋賀県生まれ
学　歴：早稲田大学政治経済学部卒，同大学大学院経済学研究科博士後期課程修了，博士（経済学）
現　職：早稲田大学政治経済学術院教授，同大学トランスナショナル HRM 研究所所長を経て，2022 年 4 月より早稲田大学名誉教授，早稲田大学トランスナショナル HRM 研究所顧問，国士舘大学大学院客員教授
主要著作：
『国際人的資源管理の比較分析』（単著）有斐閣，2006 年。
『グローバル・マネジャーの育成と評価』（編著）早稲田大学出版部，2014 年。
『英語 de 人事』（共著）文眞堂，2019 年。
『変革せよ！ 企業人事部―テレワークがもたらした働き方革命』（単著），早稲田大学出版部，2023 年。

飛田正之（とびた　まさゆき）
担当章：第 2 章，第 12 章
生　年：1968 年神奈川県生まれ
学　歴：早稲田大学商学部卒，法政大学大学院社会科学研究科博士課程単位取得満期退学
現　職：福井県立大学経済学部教授，早稲田大学トランスナショナル HRM 研究所招聘研究員
主要著作：
『最新現代人事労務全集』（共著）全日法規，2002 年。
『プロフェッショナルの人材開発』（共著）ナカニシヤ出版，2006 年。
『若者のキャリア形成を考える』（共著）晃洋書房，2013 年。
『人的資源管理』（単著）日本福祉大学，2019 年。

岸保行（きし　やすゆき）
担当章：第 3 章，第 16 章
生　年：1979 年東京都生まれ
学　歴：早稲田大学大学院アジア太平洋研究科博士後期課程修了，博士（学術）
現　職：新潟大学経済科学部准教授
主要著作：
『社員力は「文化能力」：台湾人幹部が語る日系企業の人材育成』（単著）風響社，2009 年。
「誰が優秀な人材なのか？：日系ものづくり企業の台湾マネジメントと『セカンド・ベスト・プラクティス型』人材活用」（『国際ビジネス研究』2 巻 2 号 47-60 頁，国際ビジネス研究学会，2010 年 9 月）。
「変わる親会社、変わらぬ能力構築：現場の存続と深層の競争力、能力構築の関係」（共著）『経済学論集』第 80 巻第 3・4 合併号，31-44 頁，東京大学経済学会，2016 年 1 月。
「企業は博士人材に何を求めるのか？：理工系企業と博士課程修了者の採用意識ギャップを手掛かりとして」（共著）『新潟大学高等教育研究』10 号，1-9 頁，新潟大学教育・学生支援機構，2023 年 3 月。

定森幸生（さだもり　ゆきお）
担当章：第4章
学　歴：慶応義塾大学経済学部卒，カナダ McGill University 大学院修士課程修了（MBA）
職　歴：三井物産株式会社人事総務部グローバル・ダイバーシティ室マネジャー，McGill
　　　　University 経営学部修士課程（MBA）非常勤講師，慶応義塾大学大学院経営管理研究科
　　　　（MBA）非常勤講師，早稲田大学大学院経営管理研究科（MBA）非常勤講師，明治学院
　　　　大学経済学部国際経営学科非常勤講師を経て現職
現　職：早稲田大学トランスナショナル HRM 研究所招聘研究員
主要著作：
　　『現地社員活用の手引』（単著）日本経済新聞社，1994 年。
　　「これからの海外人事戦略と要員管理の実務（1）～(20)」『労政時報』第 3265～3288 号連載論文，
　　1996-1997 年。
　　『国際人的資源管理の基礎知識』『国際人事管理 I 、II』（単著）産能大学生涯学習研究室，1998
　　年。
　　「海外拠点採用者の戦略的活用の条件」『労政時報』第 3667 号掲載論文，2005 年。

藤澤理恵（ふじさわ　りえ）
担当章：第5章
学　歴：早稲田大学政治経済学部卒，東京都立大学社会科学研究科博士後期課程修了，博士（経営
　　　　学）
職　歴：リクルートマネジメントソリューションズ組織行動研究所主任研究員
現　職：東京都立大学経済経営学部助教
主要著作：
　　「自律支援型リーダーシップによるジョブ・クラフティング資源の補完とアイデンティティ脅威
　　および時間経過の調整効果：ミドル・シニア従業員の適応メカニズムへのアイデンティティ・
　　パースペクティブの導入」（共著）『経営行動科学』（掲載決定，2024 年発刊予定）
　　「柔軟性志向の人的資源管理が組織レジリエンスに与える影響―コロナ禍下の2時点データによ
　　る戦略との垂直適合の調整効果の検証」（共著）『労務学会誌』（掲載決定，2024 年発刊予定）
　　「協同志向ジョブ・クラフティングの可能性」（単著）高尾義明・森永雄太編著『ジョブ・クラフ
　　ティング』，白桃書房，第 10 章，2023 年

須田敏子（すだ　としこ）
担当章：第6章
学　歴：リーズ大学修士号（MA in HRM），バース大学博士号（Ph.D）
職　歴：日本能率協会マネジメントセンター月刊誌「人材教育」編集長他
現　職：青山学院大学大学院国際マネジメント研究科教授
主要著作：
　　『戦略人事論：競争優位の人材マネジメント』（単著），日本経済新聞出版社，2010 年。
　　『組織行動：理論と実践』（単著），NTT 出版，2018 年。
　　『マネジメント研究への招待：研究方法の種類と選択』（単著），中央経済社，2019 年。
　　『持続的競争優位をもたらす戦略人事：人的資本の構築とサステナビリティ経営の実現』（森田充
　　氏と共著），経団連出版，2022 年。
　　『ジョブ型・マーケット型人事と賃金決定：人的資本経営・賃上げ・リスキリングを実演するマ
　　ネジメント』（単著），中央経済社，2024 年。

細萱伸子（ほそがや　のぶこ）

担当章：第 7 章

学　　歴：立教大学社会学部卒，同大学大学院社会学研究科博士後期課程単位取得退学

現　　職：上智大学経済学部准教授，早稲田大学トランスナショナル HRM 研究所招聘研究員

主要著作：

『経営のルネサンス：グローバリズムからポストグローバリズムへ』（共著）文眞堂，2017 年。

Creating Social Cohesion in an Interdependent World: Experiences of Australia and Japan, (chapter 13) Palgrave Macmillan, 2016.

「女性のグローバルキャリア形成に関する意思決定とジョブ・サーチ行動」（共著）『上智経済論集』62 巻 1・2 号，2017 年。

Nobuko Hosogaya (2020), "Migrant workers in Japan: socio-economic conditions and policy", *Asian Education and Development Studies,* Vol. 10 No. 1, pp. 41-51.

石毛昭範（いしげ　あきのり）

担当章：第 8 章

生　　年：1963 年岩手県生まれ

学　　歴：早稲田大学政治経済学部卒，同大学大学院商学研究科博士後期課程単位取得退学

職　　歴：全国信用金庫連合会（現　信金中央金庫），岡崎女子短期大学を経て現職

現　　職：拓殖大学商学部教授

主要著作：

『新時代のキャリア開発』（単著）社会経済生産性本部生産性労働情報センター，1998 年。

『キャリア形成』（共著）中央経済社，2005 年。

『働く人のキャリアの停滞』（共著）創成社，2016 年。

横山和子（よこやま　かずこ）

担当章：第 9 章

学　　歴：北海道大学経済学部卒，米国インディアナ州立大学大学院経営管理学修士課程修了（MBA），京都大学博士（経済学）

職　　歴：ILO・UNHCR・FAO などの国際機関に 9 年間勤務。東洋学園大学大学院教授を経て現職

現　　職：東洋学園大学非常勤講師，International Career Development㈱ CEO

主要著作：

『国際公務員のキャリア・デザイン』（単著），白桃書房，2011 年。

『Human Resource Management in the UN』（単著），白桃書房，2014 年。

Yokoyama, K. & S. L. Birchley (2019) *Transnational Entrepreneurship in Southeast Asia: Self-Initiate Entrepreneurs,* Springer.

『東南アジアで起業する―ケースから学ぶキャリア開発』（共著），文眞堂，2021 年。

中川有紀子（なかがわ　ゆきこ）

担当章：第 10 章

学　　歴：慶應義塾大学大学院商学研究科後期博士課程単位取得退学，博士（商学）慶應義塾大学

職　　歴：三井信託銀行，米国野村証券，日本 GE などで人事部実務家として 25 年勤務後，アカデミックにキャリアシフト

現　　職：青山学院大学経営学部特任教授

主要著作：

「女性管理職育成・登用をめぐるエージェンシー理論分析―日米韓 3 社の事例分析―」，経営哲学

学会誌 Vol.10。

The Effect of Women Managers and Gender Diversity on Firm Performance., *Journal of Diversity Management*, May 2014, Vol 9.

The gender diversity-firm performance relationship by industry type, working hours, and inclusiveness: An empirical study of Japanese firms., *Journal of Diversity Management*, May 2015, Vol 10.

寺村絵里子（てらむら　えりこ）
担当章：第 11 章
学　　歴：中央大学文学部卒，お茶の水女子大学大学院人間文化創成科学研究科博士後期課程修了，
　　　　　博士（社会科学）
現　　職：明海大学経済学部教授，早稲田大学トランスナショナル HRM 研究所客員研究員
主要著作：

Wellbeing and Policy in Japan（共著），Briguglio M, Czap N.V and Laffan K（eds）*Wellbeing and Policy: Evidence for Action*, Routledge, 2024 年。

Junji Kageyama and Eriko Teramura（eds）（共編著），*Perception of Family and Work in Low-Fertility East Asia*, Springer, 2023 年。

『女性の仕事と日本の職場：均等法以後の「職場の雰囲気」と女性の働き方』（単著），晃洋書房，2022 年。

戎野淑子（えびすの　すみこ）
担当章：第 13 章
学　　歴：慶應義塾大学経済学研究科博士課程満期退学
現　　職：立正大学経済学部教授
主要著作：

『労使関係の変容と人材育成』（単著）慶應義塾大学出版会，2006 年。

Manual on labor-management relations: Japanese experience and best practices（共著），Asian productivity organization, 2014.

『労使関係と職場の課題』（単著）日本生産性本部，2018 年。

于　洋（ウ　ヨー）
担当章：第 14 章
生　　年：1971 年中国北京市生まれ
学　　歴：早稲田大学政治経済学部卒，同大学大学院経済学研究科博士後期課程修了，博士（経済学）
現　　職：城西大学現代政策学部教授，早稲田大学トランスナショナル HRM 研究所招聘研究員
主要著作：

『ポスト改革期の中国社会保障はどうなるのか』（共著）ミネルヴァ書房，2016 年。

『社会保障論』（共著）成文堂，2015 年。

『中国の弱者層と社会保障―「改革開放」の光と影―』（共著編）明石書店，2012 年。

鈴木秀一（すずき　しゅういち）
担当章：第 17 章
生　　年：1955 年生まれ
学　　歴：慶應義塾大学大学院社会学研究科博士課程単位取得満期退学

現　職：立教大学名誉教授（博士・経営学）
主要著作：
　『経営文明と組織理論（改訂版）』（単著）学文社，1997 年。
　『経営のルネサンス：グローバリズムからポストグローバリズムへ』（共著）文眞堂，2017 年。
　『ポストコロナのヘルスケア経営戦略』（共著）文眞堂，2022 年。

新版　人的資源管理の力

2024 年 4 月 1 日　第 1 版第 1 刷発行　　　　　　　　検印省略

編著者　白　木　三　秀

発行者　前　野　　　隆

発行所　株式会社　文　眞　堂
　　　　　東京都新宿区早稲田鶴巻町 533
　　　　　電　話　03（3202）8480
　　　　　FAX　03（3203）2638
　　　　　https://www.bunshin-do.co.jp
　　　　　郵便番号（162-0041）振替00120-2-96437

製作・モリモト印刷株式会社
©2024
定価はカバー裏に表示してあります
ISBN978-4-8309-5251-7　C3034